입지 센스

입지 센스

한 번의 선택으로
부의 계급을 높이는
부동산 투자의 감각

훨훨(박성혜) 지음

부동산 투자,
다시 기본에 집중해야 할 때입니다!

매주 화요일은 '휠요일'입니다! 바로 이 책의 저자이자 입지 분석 전문가 휠휠 박성혜 대표와 '빠세상담소'를 진행하는 날이지요. '빠송의 세상답사기' 유튜브에서는 1년 가까이 매주 화요일마다 라이브로 빠세상담소를 진행해 오고 있습니다. 그리고 이 코너에서 휠휠 박성혜 대표는 부동산계의 힐링 마스터로 활약하며 수많은 사람에게 꿈과 희망을 불어넣어 주고 있습니다.

많은 분들이 그의 상담을 듣고 있으면 가슴속에 품고 있던 고민이 기대 이상으로 시원하게 해소되어 좋다고 말씀하십니다. 그런데 재미있는 것은, 상담 내용과 무관한 청취자·시청자분들도 그의 말을 듣고 힐링이 되었다고 이야기한다는 사실입니다. 심지어는 함께 진행하는 저도 그의 말 한마디와 상담자를 배려하는 태도에 늘 감동을 받습니다. 그런데 '강한 것이 아름답다'라는 말처럼, 훨훨 박성혜 대표가 그저 친절하기만 한 전문가였다면 또는 공감만 잘해주는 전문가였다면 빠세상담소는 이토록 오래 지속되지 못했을 것입니다. 따뜻한 마음과 냉철한 분석이 어우러진 덕분에, 지금까지도 훨훨 박성혜 대표는 많은 분께 사랑받고 있습니다.

2017년 이후 5년 동안의 부동산 시장은 대한민국 역사상 가장 특이했던 시장이었습니다. 아파트는 입지에 관계없이 다 올랐고, 심지어는 그동안 시세 변동이 거의 없었던 단독주택, 다세대주택, 빌라, 더불어 상가나 오피스텔, 지식산업센터, 꼬마빌딩 등 종류를 불문하고 대부분의 부동산이 다 올랐습니다. 아마도 지난 5년간 '아무 부동산'이나 매수한 사람들 중 90% 이상은 단물 같은 상승을 맛보았을 것입니다.

그러는 동안 참 많은 부동산 전문가들이 세상에 등장했습니다. 부동산 관련 서적이 매달 수십 권씩 쏟아져 나왔고, 온라인 강의 사이트에 이름 모를 강사들도 등장했으며, 각종 SNS 단체 채팅방과 유료 밴드들이 성행했습니다.

문제는 바로 여기에서 발생합니다. 2022년 7월 현재, 지난 5년과는 전혀 다르게 대부분의 부동산 시장이 '정지 상태'로 변했기 때문입니다. 미미한 상승과 하락이 있을 뿐 거래량이 급감했고, 그 결과 향후 시장이 어떻게 전개될지 예측하기가 어려워졌습니다. 이런 상황에서 초보 투자자들은 지금껏 그래왔듯이 전문가의 말에만 귀를 기울일 뿐, 어떻게 해야 하는지 스스로 판단을 내리지 못한 채 우왕좌왕하고 있습니다. 그리고 놀랍게도, 지난 5년간 등장했던 많은 전문가들이 하나둘 시장에서 사라지고 있습니다. 15년 전에 그랬던 것처럼 말입니다.

이런 상황 속에서 지금 우리는 무엇을 해야 할까요? 시장이 어려운 때일수록 기본에 충실해야 합니다. 기본이 탄탄하게 세워진 투자는 잘 지은 건물과 같아서, 시장에 폭풍이 몰아쳐도 거뜬히 견뎌낼 수 있습니다. 부동산의 기본은 '입지'입니다. 지금 우리는 입지라는 기본을 다시 되돌아봐야 합니다. 훨훨 박성혜 대표의 말처럼, 상승장에는 고수도 없고 하수도 없습니다. 아무 데나 사도 다 오르기 때문입니다. 하지만 지금은 다릅니다. 기본, 즉 입지를 봐야 앞으로 무엇을 해야 하는지 명확히 알 수 있습니다.

이 책의 1부 주제는 '왜 지금 입지인가?'입니다. 앞서 말했듯 시장을 이기는 투자의 정답은 '입지'입니다. 저는 이미 20년 동안 입지라는 포인트를 강조해 왔습니다. 이 책에서 훨훨 박성혜 대표는 시대별 부동산 시장의 거시적 흐름과 함께 장기 상승장 이후 심화된 지역별 디커플링 현상, 그리고 자신이 직접 투자를 해오며 입지 덕분에 웃고 입지 때문에 울었던 경험과 그를 통해 얻어낸 실전 노하우를 총동원해 2022년 이후 왜 우리가 '입지'에 주목해야 하는지를 설명합니다.

2부의 핵심 주제는 '10년 후에도 오를 아파트를 찾는 입지 센스'입니다. 입지의 힘을 결정하는 요소는 다양합니다. 이를 훨훨 박성혜 대표는 내재적 가치와 외부적 가치로 정리했고, 소위 우리가 말하는 '황금입지'의 네 가지 요건을 체크함으로써 10년이 지나도 우상향할 수 있는 부동산을 선택하는 구체적인 방법을 알려줍니다. 무엇보다도 이 장의 백미는 '손에 잡히는' 교통망 호재 분석입니다. 착공에 돌입한 노선들을 살펴보며 내 조건에 딱 맞는 '나만의 강남', 또는 똘똘한 징검다리를 찾아보시길 바랍니다.

3부는 '갈아타기 실전 전략'입니다. 100년이라는 세월을 살면서 평생 한 집에만 살 수는 없습니다. 그것은 실거주 목적이든 투자 목적이든 마찬가지입니다. 아마도 지난 5년간 1주택자가 된 분들이 꽤 많을 것입니다. 그런 분들에게 훨훨 박성혜 대표는 자신이 가진 자산의 규모와 상황에 맞게 내 집을 업그레이드하고, 최종적으로 경제적 자유라는 목표에 도달할 수 있는 로드맵을 제시합니다. 다른 책에서는 다루지 않았던 보석 같은 팁들이 3부에 많이 소개되어 있으니, 하나씩 공부한다는 마음으로 접근해 보시길 바랍니다.

마지막 4부는 여러분께 드리는 선물입니다. 훨훨 박성혜 대표의 가장 큰 무기인 '상담력'이 돋보이는 파트입니다. 여러분의 라이프 사이클과 생활권에 딱 맞춘 추천 입지와 단지를 아낌없이 풀어냈습니다. 이제 막 사회생활을 시작한 사회초년생부터 안락한 보금자리를 꿈꾸는 30대 신혼부부, 아이를 잘 키우고 싶은 40~50대 부부, 그리고 나이 든 부모님의 주거 환경 개선까지, 더 이상 담아낼 수 없을 만큼 많은 정보를 이 책 한 권에서 소개합니다. 시작부터 마무리까지 완벽한 '박성혜표' 부동산 투자 교과서입니다. 그의 배려심 많은 태도가 책에 고스란히 담겨 있습니다. 그래서 책을 읽기만 해도 지적으로, 심적으로 따뜻한 채움을 느낄 수 있을 것입니다.

최근 MZ세대들의 고민이 깊습니다. 내 집 마련이 점점 더 어려워지고 있다는 판단 때문입니다. 그래서 내 집 마련을 포기하고 오히려 인생의 소소한 행복만 즐기려는 젊은이들도 많아지고 있습니다. 월급이 300만 원이라면 100만 원은 주거비(월세·전세자금대출 이자·관리비)로, 100만 원은 생활비(식비·교통비)로, 그리고 남은 100만 원은 자기 자신을 위한 소비로 사용합니다. 외제차를 할부로 산 사람은 자동차 할부금으로, 여행을 좋아하는 사람은 여행 경비로, 사교 모임을 좋아하는 사람들은 사교 비용으로 돈을 씁니다. 그 결과 화려하고 멋진 삶을 인스타그램에 매일 업로드할 만큼 그럴듯한 삶을 살고 있는 것 같지만, 아마도 나이를 먹어갈수록 알 수 없는 불안감도 더 커질 것지리라 생각됩니다.

애초에 종잣돈이 적어서 내 집 마련을 포기한 MZ세대에게, 또 집값이 너무 많이 올라버려서 어디로 갈아타기 해야 하는지 고민하는 3040세대에게 훨훨 박성혜 대표는 이렇게 말합니다. 월 300만 원이 아니라 월 200만 원의 소득만 있어도 충분히 할 수 있다고요. 내 집 마련도, 최상급지로의 갈아타기도, 추가적인 투자도 모두 할 수 있다고 합니다. 그가 살아온 삶이 그것을 증명합니다. 그리고 그가 지금도 강의하고 교육하고 있는 제자들의 변화가 그것을 똑똑히 보여주고 있습니다.

이 책은 훨훨 박성혜 대표가 이미 모두 실전으로 검증한 내용들로만 구성하였습니다. 의심하지 말고 그대로 따라 해보세요. 일단 세 번 읽고 1장부터 차근히 따라 하며 나만의 플랜을 구체화해 보세요. 분명 성공한 저자의 삶을 그대로 따라가실 수 있을 것입니다. 이 책이 여러분의 인생을 몇 배는 업그레이드해 드릴 것입니다.

스마트튜브 부동산조사연구소 김학렬(빠숑) 소장

강남은 꿈이라고
생각하는 당신에게

초등학교 6학년 때 내 유일한 꿈은 신라명과 책받침에 나와 있는 생크림케이크를 한 번만 먹어보는 것이었다. 그럼에도 통통 부은 엄마의 손마디를 보면 차마 그런 말은 입 밖으로 꺼낼 수 없었다. 나는 무언가를 사달라는 말은 언제나 목구멍 뒤로 삼켜버리는, 너무 빨리 철이 든 아이였다. 그때부터 생각했다. 이 지독한 가난에서 얼른 벗어나고 싶다고, 그저 평범하게만 살고 싶다고.

'보통 사람'으로 살고 싶다는 그 마음 때문에 수험에 매달려, 늦은 나이에 공무원으로서의 삶을 시작했다. 그런데 운명의 장난이었을까? 첫 출근을 해보니 내게 주어진 업무는 주거취약계층을 위한 복

[어릴 적 내가 살았던 집]

지었다. 나는 사명감을 갖고 10년이란 시간 동안 사회복지공무원으로 일했다.

　복지 대상자들에게는 생계비와 의료비, 교육비 같은 것들이 지원되지만 정작 가장 필요한 것은 보금자리였다. 한 달 생계 지원금을 받아도 그중 절반은 월세로 나가버리니 생활은 늘 빠듯할 수밖에 없었다. 어제 지원금을 받았는데 당장 오늘부터 또다시 생계를 걱정해야 한다는 말을 듣고 있자면 자연스레 내 어린 시절이 생각났다. 영구임대아파트, 국민임대아파트 같은 혜택이 있지만 그나마도 늘 대기자로 넘쳐서 입주자로 선정되기는 여간 어려운 게 아니었다. 임대아파트 당첨도 그들 사이에서는 '로또'나 다름없었다. 그도 그럴 것이, 임대아파트에 당첨되면 일반 주택에 살 때보다 주거 비용 부담이 70~80%는 절감되니 그 혜택에 목을 매는 사람이 많을 수밖에 없었던 것이다. 그래서 당시 나는 어떻게 하면 임대아파트 입주 가점을 높일 수 있는지에 대해 주로 조언을 드리곤 했다.

"청약통장 가입 후 6개월이 지나면 유리하니까, 일단 오늘 당장 은행부터 가셔서 청약통장을 만드세요."
"어르신, 지난번에 댁에 갔더니 화장실이 밖에 있던데 그러면 +2점으로 체크하셔야 해요."
"손마디가 이 정도 잘리셨으면 지체장애 판정을 받으실 수 있을 것 같아요. 경증장애인 가점을 추가로 받으면 당첨 가능성이 있어요. 오늘 병원에 한번 다녀오세요."

오후 5시만 지나도 어두컴컴한 반지하 빌라에서 살던 엄마와 딸이, 또 화장실조차 딸려 있지 않은 고시원에서 생활하던 어르신이 번듯한 임대아파트에 입주하는 걸 볼 때면 나는 가슴이 벅찼다. 마치 내 주거 문제가 해결된 것처럼 것처럼 기뻤다. 나와 같은 그늘을 가진 사람들을 보듬겠다는 그 사명 하나로 온 마음을 다해 10년 동안 소외된 이웃을 도왔다.

그러나 정작 내 생활은 아무리 발버둥 쳐도 앞으로 나아가지 않았다. 전세자금대출 이자를 내고 나면 남편과 나 둘이 살기에도 돈이 부족해 허리띠를 바짝 조여야만 했다. 가끔은 몇 년 전 임대아파트 입주를 도와드렸던 대상자가 다시 찾아와서 이제 임대아파트에서 나와야 한다며, 어찌할 바를 모르겠다고 푸념을 하기도 했다. 어떤 조건 하나에서 부적격 판정을 받았다는 것이었다. 그럴 때면 지금까지의 노력은 다 무엇인가 하는 회의감도 들었다.

'결국 내 집이 필요한 거구나.'

집 때문에 찾아오는 이들에게 언젠가 나가야 할 집을 당신의 보금자리라고 말하기 싫었다. 더 이상 매달 나가는 주거비로 고민하고 싶지 않았다. 그분들도, 나도 딱 집 한 채만 있어도 이런 걱정은 할 필요가 없을 터였다. 내 명의로 된, 평생 주거비 걱정 없는 집. 나는 그걸 갖고 싶다는 일념 하나로 부동산 공부를 시작했다.

처음에는 좌충우돌도 많이 했다. 잘못 산 집 때문에 몇 날 며칠 밤마다 '이불킥'을 했고, 어느 날은 계약금을 전부 날려 몸져눕기까지

했다. 그러나 그렇게 공부를 시작한 지 몇 년이 지났을 무렵, 나는 그 괴로웠던 시절을 뒤로하고 훨훨 날갯짓을 시작했다. 그사이 남편과 나, 딸아이 모두 행복하게 평생을 살 수 있는 보금자리를 마련했고 비닐하우스에 살던 부모님에게도 집을 마련해 드렸다. 나와 같은 꿈을 꾸는 멋진 사람들도 만났다.

10년 안에 10억 원을 만들겠다며 이리저리로 뛰어다녔던 30대 시절을 돌아보면, 지금의 나를 만든 것은 결국 8할이 '입지'였다. 입지가 좋지 않은데도 절세니, 초단기 수익이니 하는 말에 귀가 솔깃해 뛰어들었던 투자는 대부분 실패로 돌아갔지만 충분한 분석을 거쳐 우수한 입지를 보고 했던 투자는 모두 큰 수익을 안겨다 주었다. 그렇게 입지의 매력에 푹 빠졌다. 서울·수도권 전역의 지도를 내 머릿속에 새기겠다는 생각으로 돌아다니며, 나는 오를 입지를 한눈에 알아보는 감각을 길렀다.

그래서 이제부터 이 책으로, 과거의 나처럼 '집'에 대한 고민으로 혹은 열망으로 가득한 분들에게 10년 동안 길러온 입지 센스를 전하려 한다. 입지 센스는 연습하면 단련할 수 있는 감각이다. 머리가 나쁘고 매사에 잘하는 게 없어도 묵묵히 공부하고 자신의 속도로 걸어가면 그만큼의 결실을 맛볼 수 있다. 남들보다 항상 느려서 공무원 합격에는 6년이 걸리고, 아이를 낳는 데도 8년이 걸렸던 나도 달콤한 결실을 맺을 수 있었다. 부동산은 그런 것이다.

지금 당장 부자가 되기는 어려울 수 있다. 하지만 포기만 하지 말았으면 좋겠다. 천천히 애쓰다 보면 어느 순간 이만큼이나 와 있는 나 자신을 발견할 수 있을 것이다. 3년, 5년, 10년 후의 내 모습을 상상해 보자. 당신도 언젠가는 꽃을 피울 것이다. 이 입지 센스를 바탕으로 당신이 다음 부동산 상승장의 주인공이 되었으면 좋겠다. 아니, 반드시 될 수 있을 것이다.

소중한 책을 쓰는 가운데 함께하신 하나님께 감사를 드린다. 밤낮 가리지 않고 오로지 『입지 센스』에만 몰두한 진정한 프로, 다산북스의 임보윤 팀장님과 문주연 에디터님께 전하지 못한 마음을 전한다. 덕분에 웰메이드 입지 책이 세상에 나올 수 있었다. 나의 부동산 스승인 빠숑님과 '부자지도'를 수강하고 부자의 길을 걷고 있는 소중한 수강생들께도 감사를 전한다. 책을 쓰는 동안 부쩍 요리 실력이 는 나의 사랑하는 남편, 그리고 바쁜 엄마를 늘 넉넉히 이해해 주는 딸 은유에게도 사랑과 감사를 전하고 싶다.

2022년 7월

휠휠

[차 례]

1부
왜 지금 입지인가?

2부
10년 후에도 오를 아파트를 찾아라

3부
부의 레벨을 높이는
갈아타기 실전 전략

4부
훨훨이 짚어주는 라이프사이클별
나만의 강남 찾기 프로젝트

1부

왜 지금 입지인가?

1장

전 재산 마이너스
3000만 원 흙수저는
어떻게 강남에 입성했을까

- 똑똑한 집이 똑똑하게 일하게 하라

- 입지를 보는 눈으로 '나만의 강남'을 찾는 법

- 같은 돈을 가진 사람의 5년 후 미래

- '미래에 잘될 놈'을 찾아라

똘똘한 집이
똘똘하게 일하게 하라

대한민국에서 '흙수저'로 태어난 두 사람이 결혼을 해 내 집을 마련하고 아이를 키우며 살아간다는 건 정말이지 쉽지 않은 일이다. 어린 시절 무허가 비닐하우스에서 15년간 살면서 말 그대로 '진짜 흙바닥'에서 자라난 것도 서러운데, 결혼을 해도 흙수저 생활을 벗어나지 못한다는 현실에 나는 자주 무력감을 느꼈다. 남편도 나와 비슷한 형편에서 자란 사람이었다. 처음 남편을 만났을 때 마치 시골아이처럼 볼이 빨갛게 튼 남편의 얼굴이 아직도 기억에 생생하다. 남편이 살던 시골 마을은 초등학생 때에야 처음으로 전기가 들어왔다고 했다. 그는 매일 한 시간씩 걸어서 학교에 다녔고 스무 살이 되어

서야 처음으로 서울에 올라와 본 '시골 사람' 그 자체였다.

그렇게 학창 시절 내내 흙수저로 살아온 우리 두 사람은 2006년에 결혼을 했다. 그런데 신의 장난인지 내가 결혼한 바로 그해에 두 가지 이벤트가 있었다. 하나는 봄이 두 번 들어 기운이 좋은 해, 일명 '쌍춘년'이라고 하여 많은 신혼부부가 탄생했다는 것이고, 다른 하나는 집값이 유례없이 천정부지로 뛰었다는 것이었다. 그래서였을까? 신문마다 '신혼부부 울리는 쌍춘년 전세 한파'라는 제목의 기사가 줄을 이었다. 가진 것 없이 신혼 생활을 시작한 우리 부부도 당연히 이 지독한 한파를 피해갈 수 없었다.

결국 우리는 3000만 원짜리 마이너스통장 대출을 받아 서울 면목동에 있는 다가구주택에 신혼살림을 꾸렸다. 그때만 해도 집주인들은 전세자금 대출이라 하면 번거롭다며 고개를 내저었고, 우리도 그 제도가 무엇인지 잘 모르던 시절이었다.

그렇게 힘들게 집을 구하고 결혼을 했지만 그 후에도 상황은 쉬이 나아지지 않았다. 내가 공무원 수험 생활을 하느라 살림은 늘 빠듯하기만 했다. 그렇게 7년간의 결혼 생활 동안 우리는 아끼고 또 아껴서 6000만 원을 모았다. 여기서 대출금을 빼고 나니 우리 부부 손에 남은 순자산은 고작 3000만 원에 불과했다.

그런데 놀랍게도 그로부터 7년 후 우리의 순자산은 30억 원이 되었다. 봄에 딸기 한 팩 사 먹는 것조차 고민되어 마트에서 들었다 놓았다를 반복할 만큼 아등바등 절약하며 3000만 원을 모았는데, 그 후 7년 동안에는 그런 고생 없이도 자산을 100배나 불린 것이다.

두 기간의 차이는 무엇이었을까? 바로 '누가 일했는가?'다. 앞의 7년 동안은 '내'가 일했고, 뒤의 7년 동안은 '집'이 일했다. 그리고 그로부터 2년이 더 지난 지금은 그전과는 비교도 되지 않을 만큼 자산의 규모가 커졌다. 부동산 상승장에 올라타며 집이 속도를 내 우리 부부의 자산을 불려준 것이다. 아무리 고소득 전문직에 종사한다고 해도 자본이 함께 일하지 않으면 큰 부를 이루기 어렵다. 경제적 '여유'는 누릴 수 있을지 몰라도 경제적 '자유'는 얻기 힘들다. 나 혼자 일해서 돈을 버는 것과 집이 함께 돈을 벌어다 주는 것, 나는 이 둘의 차이를 절실히 체험했다.

그렇다면 아무 집이나 사두기만 하면 무조건 자산을 불릴 수 있는 걸까? 당연히 그렇지 않다. 종잣돈이 2억 원이라면 대출을 일으켜 5억 원짜리 집을 사고, 3억 원이라면 6억 원짜리 집을 사서 자산 규모를 9억 원까지 늘린 후, 9억 원을 이용해 미래에 12억 원이 될 집으로 갈아타야 자산의 규모를 늘릴 수 있다. 즉, '미래 가치가 기대되는 곳'에 있는 집을 사야 부의 추월차선에 오를 수 있는 것이다. 지금은 입지 전문가로 불리는 나 역시도 과거에는 잘못된 선택을 해 곤혹을 느낀 슬픈 기억이 있다.

경매, 청약, 재건축…
문제는 '방법'이 아니라 '입지'다

우리 부부의 첫 투자 등판은 사실 내가 아니라 남편이었다. 근로소득만으로는 답이 없겠다고 생각한 남편이 야심차게 부동산 공부를 시작하겠다며 경매학원에 등록해 다녔는데, 그때 인천의 어느 다세대주택 하나를 낙찰받은 것이다. 결과적으로 이 집은 250만 원이라는 소소한 시세차익을 가져다주었다. 이때까지만 해도 우리는 입지니 상품이니 하는 지식은 전혀 모른 채 '집은 사기만 하면 무조건 돈을 벌어주는구나!'라고 생각하며 무척 즐거워했다. 그렇게 첫 집이 준 수익에 탄력을 받은 남편은 곧 재개발이 될 것이라는 고급 정보를 어디선가 듣고 남양주의 어느 빌라 반지하층을 겁 없이 매수했다. 그러나 이 집은 군데군데 낡고 허름해 걸핏하면 수리를 해야 했고, 월세 수익을 내기도 어려운 골칫덩어리였다. 결국 우리는 마음고생만 실컷 하고 아무런 수익도 내지 못한 채 울며 겨자 먹기로 그 집을 산값에 매도했다. 사실 수리에 들어간 비용까지 생각하면 손해를 본 것이나 다름없었다. 그 이후로 남편은 부동산에 관심을 접고 성실히 회사 생활을 하고 있다.

　그렇다면 부린이였던 휠휠도 똑같이 부동산에 관심을 뚝 끊었을까? 남편과 달리 나는 내 집 마련의 꿈을 놓지 않았다. '내 이름으로 된 번듯한 집 한 채'는 절대 놓을 수 없는 간절한 염원이었다. 대체 어떻게 해야 남들처럼 멋진 아파트에 살 수 있을까? 나는 정보를 찾고 또 찾다가 우연히 나라에서 지원해 주는 분양 아파트가 있다는 걸 알게 되었고, 검색 끝에 '강남 보금자리주택'에까지 이르렀다. LH(한국토지주택공사) 홈페이지 질의응답 게시판을 샅샅이 뒤지고, 아파트 분양 카페에 가입해 밤새 글과 댓글을 전부 찾아 읽으며 정보를 수집했다. 중간에 남편이 5만 원씩 부어온 청약저축통장으로는 당첨되기 어렵다는 사실을 알고 난관에 부딪히기도 했지만, 열심히 정보를 찾은 덕분에 아버지께 10만 원씩 납부해 온 청약저축통장을 물려받아 보금자리주택 당첨의 기쁨을 맛볼 수 있었다(2000년 3월 26일 이전에 가입한 청약저축·청약예금·청약부금은 직계존비속 승계가 가능하다). 강남이라는 노른자위에 있는 30평대 아파트를 2억 원이 채 안 되는 파격적인 분양가에 손에 넣은 것이다(당시에는 공공분양에 지원하려면 무주택 5년을 유지했어야 하는데, 다행히 남양주의 반지하층 빌라를 판 지

딱 5년이 되는 시점이라 당첨될 수 있었다).

내가 마련한 강남 보금자리주택은 '토지임대부주택', 즉 건물과 땅 모두를 분양하는 기존 분양주택과 달리 건물만 소유하고 토지는 빌려 쓰는 형태의 집이다. 흔히 '반값아파트'라 불리는 바로 그것이다. 그래서 내가 이 집을 분양받는다고 했을 때 주변 지인들은 하나같이 우려의 목소리를 냈다.

"반값아파트면 집값 오르지도 않고, 거래도 잘 안될 텐데…."
"부동산은 결국 땅이야. 아파트 건물은 감가상각 되는 거 몰라?"
"지금 꼭 집을 사야 해? 집값 더 떨어진대. 조금만 더 기다렸다가 다른 곳에 청약 넣는 게 어때?"

언제나 내 편이었던 남편조차도 청약통장 승계라는 복잡한 절차가 필요하다고 하자 이렇게까지 해서 집을 마련해야겠느냐며 곤란한 기색을 보였다. 하지만 평생을 내 명의로 된 집에서 살아본 적 없는 나로서는 그 집 한 채에 당첨되는 것이 너무나 간절했다. 건물이 내 것이든 토지가 내 것이든 그게 다 무슨 상관이랴. 심지어 2억 원이 되지 않는 분양가조차 부담스러워 콘크리트만 분양받는 '마이너스 옵션'을 선택했다. 콘크리트 뼈대만 있는 집에서 텐트를 치고 살

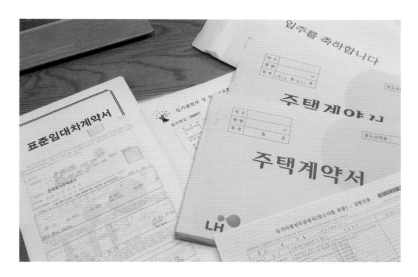

[강남보금자리주택을 계약하던 날 찍어둔 계약서]

아야 하더라도 내 집이면 좋겠다는 생각뿐이었다. 토지 소유 여부는
그때의 나로서는 아무런 상관이 없었다.

　　그렇게 내 집을 마련하고 나니 자연스럽게 보이지 않던 것들이 보
이기 시작했다.

　'왜 옆 동네는 우리 동네보다 더 비싸지?'

　'우리 집은 전세를 놓으면 얼마를 받을 수 있을까?'

　'이 집과 저 집은 매매가는 차이가 큰데 왜 전세가는 비슷하지?'

마치 신생아처럼 새로운 세상에 눈을 뜨니 궁금한 것도 많았다. 그래서 나는 회사를 다니고 아이를 키우는 바쁜 일상 중에도 잠을 줄이며 부동산 공부에 매진했다. 공부 끝에 집을 이용해 자산을 불릴 수 있겠다는 확신이 들었을 때, 나는 입주하며 뜨거운 눈물까지 흘렸던 금쪽같은 첫 집을 전세로 돌리기로 결정했다. 그렇게 마련한 종잣돈 5억 5000만 원에 추가로 받은 대출을 더해 실거주할 재건축 아파트를 마련했다. 그러고도 종잣돈이 남아서, 그 남은 종잣돈으로 아파트 분양권, 상가와 토지 등 다양한 투자를 이어갈 수 있었다. 첫 집의 전세 보증금이 훌륭한 시드머니가 되어준 것이다.

첫 집에서 '얻은' 소중한 종잣돈은 마치 민들레 씨앗이 퍼지듯 다양한 부동산으로 퍼져나갔다. 지금은 입지 전문가로 자리매김한 나역시 그 과정에서 여러 시행착오를 겪었다. '손절'이라는 씻을 수 없는 상처를 나라고 피해갈 수는 없었다. 전문가의 말만 믿고 제대로 알아보지도 않고 덥석 샀던 인천의 토지는 투자 금액 전액을 날린 채 눈물로 털어낼 수밖에 없었고, 지방의 비핵심지 분양권 역시 보유하고 있던 2년 동안 전혀 오르지 않아서 산값에 그대로 되팔아야 했다. 거래할 때 들어간 비용을 생각하면 돈을 날린 꼴이었다.

투자를 하면 할수록 내게 손절의 기억을 남겨준 물건들이 새록새록 떠오르며 '입지'의 중요성을 절실하게 체감했다. 과거 남편이 샀던 남양주의 빌라는 건물 자체가 낡기도 했지만 교통망이 좋지 않아 일자리 접근성이 낮았고 주변 환경 또한 낙후되어 있었다. 입지가 좋지 않으니 전세금 자체가 낮아서 집으로 만들 수 있는 종잣돈도 적었다. 인천의 토지도, 지방 비핵심지의 분양권도 마찬가지였다.

반면 강남 보금자리주택은 토지 지분이 없으니 이웃한 브랜드 아파트보다 매매가는 훨씬 저렴했지만 전세가는 거의 비슷한 수준이었다. 전세가는 실사용 가치에 따라 결정된다. 브랜드 아파트와 다를 바 없이 강남의 풍부한 인프라를 누릴 수 있으니 전세가는 큰 차이가 나지 않았던 것이다. 나는 이 점을 이용해 집으로 종잣돈을 마련했다. 남들이 모두 기피하고 뜯어말렸던 그 아파트는 내가 새로운 부의 로드맵을 그릴 수 있도록 이끌어주었다. 좋은 입지에 있는 똘똘한 집 한 채가 똘똘하게 일함으로써 내게 경제적 자유의 씨앗을 가져다준 것이다.

투자를 계속할수록 나의 투자는 입지가 좋은 서울과 수도권의 신축 아파트 혹은 '신축이 될 곳'으로 점점 좁혀져 갔다. 언젠가부터 내게 '입지'는 투자를 결정하는 최고의 우선순위였다.

입지를 보는 눈으로
'나만의 강남'을 찾는 법

내가 부동산 공부를 시작했던 2011년만 해도 인터넷으로 찾을 수 있는 정보가 많지 않아서 직접 발품을 파는 수밖에 없었다. 그런데 부동산 공부를 시작했을 당시 내 직장은 인천이었고 집인 면목동에서 직장까지 출퇴근에 소요되는 시간만 꼬박 한 시간 반이 넘었다. '칼퇴근'을 해도 집에 도착하면 이미 새카만 저녁이 되어 있었기 때문에 주말을 제외하고는 야간에 임장을 하는 수밖에 없었다.

결국 나는 부동산 공부에 더 매진하고자 서울로 직장을 옮기고, 임장 시간을 확보하기 위해 오후 2시까지만 근무하는 시간제로 보직을 변경했다. 직업보다 부동산 공부에 더 매진하는 내게 주변에서는

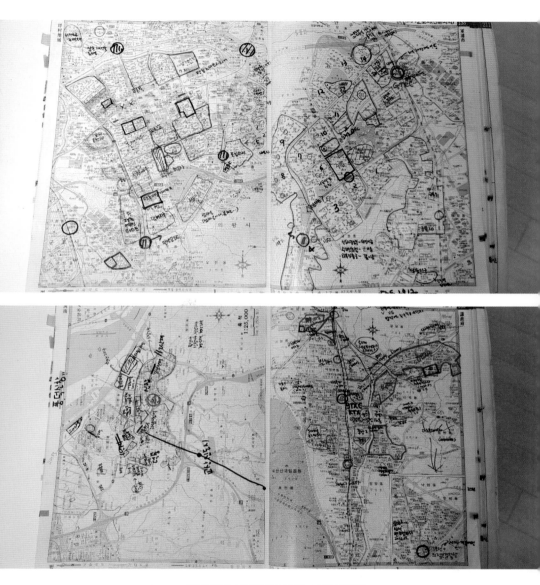

[깨알같이 필기가 되어 있는 나의 지도책.
7년간 임장을 다니며 수집한 모든 정보가 이 한 권에 담겨 있다.]

우려 섞인 목소리도 보내왔지만, 정작 나는 오후 시간을 임장에 할애할 수 있게 되자 날개를 단 것 같았다. 그때부터 서울 수도권 지도책 한 권을 들고 운동화 밑창이 닳도록 바쁘게 임장을 다녔다.

부동산 소장님이 해주시는 지역 브리핑을 들으면 그 지역의 전체적인 분위기와 호재, 그 안에 사는 사람들의 이야기까지 모두 들여다볼 수 있었다. 부동산 벽에 걸려 있는 커다란 지도를 보며 지역의 대장 아파트와 재건축·재개발 정비사업의 위치를 파악했고, 지도로 본 구역은 반드시 내 발로 직접 밟아보며 모든 것을 눈에 담고 귀에 새겼다. 임장 후에는 집으로 돌아와 내 지도책에 교통 호재, 시세, 내

[이사할 때 나온 부동산의 지역 조감도]

가 보고 들으며 느낀 지역의 인상 등 모든 정보를 써넣었다. 포스트잇과 노트를 오려 붙이느라 지도책은 늘 배불뚝이였다. 한 권의 지도책에 서울 수도권을 '단권화' 한 것이다.

어떤 지역을 처음 방문할 때면 부동산에 비치된 지역 조감도를 하나씩 챙겼다. 지역별로 모아보면 임장을 다닌 지역과 그렇지 않은 지역이 자연스럽게 구분되었고, 모든 지역을 '도장 깨기' 하고 싶다는 욕심이 생겨 아직 가보지 않은 곳까지 돌고 또 돌게 되었다. 이사 갈 때 집을 정리해 보니 이 조감도들이 종이 상자로 무려 여덟 개나 나올 정도였다. 심지어 나중에는 부동산에 남겨둔 연락처 때문에 업무 중에도 전화기 벨소리가 끊이지 않아 투넘버 서비스를 이용해야 할 지경이었다. 그렇게 나는 오전까지는 직장에서 일을 하고, 2시 이후에는 종일 부동산에서 오는 전화를 받으며 곳곳의 지역을 돌아다니는 '이중생활'을 이어갔다. 이후 본래의 업무와 부동산 업무의 비중이 역전될 즈음 퇴사를 결정했다.

끊임없이 손품과 발품을 판 덕분에 나는 상당히 빠른 시간 안에 서울 및 수도권을 손바닥 보듯 들여다보고 정확하게 입지를 판단하는 '센스'를 기를 수 있었다. 그렇게 기른 입지 센스를 토대로 지금은 평생 동안 살고 싶은 집을 마련해 그 집들과 함께 열심히 일하고 있다. 그리고 내가 기른 입지 센스를 수많은 수강생과 나누며 경제적 자유로 향하는 길에 그들을 초대하고 있다.

직장인의 투자는
심플해야 한다

부동산 투자를 시작한 지 어느덧 10년이 지난 지금도 회사가 보유한 부동산 자산을 제외하면 내 명의로 된 집은 서울에 단 두 채뿐이다. 요즘같이 보유에 대한 부담이 큰 때에도 나는 종합부동산세에 대한 부담이 없어서 급하게 집을 매도할 필요가 없다. 한 채는 재건축 사업이 진행되고 있는 입주권이라 종합부동산세를 납부하지 않아도 되고, 다른 한 채는 실거주를 위해 부부 공동명의로 구입한 주택이기 때문이다. 실거주하기에도 좋고, 동시에 시간이 갈수록 가치가 오르는 입지에 두 채를 마련한 덕분에 지금은 어서 재건축이 진행되기만을 기다리며 가족과 편안한 생활을 즐기고 있다. 첫 집으로 시작해서 점점 더 좋은 입지로 갈아타기를 해 마침내 최고의 입지에 있는, 그리고 '언제까지나 살고 싶은 집'을 얻은 것이다.

나는 밤낮으로 부동산 공부를 하며 경제적 자유를 꿈꾸고 있는 많은 이들에게 내가 해온 방법, 즉 입지 좋은 곳에 위치한 똑똑한 한 채로 똑똑하게 돈 버는 법을 안내해 주고자 한다. '나만의 강남'을 찾아 내 집을 마련하는 법, 오를 입지를 족집게처럼 찾아내는 법, 내 집을 활용해 똑똑하게 갈아타는 법까지 상급지로 가는 과정에 필요한 모든 전략을 바로 이 책에서 소개할 예정이다.

물론 오해하지 말기를 바란다. 내가 말하는 방법은 무리를 하면서 까지 다주택자가 되는 법은 아니기 때문이다. 반드시 다주택자가 되어야 경제적 자유를 얻을 수 있는 건 아니다. 내가 안내하는 방법은 '좋은 입지'에 마련한 집으로 자산 증식과 편안한 생활이라는 두 마리 토끼를 한 번에 잡는 방법이다. 내 집을 마련하고, 그 집을 이용해 상급지로 똑똑하게 갈아타기를 하면 충분히 자본 수익을 얻을 수 있을뿐더러 경제적·시간적으로도 여유 있는 생활까지 덤으로 얻을 수 있다. 좋은 입지에 마련한 집 한 채가 당신을 지금보다 더 나은 삶으로 안내할 것이다.

나는 이 책을 읽는 당신의 부동산 투자가 이렇게 심플했으면 좋겠다. 세상에는 '집' 말고도 가슴 설레고 가치 있는 것이 너무나도 많기 때문에.

같은 돈을 가진 사람의
5년 후 미래

나는 10년 동안 사회복지사로 일하며 주거취약계층을 돕는 일을 했다. 그때 내가 가장 하고 싶었던 일은 '언젠가 나가야 한다'는 불안감 없이 마음 편히 살 수 있는 진정한 보금자리를 제공해 주는 것이었다. 사회복지사로서 공공임대주택이나 행복주택 같은 제도를 알려 줄 수밖에 없었지만, 그러면서도 마음 한편이 불편했다. 언젠가는 나가야 할 곳을 당신들의 '보금자리'라고 알려줘야 한다는 사실이 못내 가슴 아팠다. 그래서 2017년 즈음에 내가 공부하고, 강의를 듣고, 임장을 다니며 끌어모은 지식을 나누겠다는 마음으로 '돈 한 푼 없이 3년 안에 내 집을 마련하는 법'이라는 강의를 시작했다. 수강료는 단돈 만 원. 스터디카페를 대관하는 비용만 받고 진행했으니 사실상 무료 강의나 마찬가지였다. 그렇게 개설한 강의에 하나둘씩 수강생이 모였고, 시간이 지나자 나는 꽤나 여러 곳에 강의를 다니고 책도 출간하는 '입지 분석 전문가'로 발돋움했다.

그러던 중 2020년 초 인천에서 신혼부부를 대상으로 내 집 마련 특강을 하게 되었다. 강의가 끝나고 수강생 두 명이 상담을 하고 싶다며 나를 찾아왔는데 공교롭게도 이 둘은 조건이 상당히 비슷했다. 두 사람 모두 1억 원이 채 안 되는 종잣돈을 가지고 있었고, 전세 만기를 앞두고 있었으며 30대 신혼부부였다. 먼저 상담을 시작한 M 씨의 종잣돈은 6000만 원이었는데, 이 돈에 전세대출을 합쳐 오래된 구축 아파트에 전세로 살고 있었다. 그런데 전세 만기가 다가오자 집주인이 전세금을 올려달라고 했고, 그는 '이왕 돈을 더 써야 한다면 그 돈으로 내 집을 마련해 보자'라는 생각이 들어 내게 상담을 요청해 온 것이었다.

"연봉이 5000만 원이니 신용대출도 연봉만큼 나오겠네요. 신용대출을 5000만 원 받으셔서 부평구에 분양권을 매수하시는 건 어떨까요? 지금 부평구에는 프리미엄 5000만 원으로 살 수 있는 분양권이 꽤 있어요."

그는 거의 종잣돈만큼 신용대출을 받아야 한다는 말에 흠칫 놀랐지만, 지금이야말로 내 집을 마련해야 할 때인 것 같다며 과감하게 투자를 결정했다. 그는 원래 갖고 있던 돈에 신용대출을 더해 만든 1억 1000만 원으로 5000만 원의 프리미엄이 붙은 부평구의 역세권 신축 아파트 분양권을 매수하고 남은 돈으로 단기 월세를 구했다.

M 씨 다음으로 찾아온 S 씨의 종잣돈은 7000만 원이었다. M 씨보다 딱 1000만 원이 더 있다는 것 외에 연봉 등의 조건은 전부 비슷했다. 나는 그에게도 M 씨와 같은 부평구 분양권 매수를 권했다. M 씨보다 신용대출을 덜 받아도 되니 오히려 더 유리한 조건이었다. 그러나 신용대출을 받아야 하고, 아파트가 준공될 때까지 단기 월세를 살아야 한다는 말에 그는 고개를 절레절레 내저었다. 그는 평생 인천에서 나고 자라온 토박이라서 인천이라는 지역을 샅샅이 아는 사람이었다. 그런 S 씨는 자신이 지금껏 봐온 낙후되고 열악한 부평구의 아파트를 5000만 원이라는 프리미엄까지 얹어주고 사는 것은 너무 과한 것 같다며 회의적인 반응을 보였다. 결국 그는 얼마 후 3억 원이 채 안 되는 기축 아파트를 매수해 실거주하기로 했다는 메일을

보내왔다. 비역세권에 입주한 지 30년이 다 되어가는 구축이었지만 택지지구에 위치해 쾌적한 환경을 누릴 수 있고, 보금자리대출을 이용해 낮은 금리로 집을 마련했다며 무척 기뻐하는 모습이었다.

그로부터 2년이 지난 지금 M 씨가 매수한 신축 아파트는 매수 당시보다 3억 원 이상 올랐다. 반면 S 씨가 매수한 아파트의 시세는 몇천만 원밖에 오르지 않아 여전히 3억 원 초반에 머무르고 있다. 똑같은 종잣돈을 가지고 있던 둘의 자산이 2년 만에 두 배 가까이 차이가 나게 된 것이다. M 씨는 얼마 전 메일을 통해 이제는 서울로 갈아타기를 준비하고 있다며 기쁜 소식을 보내오기도 했다.

M 씨의 투자가 성공하리라는 것은 불 보듯 뻔했다. 인천 부평구는 곳곳에서 정비사업이 진행되며 천지개벽할 준비를 하고 있다. 그때 내가 권한 아파트는 초역세권인 데다가 이미 오랫동안 형성되어 온 부평구의 풍부한 인프라를 누릴 수 있어서 입지가 매우 우수한 곳이었다. M 씨는 입지 좋은 곳에 선택한 집 한 채로 자산 증식은 물론, 신축 아파트에서의 윤택한 실거주까지 일석이조의 효과를 볼 수 있었다.

바로 이것이 '입지'가 가져오는 부의 차이다. S 씨에게 조금이라도 입지를 보는 감각이 있었다면 그도 M 씨와 함께 자산이 불어나는 기쁨을 맛볼 수 있었으리라. 물론 계속 전셋집에 사는 것보다야 훨씬 낫겠지만 S 씨를 생각할 때마다 '입지 센스를 키웠더라면 더 이상적인 부의 로드맵을 그릴 수 있지 않았을까?' 하는 아쉬움이 든다.

앞으로도 M 씨는 좋은 집을 선택하고 결단한 경험치를 바탕으로 계속 갈아타기를 하고, 그 집을 활용해 추가적인 투자까지 하며 자산을 빠른 속도로 불려나갈 것이다.

눈덩이를 크게 만들어
단번에 굴려라

나는 한 번의 선택으로 미래가 달라지는 경우를 수없이 봐왔다. 2018년 나와 함께 임장을 다니던 I 씨와 N 씨는 둘 다 서울 핵심 지역에 아파트를 보유하고 있었다. I 씨는 마포구에, N 씨는 성동구에 산다는 사실이 다를 뿐 둘 다 약 12~13억 원의 한강뷰 아파트를 보유하고 있다는 것은 쌍둥이처럼 같았다. 이 둘의 가장 큰 차이는 투자 성향이었다. I 씨는 실거주를 우선해 오로지 '똘똘한 한 채'를 찾아 갈아타기 할 기회만을 호시탐탐 노리는 사람이었고, N 씨는 중소도시의 전세 레버리지 투자나 오피스텔 등 비주택 투자로 비교적 적은 투자금을 들여 주머니에 여러 물건을 담으려는 사람이었다.

계속 '다음 집'을 모색하던 끝에 I 씨는 레버리지를 크게 일으켜 서초구 반포에 있는 약 20억 원짜리 대단지 아파트로 갈아타기에 성공했다(2019년 12·16 대책으로 투기과열지구 내에서는 15억 원 이상의 아파트에 대해 대출이 금지되었지만 이전까지는 대출이 가능했다). 한편 N 씨는 개수 늘리기에 더 집중했다. 4년이 지난 지금 I 씨가 원래 살던 마포구의 아파트 시세는 약 19억 원으로 6억 원이 오른 반면, 갈아탄 반포의 아파트 시세는 무려 37억 원으로 17억 원이 올랐다. 종전주택 상승액 대비 세 배 가까이 오른 것이다. 물론 N 씨가 살고 있는 성동구의 아파트도 2018년 대비 5억 원이 넘게 상승했고 다른 주택들을 사고팔며 짭짤한 시세차익도 맛봤지만, I 씨의 반포 아파트만큼 큰 수익은 보지 못했다. 주택을 사고파는 과정에서 세금도 적지 않게 발생했음은 물론이다.

첫 집을 마련할 때 깔고 앉는 자본을 적게 하고 싶다는 이유로 최대한 저렴한 집을 찾는 사람들이 있다. 깔고 앉는 자본은 최소한으로 하되, 나머지 자본으로 소액 투자를 해서 계속 자본을 '굴리려는' 것이다. 사실 투자가 먼저냐, 실거주가 먼저냐는 '닭이 먼저냐, 달걀

이 먼저냐'처럼 정답을 내리기 어려운 명제다. 투자자마다 성향, 상황, 자본이 다르기 때문에 각자 다른 답이 나올 수밖에 없다.

그러나 나는 첫 집만큼은 내 가용 자금으로 선택할 수 있는 최고의 입지에 마련하길 권하고 싶다. 큰 눈덩이는 한 번만 굴려도 되지만, 작은 눈덩이를 굴려 큰 눈덩이만큼 크게 만들려면 다섯 번, 열 번 힘겹게 굴려야 한다. 일도 해야 하고, 가족도 챙겨야 하는 평범한 직장인에게는 수없이 굴리고, 또 굴려야 하는 소액 투자보다 느긋하게 기다리고 있으면 알아서 '굴러가는' 입지에 투자하는 편이 더 마음 편하지 않을까? 나 역시 직장인으로 살아온 세월이 길기에 그 마음에 십분 공감한다. 그래서 나는 수강생들에게도 최대한 심플한 투자를 권하며 나 역시 그런 투자를 선호한다.

만약 그 첫 집에 실거주까지 한다면 더욱 베스트다. 내 자본으로 마련할 수 있는 가장 좋은 집을 사고, 그 공간을 만끽하되 갈아타기를 할 때 비과세가 주는 막강한 혜택을 누리는 것이 나의 자산 전략이다. 편안하게 실거주할 수 있는 보금자리가 가족 전체에게 주는 이점은 그 무엇보다도 크고 강력하다. 나와 내 가족의 화목한 생활을 위해 입지 좋은 곳에 탄탄한 보금자리를 만들고 그 보금자리를 내 투자의 '베이스캠프'로 삼아 자산 포트폴리오를 짜나가자. 나는 이 책에서 바로 그 방법을 알려줄 것이다.

'미래에 잘될 놈'을 찾아라

입지의 중요성을 강조하면 부린이들은 다들 이렇게 말하곤 한다.

"그걸 누가 몰라요. 입지 좋은 곳은 다 비싸니 그렇지. 강남에 살고 싶지 않은 사람이 어디 있나요. 돈이 없어서 문제지⋯."

그렇다. 강남 입지가 좋다는 것은 부린이는 물론 부동산에 관심 없는 사람들, 아니 학생들조차 다 아는 사실이다. 그리고 이러한 볼멘소리 역시 맞는 말이다. 누구나 선호하는 검증된 황금입지는 희소할 수밖에 없고 그렇기에 가격도 비싸다. 모두가 그런 입지를 선택할 수는 없는 노릇이다. 하지만 꼭 강남, 용산, 성수처럼 '지금 살기 좋은 곳'만이 좋은 입지인 건 아니다. 거들떠보지도 않던 곳들이 갑자기 쑥쑥 발전해 황금입지로 재탄생하는 것을 우리는 지금까지 너무 많이 봐왔다. 강남을 살 수 없다면 '강남이 될 놈'을 사면 된다.

실제로 성공적으로 마무리된 서울의 정비사업 구역을 볼 때면 과거의 모습은 상상조차 되지 않는다. 국내에 뉴타운이 처음 시도된 것은 2002년 당시 서울시장이었던 이명박 전 대통령이 길음, 은평, 왕십리 지구를 뉴타운 시범지구로 지정하면서부터였다. 미아·길음뉴타운, 은평뉴타운, 왕십리뉴타운은 대규모의 공동주택으로 바뀌며 주거환경이 좋아져 현재는 탄탄한 실수요층이 시세를 받치고 있다. 이 외에도 신길, 가재울, 아현, 수색증산, 장위 등 2, 3차 뉴타운이 속속 완성되며 서울의 주거 지도를 바꾸어놓았다. 이 지역들은 오래전에 형성된 도시인 만큼 교통망도 편리하고 상권도 발달되어 입지 자체는 좋았으나, 주택들이 모두 노후화되고 환경이 어수선한 탓에 외면받던 곳들이었다. 그런데 정비사업을 통해 상품이 새것으로 바뀌고 주변 환경이 정리되니 인기 주거지로 각광받게 된 것이다. 이 지역들은 인기 주거 밀집지를 중심으로 더욱 많은 인프라가 형성되며 점점 더 살기 좋은 곳으로 발전을 거듭하고 있다.

변화를 앞두고 있는 건 서울의 뉴타운뿐만이 아니다. 수도권과 지방 곳곳에도 입지가 훌륭한 곳에서는 조금씩 시차가 있을 뿐, 낡은

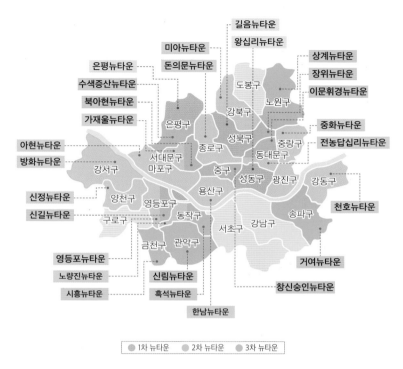

[이미 진행되었거나 진행되고 있는 서울의 뉴타운 지도]

집들이 차례차례 새 아파트로 변신할 채비를 하고 있다. 이런 변화
가 나타나는 곳들의 공통점은 무엇일까? 결국은 환경이 좋고 교통이
편리하며 일자리가 많은 '우수 입지'라는 것이다. 입지는 낡은 집이
새 집으로 변하기 위해 필요한 절대 동력이다.

　지금도 경기도·인천 구도심 지역들은 서울과 맞닿아 있어 일자리
접근성이 좋지만, 신규 교통망이 잇달아 준공되면 입지 가치는 더욱

높아질 전망이다. 이렇게 구도심의 입지가 좋아지면 자연스럽게 정비사업이 추진되며 상품 또한 새것으로 바뀐다. 도심 노후도가 높은 경기도 고양시, 부천시, 의왕시, 군포시 등은 정비사업과 함께 점차 황금입지로 변할 확률이 높다. 바로 여기에 앞으로의 강남, 용산이 숨어 있다. 그렇게 '새로운 강남'이 될 곳 중 나의 조건에 가장 적합한 입지를 쏙쏙 골라 찾아내면 된다.

[구축임에도 상승하고 있는
인덕원역 인근 아파트 (출처: 호갱노노)]

예를 들어 인덕원역 인근을 보자. 이곳은 최근 3년간 가장 시세 상승이 두드러졌던 지역 중 하나다. 인덕원역은 교통 호재와 정비사업이 만나 황금입지로 다시 태어난 곳이다. 인근 지역인 안양시와 의왕시에 정비사업이 이루어지고 신축 아파트가 속속 들어서는데, 월곶판교선과 GTX-C 노선이라는 교통망 호재까지 겹치며 수도권의 황금입지로 급부상하게 된 것이다. 물론 교통망들이 실제로 개통되기 전까지는 부동산 시장 상황에 따라 시세가 등락을 반복할 수 있다. 하지만 신규 교통망들이 개통되고 나면 인덕원역 인근은 상승의 날개를 활짝 펼칠 것이다. 수도권의 동서 일자리를 이어주는 월곶판교선은 이 지역의 '일자리 젖줄' 역할을 하게 될 것이며, GTX-C 노선은 승객들을 강남까지 15분 만에 데려다주며 출퇴근 시간을 파격적으로 줄여줄 전망이다. 빛나는 교통 호재에 힘입어 정비사업도 더욱 박차를 가할 확률이 높다. '인덕원'에서 느껴지는 입지의 무게감은 지속적으로 더욱 커지리라 전망한다. 불과 2~3년 전까지만 해도 큰 관심을 받지 못하던 인덕원역 인근은 이제 명실상부한 경기도의 '강남' 중 하나가 되었다. 그리고 이런 곳을 찾는 것이 부동산 투자에서 가장 필요한 감각, '입지 센스'다.

[인덕원의 가치를 단번에 상승시킨 GTX-C 노선도]

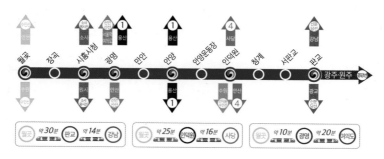

[인덕원의 교통 호재, 월곶판교선 노선도]

내 상황에 꼭 맞는 전략으로
편안하게 투자하라

나는 삼남매 중의 막내딸인데, 나를 비롯해 우리 가족은 모두 다행히 좋은 집을 마련하고 그 집으로 자산 확장을 도모하고 있다. 강남이나 용산에 집을 마련했기 때문이 아니다. 각 가족의 상황을 고려하고 분석해 '주어진 환경에서 최고의 입지'를 찾은 덕분이었다.

"훨훨아, 다음 달에 과천으로 이사 가려고. 당해 조건 만들어서 1년 후에 청약 신청하면 그래도 가능성이 있을 것 같아."

어느 날 오빠는 갑자기 이런 포부를 밝혔다. 당시 우리 가족은 부모님의 과천시 신축 아파트 청약 당첨에 크게 상기되어 있던 참이었다. 하지만 오빠의 자금력과 직장, 가족의 라이프사이클을 생각했을 때 과천에 집을 마련하는 것은 다소 무리한 계획으로 보였다.

"그런데 회사랑 너무 멀지 않아? 오빠는 사무실을 옮길 수 있는 것도 아니고, 출퇴근이 너무 힘들 것 같은데…."

오빠는 사업을 하고 있었는데, 업종 특성상 사업체를 옮길 수 없어서 만약 과천으로 이사하면 두 시간이나 걸리는 거리를 매일 출퇴근해야 하는 상황이었다. 조카들도 곧 학교에 입학해야 할 나이라 쉽게 적응할 수 있을지 걱정스러웠다. 그러나 주변의 우려에도 불구하고 오빠는 청약 당첨을 기대하며 이사를 감행했다.

그런데 세상일이란 것이 그렇게 마음대로 되는 것이던가. 청약 규정이 바뀌며 당해 조건이 1년에서 2년으로 늘어났고, 오빠가 청약에 당해 자격으로 지원하려면 또다시 1년 넘게 기다려야 하는 상황이 되었다. 분양가는 나날이 높아져 가기만 했고, 때마침 코로나19가 닥치며 오빠의 사업은 힘들어졌다. 엎친 데 덮친 격으로 대출 규제까지 심해졌다. 청약에 당첨된다 해도 계약금과 중도금으로 분양가의 40%나 마련해야 하는 상황이었다. 게다가 오빠가 원했던 과천지식정보타운의 분양 물량은 당해 조건 1년을 더 채우려고 기다리는 동안 대부분 분양이 완료되어 버렸다. 가족들은 점점 지쳐갔다. 3기 신도시 청약까지는 도저히 기다릴 수가 없었다.

결국 우리는 무리한 청약 전략이 욕심이었음을 인정했다. 오빠는 원래 거주하던 운정신도시로 돌아와 내 집 마련 전략을 처음부터 다시 짰다. 가용 자금 3억 원으로 어떤 집을 마련할 수 있을지, 청약 이외의 선택지까지 모두 고려해 보기로 한 것이다.

첫 번째 선택지는 서민 실수요자 주택자금대출을 이용한 일산신도시 후곡마을 학원가 인근의 7억 원대 기축 아파트 매수였고, 두 번째 선택지는 고양시 덕양구의 능곡뉴타운 재개발 구역 매수였다. 그리고 세 번째 선택지는 지금까지처럼 청약에 도전하는 것이었다.

이전에는 오직 '상급지'만을 최우선 가치로 여겼던 오빠는 시행착오를 겪고 다른 사항도 따져보게 되었다. 미래 가치와 더불어 오빠의 직장 접근성, 학령기인 조카들을 키우는 환경 등 실거주를 위한 편의성까지 집을 고르는 조건에 추가시켰다.

첫 번째 선택지는 신축 아파트에서의 쾌적한 실거주를 원하는 오빠 가족의 니즈에 미치지 못했다. 두 번째 선택지인 능곡뉴타운 재개발 구역 역시 입지의 미래 가치는 매우 높았지만 실거주가 필요한 오빠 가족에게는 적합하지 않았다. 어린아이가 둘이나 있는 오빠 가족이 낡은 반지하 빌라에서 거주하기는 사실상 어려웠다.

결국 남은 것은 청약 도전뿐이었다. 이사 온 지 얼마 되지 않아 당해 자격은 없었지만, 당시 운정신도시는 대규모 택지지구인 덕에 청약 규정이 꽤나 완화돼 있었다. 완화된 조건과 62점이라는 높은 가점 덕에 오빠 가족은 다행히 GTX 운정역 초역세권의 아파트를 분양받으며 당첨의 기쁨을 누릴 수 있었다. 거주에도, 자금 플랜에도 무리 없는 편안한 내 집 마련에 성공한 것이다. 지금 오빠 가족은 설레는 마음으로 입주 날짜만을 기다리고 있다. 번듯한 신축 아파트에서의 실거주와 오빠의 편안한 출퇴근, 그리고 조카들의 만족스러운 학교 생활까지 오빠 가족에게는 더할 나위 없는 '강남' 그 자체다. 그리고 그동안 GTX-A 노선 수혜지인 집은 함께 열심히 일하며 오빠 가족의 자산을 넉넉하게 불려줄 것이다.

만약 오빠가 상급지 청약만 바라보고 버텼다면? 아직도 3기 신도시 청약만 손꼽아 기다리며 불편한 생활을 이어가고 있었을 것이다. 하지만 지금의 집은 자금 플랜에 꼭 맞기에 가족 모두 여유롭게 생활할 수 있고, 입주 후에도 직장이 가까워 편안히 실거주할 수 있다. 게다가 GTX가 개통될 때까지 집의 가치는 점점 올라갈 테니 오빠의 니즈에 꼭 맞는다. 학령기 아이가 있어 편안한 실거주가 우선으로 필요하고, 종잣돈 마련도 제한적인 오빠 가족에게는 무리한 상급지의 집보다도 지금의 집이 훨씬 좋은 선택지였다.

결국 내 집 마련의 핵심은 '지금의 조건에서 나만의 강남을 찾는 것'이다. 그러니 무조건 상급지를 찾는 것만이 내 투자의 답이 될 수는 없다. 현재 내 상황에 가장 적합하며 내 자산을 효과적으로 불려줄 수 있는, '앞으로 잘될 놈'을 찾는 것이 앞으로 우리가 해야 할 일이다. 그리고 그것이 바로 이 책에서 내가 전하고 싶은 '입지 센스'다.

'입지 센스'는 말 그대로 '감각'이다. 똑같은 가격의 옷을 사도 자신의 체형에 맞게 세련되고 고급스럽게 매치해 입는 사람이 있고, 그렇지 못한 사람이 있다. 이 차이를 만드는 것은 옷가게에 직접 가서 수많은 옷을 둘러보고, 다른 사람들은 어떻게 옷을 입나 세심하게 관찰하고, 직접 입어보며 자신에게 무엇이 어울리는지를 알아낸 결과인 '패션 센스'다. 입지를 고를 때도 이렇게 '감각'을 예민하게 만드는 과정이 필요하다.

아프리카 말을 계속 듣기만 한다고 해서 터득할 수 있는 것이 아니듯이, 입지 센스 역시 무작정 부동산을 둘러본다고 해서 기를 수 있는 것이 아니다. 입지 센스를 키우기 위해서는 콩나물에 물을 주듯 꾸준하고 적절하게 계속 학습해 나가야 한다. 나는 이 책을 통해 내가 손품, 발품을 팔며 터득한 입지 센스와 그 센스를 기르는 방법을 모두 나눌 것이다. 이 책 한 권으로 5년 후, 아니 20년 후에도 나에게 맞춤 정장처럼 꼭 맞는 최적의 입지를 찾는 센스를 모두가 키울 수 있길 바란다. 시간이 지나도 빛을 잃지 않는 다이아몬드처럼, '입지'는 상승장이든 하락장이든 변치 않고 내 자산의 든든한 무기가 되어줄 것이다.

2장

시장을 이기는 부동산 투자,
'입지'가 답이다

- 장기 상승장 이후 심화된 지역별 디커플링

- 규제가 완화될수록 옥석은 더 희귀해진다

- 하락기에 버티는 물건은 '이것'이 다르다

- 미래의 부는 오직 입지와 연결된다

장기 상승장 이후 심화된
지역별 디커플링

근래 몇 년간 대한민국의 집값은 많이 올랐다. 2018년부터 부동산 시장은 전국적으로 '불장' 그 자체였다. KB국민은행이 2021년 10월에 발표한 월간 주택가격동향 시계열 통계에 따르면 서울 아파트 평균값은 무려 12억 원을 돌파했다. 정권별 아파트 가격 추이를 나타내는 그래프를 보면 실제로 2018년부터 2022년까지 집값이 얼마나 가파르게 올랐는지를 눈으로 확인할 수 있다.

부동산 시장은 언제나 상승장과 보합장, 하락장 사이를 왔다 갔다 하며 실수요자와 투자자들의 마음을 들끓게 한다. 그리고 정부의 정책과 규제는 이러한 시장의 등락과 떼려야 뗄 수 없는 관계다. 58페

* 2019년 1월을 100으로 본다.

[각 정권별 아파트 매매가격지수 (출처: KB부동산)]

이지의 그래프를 통해 알 수 있듯이 정부에서 규제를 많이 하면 많이 할수록 거센 반작용이라도 일어나듯 집값은 더 거세게 치솟는다. 모든 정부가 정권을 잡은 시점을 기준으로 부동산 시장이 침체돼 있으면 규제 완화를, 시장이 과열돼 있으면 규제 강화를 시행했다. 그럼으로써 규제 완화 뒤에는 반드시 시장 과열이 따라왔고, 규제 강화 뒤에는 시장 침체가 따라왔다.

이 장에서는 김대중 정부부터 문재인 정부까지 어떤 정책들이 등장해 왔으며 그 정책들이 시장에 어떤 영향을 미쳤는지를 짚어보고 그를 통해 결론적으로 우리는 2022년 이후 어떤 시장을 맞이하고 있는지까지 살펴보려 한다.

김대중 정부(1998~2003년)는 IMF 경제 위기의 시작과 동시에 출범

했다. 당시는 중소기업은 물론 대기업도 줄줄이 도산하던 시절이었다. 구조 조정에 따라 대규모 실업 사태가 벌어졌고, 환율과 금리가 폭등하면서 투자 심리가 위축되고 집값도 급락했다. 이에 따라 김대중 정부는 적극적인 부동산 완화 정책을 시행해 집값을 안정화시키려 했다. 2주택 이상을 가진 다주택자도 청약 1순위가 될 수 있도록 청약 자격을 완화했고, '부동산 투기'의 전유물처럼 여겨지던 분양권 전매도 전면 허용했다. 이 밖에도 양도세 한시적 면제, 취·등록세 감면, 토지거래허가제 폐지 등 김대중 정부가 시행한 완화 정책은 매우 다양하다.

그러나 2001년부터 IMF 사태가 불러일으킨 불황이 서서히 안정되기 시작했고, 여기에 신규 주택 공급이 크게 줄면서 부동산 투자 심리가 다시 완전히 살아나기 시작했다. 정부는 2002년 부랴부랴 규제 정책을 펼쳤지만 이미 한 발 늦은 뒤였다. 아파트 가격 상승률은 최대 4% 이상 치솟았고, 이에 김대중 정부는 규제를 더욱 강화하며 집값을 잡으려 애썼다. 투기과열지구 분양권 전매와 청약 요건을 다시 엄격하게 제한하는 등 규제 정책을 펼치는 한편 국민임대주택을 100만 호 이상 건설하며 임대주택을 적극 권장했다. 하지만 달아오른 투자 열기는 쉽게 가라앉지 않았다. 그래서 뒤이은 노무현 정부 (2003~2008년) 시절에도 역시 부동산 시장은 내내 뜨겁게 불타올랐다. 노무현 정부는 김대중 정부와 같은 기조로 규제를 더욱 강화했다. 분양권 전매 제한, 청약 재당첨 제한, 1주택 비과세 요건 강화 등 규제 일변도 정책을 펼쳤다. 3주택자 양도세 중과, 종합부동산세 도입, 투기 지역 LTV 비율 축소, 재건축·재개발 초과이익 환수제, DTI 도입 등 우리가 잘 아는 강력한 규제 정책들도 모두 이때 나온 것이다. DTI란 주택담보대출을 받을 때 소득에 따라 대출 한도를 제한하는 제도다. 내 연간 소득이 5000만 원인데 DTI를 50%로 제한한다면, 내 연간 주택담보대출 원리금 상환액이 2500만 원을 넘어서는 안 된다는 것이다. 노무현 정부는 2006년 3월 투기지역에서 6억 원을 초과하는 아파트 구입 시 DTI 40% 상한을 적용했고, 그해 11월에는 투기지역의 모든 아파트로 그 대상을 확대했다. '갚을 능력이 있는 사람만 대출받으라'라는 뜻이었다.

그러나 규제 정책이 거셀수록 오히려 집값은 더 가파르게 상승한다. 이솝 우화의 해님과 바람 이야기를 떠올리면 이해하기 쉽다. 부동산 시장을 안정화시키려면 해님이 따스한 빛을 비추듯 주택을 더 공급해 줘야 하는데, 계속 수요를 억제시키려고만 하니 오히려 나그네가 바람에 맞서 옷을 꼭꼭 껴입듯 투자 심리가 더 거세지는 반작용이 발생하는 것이다. 정부가 규제를 하면 할수록 사람들은 그 규제를 뚫는 투자처를 찾아냈고, 그럴수록 집값은 고공 행진했다.

그래서 이명박 정부(2008~2013년)는 출범 직후 집값을 안정시키기 위해 따뜻한 햇빛, 즉 공급 정책을 펼쳤다. 보금자리주택을 수도권에 100만 호, 지방에 50만 호 공급한 것이다. 그런데 그해 9월 미국발 금융위기가 전 세계를 덮치며 부동산 시장에도 큰 충격이 가해졌다. 집을 내놔도 도무지 팔리지 않는 시대가 왔다. 이에 이명박 정부는 시행되고 있던 규제를 풀며 완화 정책으로 방향을 선회했다. 강남3구를 제외한 서울 전역을 투기과열 및 투기지구에서 해제했고, 미분양 주택 해소를 위해 한시적으로 양도세 감면 정책을 펼쳤다.

박근혜 정부(2013~2017년) 역시 분양가상한제를 폐지하고 대출 규제를 완화하는 등 이명박 정부와 같은 완화 기조의 부동산 정책을 시행했고 대규모 공급 정책도 이어갔다. 그 덕분에 이 시기에는 장기간 집값이 안정되는 모양새를 보였다. 박근혜 정부는 규제 완화와 강화를 순차적으로 진행하며 시장 상황에 대응했다. 취임 이후에는 부동산 거래 활성화를 위해 규제를 완화한 한편, 임기 말쯤 시장이 과열되자 강력한 규제 정책을 내놓은 것이다. 2016년에 내놓은 11·3 대책이 그것이다. 박근혜 정부 시절에는 부동산 시장이 양분돼 흘러갔다. 계속된 부동산 시장 침체 때문에 집을 사지 않고 전세로 거주하려는 경향이 강했던 것이다. 그래서 매매가는 지지부진한데 전세가율은 나날이 최고조를 찍는 현상이 계속되었다. 이 때문에 박근혜 정부 후반기의 부동산 정책은 대부분 전세난 해소를 위한 대책 위주였고, '빚을 내서라도 집을 사야 한다'라는 말이 나오기에 이르렀다.

그렇다면 2022년 이후 우리는 어떤 상황을 맞닥뜨리고 있을까? 문재인 정부(2017~2022년)는 출범 직후부터 강력한 규제 정책을 쏟아냈다. 2017년 8·2 대책, 2018년 9·13 대책, 2019년 12·16 대책 등이 대표적이다. 주택 공급을 억제하는 것은 물론 LTV와 DTI를 엄격하게 규제했다. 강력한 규제 덕에 부동산 시장은 잠시 보합세로 돌아서는 듯 보였지만 열기는 금세 다시 뜨거워졌다. 나그네가 거센 바

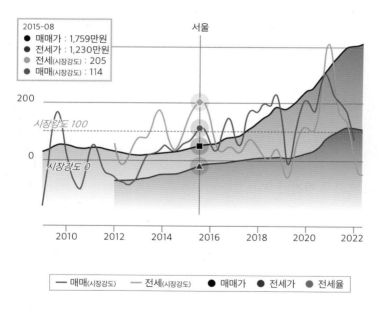

[박근혜 정부 당시 매매 시장과 전세 시장의 시장강도 역전 현상 (출처: 부동산지인)]

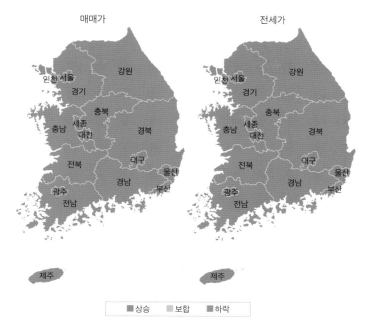

매매가   전세가

■상승 ■보합 ■하락

[2020년 1월~2022년 5월 전국 시장강도 (출처: 부동산지인)]

람에 옷을 꼭꼭 껴입듯, 투자자와 실수요자 모두 규제가 미치지 않거나 조금이라도 덜 미치는 틈새시장을 찾으며 전국적으로 곳곳의 집값이 고공 행진한 것이다.

그래서 얼마간 우리 부동산 시장에는 고수도, 하수도 없었다. 그냥 사놓으면 다 오르는 시기였기 때문이다. 64페이지의 그래프에서 보이듯, 2021년에는 무작위로 어떤 아파트를 찍어도 급격한 상승을 뜻하는 코브라 모양의 실거래가 그래프가 그려졌다. 이런 때는 '입지'

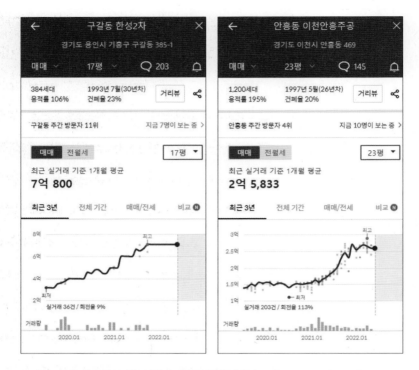

[용인시 한성2차, 이천시 안흥주공 실거래가 그래프 (출처: 호갱노노)]

의 중요성이 그다지 부각되지 않는다. 입지는 부동산의 기본 중 기본이지만, 부동산 시장의 사이클에 따라 그 경중이 조금씩 다르게 인식된다. 상승기에는 비교적 입지보다 전략과 사이클, 타이밍을 더 중요하게 인식한다. 전체적으로 부동산 시장이 상승 흐름을 탄 때에는 다른 사람보다 더 많은 정보를 가질수록, 더 먼저 진입할수록, 또 더 많이 살수록 투자 수익이 극대화되기 때문이다. 또한 빌라나 오피스텔,

생활형 숙박시설처럼 아파트에 비해 리스크가 큰 상품도 금방 팔리곤 한다.

전 세계적으로 불어온 저금리와 코로나19가 더욱 부추긴 '유동성 산사태', 공급 부족, 건축 가격 상승 등의 영향을 받아 2021년 주택 가격은 2002년 이후 20년 만에 최고의 상승률을 기록했다. 그렇게 시장은 2017년 이후 5년간 급격한 상승세를 이어갔지만, 저금리에 따른 유동성 장세가 마무리되고 2021년 11월 정부가 '가계대출 총량제'라는 강력한 대출 규제를 도입해 돈줄까지 조이자 끝이 없을 것 같던 상승세는 주춤해졌다. 문재인 정부가 새로 도입한 차주 단위 DSR은 DTI보다 한층 더 나아간 규제로, DTI는 주택담보대출의 원리금 상환액만을 계산했다면 DSR은 그 외 모든 대출의 원리금 상환액까지 다 계산하는 것이다. 신용대출은 물론 전세대출, 자동차 대출, 카드론까지도 모두 포함된다. 가계대출을 턱끝까지 조인 것이다. 그러자 촘촘한 규제의 그물망 안에서 집을 사려는 사람도, 팔려는 사람도 숨 쉴 틈이 없어졌다. 그리고 2022년 상반기까지도 이 흐름은 지속되고 있다.

앞으로 5년,
'입지'가 부를 좌우하는 장이 온다

그렇다면 앞으로의 흐름은 어떨까? 2022년은 임대차 3법이 시행 (2020년 7월 31일)된 지 만 2년째 되는 해다. 최근 서울 100대 아파트의 임대차 계약 갱신률은 77.7%에 달했는데, 이는 곧 세입자 10명 중 8명이 재계약을 선택했다는 뜻이다. 임대차 3법 시행 이후 전세가가 많게는 두 배까지 폭등했기에 쉽게 움직일 수 없었기 때문이라 분석된다. 2020년 하반기에 전세계약갱신청구권을 한 번 사용한 세입자들은 이제 큰 고민을 떠안게 되었다. 이들이 고를 수 있는 선택지는 딱 세 가지다. 현 시세대로 전세가를 올려 (현재 집이든 다른 집이든) 계약하든지, 전세가 상승분만큼을 월세로 지불하는 반전세로 계약하든지, 아니면 아예 전세에서 벗어나 내 집을 사든지.

이처럼 전세가가 올라가면 전세가를 더 올려주고 거주하느니 차라리 레버리지를 끼더라도 내 집을 마련하겠다는 사람들이 늘어난다. 매수 심리가 강해지는 것이다. 아직 3기 신도시 입주가 본격화되지 않아 수도권에 여전히 공급이 부족하고, 전세난이 심화되며 세입자들의 매수 심리가 강해질 것임을 고려하면 아마도 앞으로 수년간은 집값이 크게 하락하지 않을 것으로 보인다.

새로운 정부가 출범하고 정부가 부동산 시장 규제를 완화하겠다는 기조를 밝히며 시장 참여자들은 각기 다른 숨을 고르고 있다. 정부가 양도세를 완화하겠다는 의지를 보이자 중하급지의 매물은 쌓이는 반면, 상급지의 매물은 가뭄에 콩 나듯 나온다. 일명 '못난이 매물'은 정리하고 더 좋은 입지로, 상급지로 향하려는 움직임이 꿈틀대고 있는 것이다. 이처럼 지역별로 시세의 흐름이 엇갈려 나타나는 '디커플링decoupling'이 심화되면서 지역에 따라 울퉁불퉁한 장세가 나타나고 있다. 지난 5년간 규제가 불러온 풍선 효과로 대폭 상승한 지역들은 보합·하락세를 보이는 한편 이전부터 '황금입지'라 불려온 좋은 입지들은 나날이 신고가를 경신하는 중이다.

긴 상승장 이후, 정책 변화에 따른 시장 불안이 한 치 앞을 내다볼 수 없을 만큼 계속되고 있는 실정이다. 이 상황에서 무주택자, 그리고 갈아타기를 계획하고 있는 1주택자들은 모두 '어디를 사야 내 자산의 가치를 지키고 불릴 수 있을까?'라는 고민에 빠질 수밖에 없다. 앞으로 다가올 시장에서는 '전국'의 통계 지표가 큰 의미가 없다. 지역별로 다르게 나타나는 시장의 움직임을 잘 파악해 상승장에서는 더 잘 오르고, 하락장이 와도 덜 떨어지고 빠르게 회복할 곳을 찾는 것이 중요하다. 숨죽이고 있던 '입지'의 가치가 다시 떠오르고 있다.

규제가 완화될수록
옥석은 더 희귀해진다

2022년 5월 10일 윤석열 정부가 열리면서 부동산 시장의 상황은 완전히 달라졌다. 2020년 6·17 대책 이후 경기도 김포시와 파주시 등 규제를 피한 비조정지역이 주목받고, 이후에도 규제가 새로 생겨날 때마다 '공시가격 1억 원 미만 아파트'와 같은 새로운 투자처가 부상하는 등 틈새시장으로 투자자들의 관심이 옮겨갔던 것과는 확연히 다른 양상이 펼쳐질 전망이다.

실제로 윤석열 정부는 다주택자에 대한 양도세 중과를 1년간 한시적으로 배제했고 동시에 일시적 1세대 2주택 갈아타기의 문도 활짝 열어젖혔다. 종전주택의 양도 기한을 1년에서 2년으로 늘리고, 세대

전원이 1년 이내에 신규 주택으로 전입해야 한다는 요건도 삭제하면서 매도에 대한 규제를 완화해 준 것이다. 여기에 일시적 1세대 2주택 취득세 중과 요건을 완화하고, 1세대 2주택 양도세 비과세 보유·거주 기간을 재기산하는 일명 '최종 1주택 제도'를 폐지했다. 윤석열 정부는 향후에도 적극적인 완화 정책을 펼칠 것이라고 예고했다. 여기에는 과도한 세 부담을 줄이고 매물 출회를 유도해 부동산 시장을 안정화하고자 하는 정책적 의도가 담겨 있다. 그 덕분에 집을 사고 팔거나 갈아타는 데 겪어야 했던 불편이 조금은 해소될 것으로 기대된다.

분명 팔아야 할 사람에게는 부담 없이 집을 팔 수 있는 좋은 기회가 왔다. 그런데 그런 상황에 처한 다주택자의 수가 많고, 보유세와 대출 규제 완화를 기대하는 심리 때문에 실질적인 거래는 많지 않은 실정이다. 특히 다주택자가 양도세 중과 배제를 이용해 자신의 매물을 매도한 후 옮겨가고자 하는 집은 결국 '핵심지 물건'이기 때문에 지역마다 시장에 매물이 출회하는 정도에 확연한 온도 차이가 나타나고 있다.

핵심지 물건과 비핵심지 물건에는 '대출 규제'라는 큰 차이가 있다. 윤석열 정부는 완화 기조를 내세우고 있지만 대출 규제의 핵심과도 같은 DSR 규제는 당분간 현행 제도를 유지하겠다고 밝혔기에,

[윤석열 정부가 발표한 부동산 정책]

항목	변경 내용	정책 발표 시점
취득세	일시적 2주택 취득세 중과 배제 인정 기한 2년으로 확대	2022년 05월 30일
취득세(감면)	생애 최초 주택 구입자 200만 원 한도 내 취득세 감면	2022년 06월 21일
양도소득세	다주택자 조정지역 내 중과세 1년간 배제	2022년 05월 10일
양도소득세 (비과세)	최종 1주택 개념 폐지	2022년 05월 10일
양도소득세 (비과세)	상생임대인 제도 요건 완화 및 혜택 확대, 적용 기한 연장	2022년 06월 21일
일시적 1세대 2주택(비과세)	종전주택 처분 기한 2년으로 완화 세대원 전원 신규주택 전입 요건 삭제	2022년 05월 10일
재산세	2021년 공시가격 적용	2022년 05월 30일
종합부동산세	2021년 공시가격 적용 공정시장가액 비율 60%로 인하(다주택자 포함)	2022년 05월 30일
종합부동산세 (특별 공제)	2022년 한시 1세대 1주택자 특별공제 3억 원 도입(과세 기준 14억 원으로 확대)	2022년 06월 16일
종합부동산세 (주택수 제외)	1세대 1주택자 판정 시 주택 수 제외 일시적 2주택·상속주택, 지방저가주택 해당 (단, 과세 표준에는 합산)	2022년 06월 16일

항목	변경 내용	정책 발표 시점
규제지역 내의 주택담보대출	기존 주택 처분 기한 2년으로 완화 신규주택 전입 기한 폐지	2022년 06월 21일
대출 (LTV)	생애최초 주택 구입자 LTV 80% 확대	2022년 05월 30일
대출 (DSR)	청년층 DSR 산정 시 장래 소득 반영	2022년 05월 30일
대출 (50년 만기)	청년·신혼부부 대상 최대 50년 주택담보대출 상품 출시	2022년 05월 30일
체증식 상환	청년·신혼부부 대상 40년 만기 보금자리론에도 체증식 상환 도입 (만 39세 이하 청년·혼인 7년 이내 신혼부부)	2022년 06월 16일
대출 (생활안정자금)	2억 원으로 완화	2022년 06월 21일
신용대출	연소득 범위 내 대출 제한 폐지	2022년 06월 16일
대출 이자	안심전환대출(변동금리에서 고정금리로 전환)	2022년 06월 16일
분양가 상한제 지역 거주 의무 완화	양도·상속·증여 이전까지 실거주 기간 준수	2022년 06월 21일
우대형 주택연금	주택 가액 요건 2억 원으로 완화	2022년 06월 21일

대출 규제에서 앞으로도 얼마간 자유롭지 않을 것으로 예상된다. 현재 투기과열지구에서는 15억 원을 초과하는 고가주택일 경우 대출이 아예 나오지 않는다.

반면 비핵심지는 KB시세 15억 원 이하 아파트가 대다수로, 대출을 활용해 집을 마련하는 사람들이 당연히 많다. 그러다 보니 DSR로 대출이 제한되자 매수세가 얼어붙어 버렸다. 사고 싶어도 대출이 안 나와서 못 사는 상황인 것이다. 그런데 양도세 한시적 배제 혜택을 누리려는 다주택자들이 매도 물건을 앞다퉈 내놓는 상황까지 발생하며 비핵심지에는 물건이 쌓이고 있다. 반대로 대출 규제의 영향을 거의 받지 않는 서울 강남구, 용산구 등 모두가 선호하는 입지는 매물도 적고 신고가 경신 비율도 높다.

이처럼 시장에 나온 매물은 적고 사려는 사람이 많을수록 핵심지의 집값은 오를 수밖에 없다. 그리고 팔려는 사람은 많은데 정작 살 수 있는 사람은 없는 비핵심지는 하락세를 보이게 된다. 그래서 규제 완화의 시작과 함께 상급지와 하급지의 상황은 완벽하게 반대로 흘러가고 있다. 수영장에 물이 빠지면 그제야 누가 벌거벗고 있는지 드러나듯 2022년부터는 진정한 '옥석 가리기 장'이 시작되고 있는 것이다. 실제로 KB부동산에 따르면 아파트 평균 매매가격은 서울 서초구가 2022년 1월 24억 4124만 원에서 4월 24억 9077만 원으로 넉 달 만에 5000만 원(약 2.02%)가량 상승했고, 부산의 핵심 입지인 해운대구도 0.74% 상승했다. '전주의 강남'이라 불리는 전주시 에코 시티와 경기도 최고의 입지인 과천시도 각각 0.86%, 0.15% 상승세를 보였다. 대출 규제는 지속되면서 본격적인 금리 인상까지 시작된 가운데, 현금 구매력을 갖춘 수요자들이 선호하는 최상급지의 알짜 아파트들이 부동산 시장 내 강세를 이어가고 있는 것이다. 이처럼 최상급지에 위치해 수요층이 많은 아파트는 한정돼 있을 수밖에 없고, 그래서 '상급지일수록 더 오르는' 현상은 앞으로도 유지될 것으로 보인다. 양도세 완화로 인해 다주택자들은 자신이 갖고 있는 '못난이 매물'을 던질 것이고, 시장에는 그런 매물만 나올 가능성이 높다.

'집'으로 내 자산을 지키고 싶다면 이런 때일수록 '입지'를 최우선 순위로 생각해 상품을 판단해야 한다. 규제 완화가 아니라, 자유로운 시장 논리에 따라 어떤 입지가 각광받을지를 고려해야 한다는 것이다. 어떤 지역은 계속 성장하고 번성하는데 왜 인접한 다른 지역은 아무런 변화가 없는 걸까? 비슷한 세대수에, 비슷한 환경을 가졌는데 왜 저 아파트는 오르고 이 아파트는 그대로일까? 모든 답은 '입지'에 있다. 정책은 일시적이나 입지가 주는 가치는 영원불변하기 때문이다.

지난 5년간 부동산 상승기를 경험하면서, 심지어 제주도와 강원도까지 집값이 급등하면서 이제 많은 사람이 '집을 꼭 사야 할까요?'라는 질문은 더 이상 던지지 않는 것 같다. 그 대신 청년들은 청약을 이야기하고, 중년들은 세금을 고민한다. 집은 '사는buy 것'이라는 집단적 공감이 크게 생겨난 듯하다. 하락기일지라도 빌려서 사는 집보다는 내 집에서 사는 편이 훨씬 심리적 효용이 크다는 점도 잘 알 것이다(물론 여전히 물가는 치솟고 세계 경제는 불안한 상황 속에서 '집값이 떨어진다는데 내 집을 마련해도 되는 걸까?'라고 묻는 사람이 많다는 것도 알고 있다).

이제 우리가 물어야 할 질문은 '어디에 있는 어떤 집을 사야 할까?'이다. 하락기가 와도 내 자산을 굳건히 지켜줄 '똘똘한 한 채'를 마련하면 혹독한 시기가 찾아와도 이겨내고 다시 기지개를 펼 수 있다. 우리가 가장 두려워해야 하는 것은 집값이 떨어지는 게 아니라 '집을 팔 수 없는 상황'이다. 상승장의 하반기에 다다를수록 '입지 선별'이 더 중요해지는 이유다.

하락기에 버티는 물건은
'이것'이 다르다

입지 분석 전문가로서 2022년의 상황을 가만히 살펴보면 김대중·노무현 정부의 끝자락과 무척 닮아 있다고 느낀다. 실제로 노무현 정부가 막을 내리고 이명박 정부가 출범하면서 2010년부터 2013년까지 수도권 부동산은 이전 고점 대비 무려 30%나 가격이 하락했을 만큼 낙폭이 매우 컸다. 이때 가장 먼저 하락의 스타트를 끊은 아파트들이 있었다. 바로 '내가 살고 싶지 않은 아파트', 즉 입지가 좋지 않은 곳에 위치한 아파트였다. 가뭄이 닥치면 연못의 가장자리부터 마른다고 하지 않던가. 하락장에는 장사 없다는 듯 그때 수많은 아파트의 가격이 일제히 하락했다. 핵심 지역에서 먼 경기도 외곽은 특히 더 급격한 하락세를 보였고, 심지어 강남구, 서초구, 용산구 등 최고의 입지로 평가받는 서울 핵심 지역들도 하락세를 보였다.

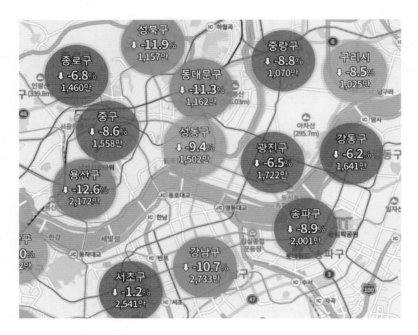

[2008년 9월~2012년 9월 서울 핵심 지역 시세 증감률 (출처: 부동산지인)]

위 도식은 2008년 9월(리먼브라더스 사태 발발)부터 2012년 9월까지 5년 동안 지역별 시세 증감률을 나타낸 것이다. 강남구, 송파구, 성동구 등 서울의 핵심 지역들은 대부분 10% 내외로 하락했고, 서초구는 동 기간 단 1%밖에 하락하지 않았다.

[2008년 9월~2012년 9월 경기 서북 지역 시세 증감률 (출처: 부동산지인)]

　　반면 핵심 지역에서 먼 경기도 서북 지역은 무려 -20%에 육박하는 증감률을 보이고 있다. 이는 서울의 북쪽도 마찬가지여서, 서울의 북쪽 끝인 도봉구와 노원구, 강북구는 각각 -16.7%, -16.3%, -15.2%의 증감률을 보였다. 이 세 지역구와 붙어 있는 경기도 의정부시도 20% 가까이 시세가 떨어졌다. 이처럼 하락장이 오면 핵심 지역과 먼 외곽부터 서서히 시세가 빠지는 현상이 벌어진다.

하락장에 덜 내리고,
상승장에 더 오르는 한 끗 차이

이때의 경험을 토대로 얻어낼 수 있는 유의미한 사실이 하나 더 있다. 하락기에는 한 지역 안에서도 입지에 따라 움직임이 조금씩 다르게 나타난다는 것이다. 같은 지역일지라도 모두 살고 싶어 하는 좋은 입지의 아파트들은 비교적 시세가 덜 떨어지거나 심지어 소폭 상승하는 모습을 보이기도 했다.

강남구 대치동과 개포동은 둘 다 명실상부한 서울의 핵심 지역이다. 입지에 대한 설명을 덧붙이는 것이 어색할 만큼 교통, 학군, 일자

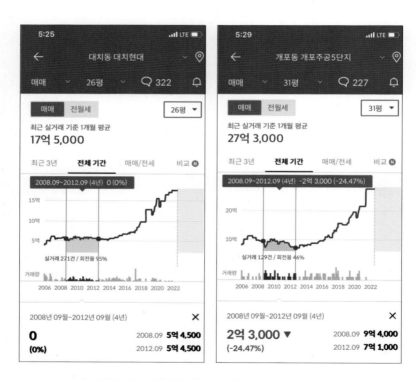

[하락기 대치현대·개포주공5단지 실거래가 그래프 (출처: 호갱노노)]

리, 환경, 상권 등 좋은 입지의 요건을 두루 갖추고 있다. 그런데도 하락기에는 시세의 흐름에 다소 차이를 보였다. 대치현대는 4년 동안 23%의 손 바뀜이 있었는데도 시세가 거의 떨어지지 않은 반면 개포주공5단지는 12%의 손 바뀜에도 약 25%가 떨어진 것이다.

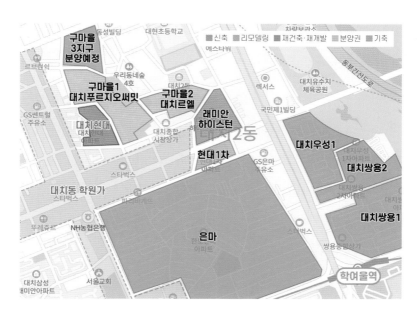

[대치현대가 위치한 대치동 일대 입지 지도]

물론 하락기에 접어들었을 당시 대치현대(1999년 입주)는 이제 갓 입주 10년 차인 준신축 아파트였던 반면 개포주공5단지(1983년 입주)는 입주한 지 30년을 향해 가던 구축 아파트였다. 실거주 측면에서 상품의 가치가 다르긴 했지만, 이러한 차이를 만든 가장 핵심적인 요인은 '학군'으로 분석된다.

대치현대는 완벽한 역세권 아파트는 아니지만 대치동 학원가에 바로 붙어 있는 아파트로, 학군이라는 요인을 기대하고 들어오는 대치동 실수요자들에게 매우 매력적인 입지다. 학군에 대한 수요는 언제나 꾸준해서 상품이 낡거나 부동산 시장 상황이 바뀌어도 전세가율이 쉽게 떨어지지 않는다. 실제로 대치동과 개포동의 평균 평단가를 비교해 보면, 매매가 기준 개포동은 8593만 원, 대치동은 8016만 원으로 개포동이 앞서는 반면 전세가 기준으로는 개포동이 3210만 원, 대치동이 3514만 원으로 대치동이 앞선다(2022년 6월 기준). 하락기인 2012년 9월에도 매매가는 개포동이 3244만 원, 대치동은 2665만 원으로 개포동이 앞섰지만 전세가는 개포동이 814만 원, 대치동은 1335만 원으로 역전된 모습을 보였다. 즉, 대치동은 '학군'이란 확실한 유인 덕분에 전세가가 탄탄하게 받쳐주어 하락기에도 매매가 큰 폭으로 떨어지지 않은 것이라고 추측할 수 있다.

서울 양천구 목동은 더욱더 미묘한 차이가 시세에 영향을 주었다. 신시가지7단지와 신시가지13단지는 각각 1986년과 1987년에 입주한 구축 아파트로 세대수도 약 2000세대로 비슷하다. 상품의 특성

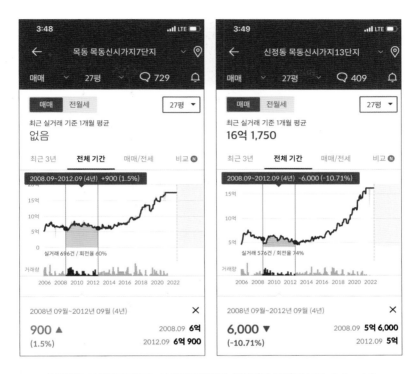

[하락기 신시가지7단지·신시가지13단지 실거래가 그래프 (출처: 호갱노노)]

자체는 매우 비슷한 '닮은꼴 아파트'다. 그런데도 2008~2012년에 신시가지13단지는 10%가량 시세가 하락한 반면 신시가지7단지는 소폭이지만 상승하는 모습을 보였다. '목동'이라는 같은 학군지 안에서도 서로 다른 흐름을 보인 것이다.

이런 결과를 만든 것 역시 '학군'이라는 입지 요인의 차이였다. 목동은 서울 서남 권역에서 독보적인 '강남'으로 아성을 떨치는 지역

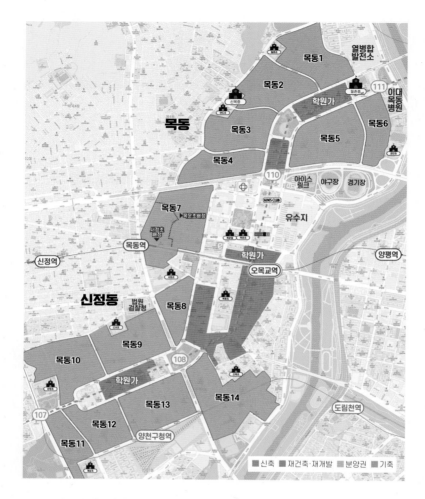

[신시가지7단지, 신시가지13단지가 위치한 목동 입지 지도]

이다. 이곳 역시 학군이라는 유인이 확실하다. 높은 학업성취도를
자랑하는 학교들 중에서도 목운중학교와 월촌중학교, 신목중학교

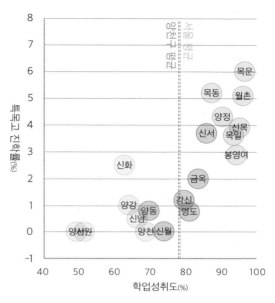

[양천구 일대 중학교의 특목고 진학률과 학업성취도 (출처: 아실)]

는 학업성취도가 특히 높고 특목고 진학률 또한 높아서 지역 학부모들이 매우 선호한다. 그래서 이런 중학교에 보낼 수 있는 앞 단지(1~7단지)의 시세가 뒷 단지(8~14단지)보다 더 높은 것이다. 또한 목동에서 가장 중요하게 여겨지는 주요 학원가가 앞 단지에 밀집되어 있다는 점도 시세에 영향을 준다.

이처럼 같은 지역 안에서도 하락장에 가치가 크게 흔들리지 않는 곳과 반대로 힘없이 시세가 떨어지는 곳이 극명하게 나뉜다. 결국 하락장을 버티는 힘은 실거주하기 좋은 조건을 갖춘 입지다. 실제로 거래 절벽으로 인해 보합세가 이어지고 있는 2022년도 입지에 따라 시세의 양상이 명확히 다르게 나타난다. KB부동산에서 제공하는 주간 시계열 통계에 따르면 서울 핵심 지역에서 먼 편인 성북구와 노원구 등은 매매가격이 소폭 하락세를 보이고 있고, 강남구와 서초구와 용산구 등 핵심 지역들은 반대로 상승세를 보이고 있다.

하락장이 오면 집의 종류에 따라서도 움직임이 다르게 나타난다. 신축 아파트와 역세권 아파트는 선방하지만, 비역세권 구축 아파트와 재개발 초기 사업장, 오피스텔, 빌라 등 아파트의 대체재로 여겨지는 물건들은 가격 방어에 취약하다. 기나긴 상승장이 이어져 온 2022년에 우리는 하락장을 언젠가는 겪어야 할 파도로 생각해야 한다. 이 파도를 모두가 함께 흠뻑 맞을 때 최대한 덜 젖는 게 관건이다. 남들이 수익을 낼 때 그 흐름에 뒤처지지 않는 것도 중요하지만 남들이 잃을 때 지키는 것은 더더욱 중요하다. 수비와 방어가 동시에 되는 멀티 플레이어가 결국에는 웃게 되어 있다.

미래의 부는
오직 입지와 연결된다

7호선 산곡역에 내리면 좁은 골목들 사이로 크고 작은 연립주택과 단독주택이 빼곡하게 들어 차 있다. 오래전 이곳에 살았던 원주민이라면 도무지 믿기 어렵겠지만, 지금 산곡역 일대는 한편에선 바삐 이주와 철거가 진행되고 있고, 한편에서는 신축 아파트가 속속 들어서고 있다. 몇 년 후 이곳에는 초고층 아파트가 늘어서는 천지개벽이 일어날 예정이다.

인천시 부평구 산곡동과 청천동은 인천의 대표적인 재개발 구역으로, 부평구 안에서도 독보적으로 낙후된 지역이었다. 그런데 청천동의 e편한세상부평그랑힐스부터 산곡동의 부평신일해피트리더루

츠까지 상하로 이어지는 신축 아파트가 주거벨트를 이루고, 산곡6구역과 산곡도시환경정비구역이 개발되면 이곳은 약 1만 5000세대가 들어서는 '미니 신도시'로 재탄생할 예정이다.

현재 입주권은 거래량이 많지 않고 분양권은 전매제한이 걸려 있어서 시세 상승을 쉽게 가늠할 순 없다. 하지만 새 아파트가 들어서고 전매제한이 풀리고 나면 아마도 이곳은 부평구의 시세를 이끌어갈 진정한 대장 단지가 될 것이다. 바로 이곳만이 지니는 입지 조건 때문이다.

[인천 부평구 산곡·청천 재개발 구역 입지 지도]

[부평구 산곡동 일대의
개발 전후]

산곡·청천 일대는 7호선을 이용하면 환승 없이 20분 만에 서울 진입이 가능하고 강남까지 약 1시간이 소요된다. 인천 내에서도 서울 핵심지로의 출퇴근이 용이할뿐더러 지하철 1호선과 인천지하철 1호선도 이용할 수 있어서 교통망도 훌륭하다. 원래부터 입지가 좋은 지역이었는데, 낡았던 상품이 신축 아파트로 재탄생하며 각광을 받고 있는 것이다. 말 그대로 '흙 속의 진주'가 세상 밖으로 나온 것이다.

만약 2020년에 3억 원이라는 종잣돈으로 산곡·청천 일대에 투자해 8억 원대의 신축 아파트(2022년 기준 부평구 내 신축 대장 아파트 가격)를 손에 넣었다고 치자. 시세가 상승하면 이 집을 이용해 추가 대출을 일으킬 수도 있다. 집을 통해 현금 흐름을 만들 수 있다는 것이다. 그렇게 되면 '내 집'이라는 베이스캠프에서 '만들어낸' 종잣돈으로 이사 갈 집을 미리 사두는 전세 레버리지 투자를 하거나, 다시 한번 재개발 투자를 통해 '새것이 될 낡은 것'을 저렴하게 사놓을 수도 있다. 오피스텔이나 지식산업센터 등 비주택 투자로 종잣돈을 좀 더 불리는 일도 가능하다. 이처럼 입지 좋은 곳에 탄탄한 내 집을 마련하고 나면 집이 투자의 베이스캠프가 되어준다. 좋은 입지에 마련한 집은 시세 상승과 함께 현금 흐름을 만들어준다. 그렇게 오른 집을 이용해 다시 한번 똑똑한 갈아타기를 하면 우리가 꿈꾸는 최종 상급지로 이동할 수 있는 것이다.

한 번의 선택으로
10년을 절약하는 입지 센스

지금으로부터 약 4년 전 우리 가족은 지인 부부의 집들이에 초대를 받은 적이 있다. 그들은 이제 막 결혼한 신혼부부로 경기도 성남시의 한 빌라에 전세로 신혼집을 마련한 참이라고 했다. 약 2억 원 정도의 종잣돈을 갖고 있었지만 분당구에서 직장을 다니는 부부의 생활 반경을 고려할 때 빌라 외에는 별다른 선택지가 없었다고 털어놓았다. 레버리지를 끼면 충분히 아파트를 매수할 수 있는 종잣돈이었지만 둘 다 아직 사회초년생인 탓에 차마 대출을 받을 용기를 내지 못했다고 했다. 비좁고 낡은 주방에서 바삐 왔다 갔다 하면서도 밝게 웃는 젊은 부부의 모습이 못내 신경 쓰였다. 고민 끝에 나는 실례를 무릅쓰고 불쑥 그들에게 이런 제안을 했다.

"혹시 청약 한번 해보시면 어때요?"

부동산의 '부' 자도 모르는 젊은 부부에게 혹시나 내 제안이 실례가 되진 않을까 조심스러웠지만 다행히 그들은 흥미롭게 내 이야기에 귀를 기울여주었다. 오랜 이야기 끝에 마침 몇 달 뒤로 예정돼 있던 경기도 시흥시 은계지구의 첫 공공분양에 도전하기로 했다. 당시만 해도 은계지구가 잘 알려지지 않았다 보니 신혼부부 특별공급으로 지원했던 그들은 첫 청약에 바로 당첨되었다. 미달 사태가 나서 지원한 모두가 청약에 당첨된 것이었다. 처음 넣은 청약에 덜컥 당첨되어 버린 부부는 어리둥절한 한편 '미달'이라는 말에 조금은 겁이 난 것 같았다. 나는 다시 한번 거창하게 시흥시의 미래 가치와 서해선에 대해 설명해 주었다. 그렇게 그들은 서해선 초역세권 아파트를 단돈 계약금 3400만 원으로 마련했다(84㎡ 기준 분양가는 3억 4000만 원이었다). 이후 은계지구는 큰 이슈 없이 잠잠한 가운데 입주를 맞이했다. 생활권이 달랐기에 부부는 직접 입주하지는 못하고 분양가 그대로 전세를 맞추었다. 계약금 3400만 원 외에는 내 돈을 전혀 쓰지 않고 번듯한 새 아파트를 마련한 것이다. 더군다나 당시 시흥은 비조정지역이었던 터라 2년간 보유하기만 하면 양도세 비과세 혜택을 챙길 수 있는 상황이었다.

입주로부터 2년 반 정도 지난 지금 그들이 분양받은 아파트는 8~9억 원 정도의 시세를 형성하고 있다. 그들은 이제 이 집을 매도한 후 그 자금에 현재 거주 중인 빌라의 전세 보증금, 그리고 모아둔 돈을 합해 갈아타기를 할 계획을 세우고 있다. 4년 전 분당 아파트 매매는커녕 전세금도 없어 낡고 좁은 빌라에 전세를 살아야 했던 그들은 이제 분당의 20평대 아파트를 대출 없이 마련할 수준이 되었다. 하지만 입지가 주는 놀라운 변화를 두 눈으로 확인한 부부는 이제 레버리지를 일으켜 더 역동적인 입지로 갈아탈 준비를 하고 있다. 아마 그다음 단계는 서울, 즉 핵심 지역으로의 갈아타기가 될 것이다. 이것이 바로 입지 센스를 장착한 갈아타기가 가져다주는 부의 증식이다.

갈아타기를 통한 자산 증식이 아니더라도 똑똑한 한 채는 가족의 삶에 큰 무기가 될 수 있다. 내 형부 역시 똑똑한 한 채의 도움을 크게 받았다. 형부는 50세가 되던 2021년에 20년 넘게 다닌 회사에서 명예퇴직을 했다. 이제 앞으로 무엇을 해야 할지 함께 머리를 맞대고 고민하다가 내린 결론이 프랜차이즈 창업이었다. 나와 함께 입지를 살펴본 후 상가를 계약했고, 오픈을 준비하는 지금 온 가족이 설레는 마음으로 오픈할 날만을 기다리고 있다. 형부는 이렇다 할 목돈을 마련해 두지 못했는데도 창업이 가능했는데, 그 비결은 4년 전 대출을 60%나 일으켜 갈아탄 집이었다. 시세가 두 배로 뛰면서 집을 담보로 한 사업자금대출이 수월하게 나온 것이다. 형부 가족의 집은 추가로 더 대출받을 여력이 남아 있어서 1호점 사업이 잘되면 2호점, 3호점을 열겠다는 포부도 갖고 있다. 똑똑한 갈아타기로 얻은 베이스캠프 덕분에 형부 가족은 든든한 노후 사업자금까지 손에 넣었다. 잘 마련한 집 한 채가 언니 가족을 따스히 지켜주고 있다.

이처럼 집은 더 좋은 집을 가져다주기도 하고, 좋은 일자리를 마련해 주기도 한다. 든든한 베이스캠프는 가족을 지키는 보호막이 되어준다. 그러니 일단 한 채를 제대로 사는 것이 중요하다. 싸다는 이유로 비역세권 빌라를 경매로 낙찰받았는데 아무도 쳐다보지 않아서 세놓기도 되팔기도 불가능한 계륵이 되거나, 소형 오피스텔 갭투자로 시작해 애매하게 다주택자가 되어 세금만 많아지는 등 시작부터 투자가 꼬이는 사람들이 많다. 입지에 대한 확신 없이 급하게 매수한 탓에 자꾸만 불안한 마음이 들어 단기간에 사고 팔기를 반복하는 사람들도 있다.

그러나 단순히 싸게 산다고 해서, 많이 산다고 해서, 그리고 자주 사고판다고 해서 반드시 투자 성적이 좋은 것은 아니다. 그러니 이제 가장 기본이 되는 '입지'로 돌아가 보자. 미래의 부는, 특히 옥석 가리기 장이 될 향후 5년의 부는 입지, 그리고 지역의 흐름이 결정할 것이다.

[휠휠의 갈아타기 성공 사례]

첫 집에서 벗어나야
자본이 일한다

어렵게 마련한 나의 첫 집, 강남보금자리주택은 입주한 지 얼마 지나지 않아 전세가가 분양가보다 높아졌다. 강남이라는 노른자위 땅에 위치한 만큼 수요도 많았던 것이다. 전세를 놓으면 그 전세금으로 투자를 더 해나갈 수 있겠다고 생각한 나는 이 금액대로 투자할 수 있는 물건들을 찾아 나섰다.

당시는 임장의 재미에 푹 빠져 있던 터라 시간만 나면 현장으로 나섰다. 현장에서 좋은 물건을 브리핑받으면 가슴이 설레서 잠도 못 이루는 밤이 계속되었다. 부린이 시절의 나는 일명 '금사빠(금방 사랑에 빠지는 사람)'였다. 잠실에 가면 잠실이 좋았고, 반포에 가면 반포가 좋았고, 위례에 가면 위례가 좋았다.

　그렇게 몇 달 동안을 임장에 매달린 결과 최종적으로 좁혀진 선택지는 반포미도1차, 잠실 장미1차, 잠실미성아파트였다. 이 아파트들은 당시 시세가 10~11억 원으로, 대출을 활용하면 종잣돈 3억 원대로 매수할 수 있었다. 서울이라도 LTV 70%까지 대출이 가능하던 시절이었다. 입지와 사업 속도, 추가 분담금 같은 조건을 고려해 마침내 결정한 곳은 잠실미성아파트였다. 하지만 여전히 걱정이 남아 있었다. 투자에 보수적인 남편의 동의를 구하는 것이었다.

　남편을 어떻게 설득할지 곰곰이 고민하던 중 원하던 잠실미성아파트가 때마침 경매로 나왔다. 당시 나는 일반 매매는 물론 경매, 공매에도 매수 안테나를 켜놓고 있었다. 당장 손품으로 권리 관계와 물건의 히스토리를 알아내고 재건축 조합 사무실을 방문해 재건축 진행 상황을 체크했다. 현장에 가서 아파트의 상태를 눈으로 확인하고 부동산에 들러 시세를 조사하는 작업까지 마쳤다. 재건축 사업은 곧 사업시행인가가 날 예정이라고 했고, 부동산에 나와 있는 매물도 거의 없었다. 이 좋은 물건을 싸게 살 수 있는 절호의 기회가 내게 온 것이었다. 나는 '묻지도 따지지도 않고' 입찰에 응했다. 무려 47명이 입찰에 참여했고 나는 감정가의 120%를 입찰가로 써 냈다.

그러나 결과는 패찰이었다. 그것도 고작 500만 원 차이였다. 딱 500만 원만 더 써서 내면 되는 거였는데, 얼토당토않게 기회를 놓쳤다는 생각에 미련을 버릴 수가 없었다. 당장 부동산으로 달려갔지만 아무리 발품을 팔아도 매물이 없었다. 하지만 임장을 다니는 현장마다 부동산 분위기가 점점 끓어오르는 게 느껴졌다. 매수를 더 이상 미뤄서는 안 되겠다는 생각이 들어, 부동산 소장님께 물건이 나오면 꼭 연락을 달라고 몇 번이나 신신당부를 했다. 어느 날은 물건이 나왔다는 말에 모든 일을 제치고 서류와 도장까지 챙겨 나갔지만 매도자의 변심으로 거래가 성사되지 않기도 했다. 그렇게 고생한 끝에 겨우 매수에 성공하고 나는 며칠을 끙끙 앓았다. 저렴하게 살 기회가 있었는데도 그 기회를 허망하게 놓쳤다는 사실이 못내 아쉬웠다.

그러나 뒤늦게 알게 된 결과, 경매로 나온 그 아파트는 소형 평형이라서 재건축 후에 내가 원하는 평형을 받을 수 없는 물건이었다. 반면 내가 그렇게 힘들게 매수한 아파트는 대형 평형을 받을 수 있는 우량 물건이었다. 패찰되고 부동산에서 일반 매물을 매수한 것이 전화위복이 된 셈이다.

잠실미성아파트를 사고도 전세금이 남아 투자할 곳을 찾다가 이번에는 일명 청약 '줍줍'에 도전해 당첨되었다. 강동구 고덕지구에 새로 분양하는 아파트였다. 생각지도 못하게 당첨된 것이었기에 나는 처음엔 프리미엄만 받고 매도하려 했다. 그런데 정작 분양권을 매도하러 부동산에 가니 만나는 소장님마다 고개를 절레절레 젓는 게 아닌가.

"고덕 사려는 사람이 씨가 말랐어요. 프리미엄 500만 원만 붙여도 팔릴까 말까예요."

순간 덜컥 겁이 나 500만 원이라도 받고 매도를 해야 하나 고민이 되었다. 그러나 손품, 발품을 팔고 다니던 내게는 현장의 분위기가 심상치 않은 것이 느껴졌다. 모델하우스는 갈수록 붐볐고 미분양이 점점 줄어드는 상황이었다. 내가 분양받은 고덕지구만 유독 시세가 올라가지 않을 뿐 다른 아파트들은 연일 프리미엄이 높아졌다. 그때쯤 '부린이'에서 한두 단계 발돋움한 상태였던 나는 고덕지구에 아직 아무것도 조성되지 않아서 그렇지, 곧 다른 신축 단지들처럼 시세가 높아질 것 같다는 생각이 계속 머릿속을 맴돌았다. 고민 끝에 나는 이 분양권을 팔지 않기로 마음먹었다.

'정 시세가 안 오르고 사려는 사람도 없으면 그냥 내가 들어가서

살지 뭐. 미성아파트가 재건축될 동안 살 곳도 필요하니까.'

내 예상은 적중했다. 고덕지구를 비롯해 서울 신축 아파트의 인기가 하늘 높이 치솟기 시작했다. 분양받은 아파트가 준공될 때쯤 나는 기쁜 마음으로 그토록 아끼던 첫 집을 매도했다. 워낙 저렴하게 매도한 탓에, 매도 2년 후에는 내가 매수한 금액보다 두 배 정도 시세가 뛰었지만 별 미련이 들지 않았다. 첫 집에서 만들어낸 종잣돈으로 마련한 '진짜 똘똘한 두 채' 모두 시세가 무럭무럭 높아지고 있기 때문이었다. 신축 아파트에서의 편안한 실거주 역시 마음을 여유롭게 해주었다. 남편도, 딸아이도 모두 만족해했다.

첫 집에는 많은 의미가 있다. 나 역시 평생 살 것처럼 꾸미고 닦으며 첫 집에 애착을 가졌다. 그러나 집에 애착을 갖는 순간 '자산 증식 도구'로서의 의미는 줄어들 수밖에 없다. 첫 집에 실거주를 할 계획이라고 해도 들어갈 때부터 갈아타기를 염두에 두어야 한다. 나는 첫 집에 대한 과도한 애착을 내려놓은 순간부터 자산을 불릴 수 있었다. 만약 첫 집을 그대로 보유하고 있었다면 내 자산은 서울 아파트 평균 가격인 13억 원 내외에 불과했을 것이다. 상승장이든 하락장이든 일단 집을 샀다면 방향성은 동일하다. 공부를 계속할 것, 그리고 상급지를 바라볼 것!

2부

10년 후에도
오를 아파트를 찾아라

3장

좋은 입지란
무엇인가?

- 시간이 지날수록 가치가 높아지는 곳

- 오를 집을 알려주는 황금입지 요건 4가지

- 좋은 입지는 어디에나 있다

- 입지를 아는 사람과 모르는 사람의 차이

- 입지 센스는 나를 아는 것에서 시작된다

시간이 지날수록
가치가 높아지는 곳

18세기의 실학자 이중환은 '조선 팔도 중 어디가 살기 좋은 곳인가?'라는 질문을 스스로에게 던지고, 그 답을 찾기 위해 30여 년에 걸쳐 전국을 직접 답사했다. 그 경험을 토대로 집필한 최초의 인문지리서가 바로 『택리지』다. 『택리지』는 이름 그대로 '사람이 살 만한 곳'을 가려낸, 지금으로 치면 최초의 '입지 책'이었다. 현대의 관점으로 볼 때 이중환은 '프로 임장러'였던 셈이다.

『택리지』에서는 인간이 살 만한 곳의 요건으로 '지리', '산수', '생리', '인심'을 들었다. 지리와 산수는 마을의 지형이 주거지로 적합한지를 가리는 환경적 조건이고, 생리와 인심은 농업에 필요한 물이나 땔감 등 경제 활동에 직접적으로 관련된 자원을 확보하기에 용이한 지를 가리는 사회경제적 조건이다.

그렇다면 현재는 어떨까? 이미 정평이 나 있는 입지 분석 전문가들의 이야기부터 들어보자. 스마트튜브 김학렬(빠숑) 소장은 입지의 요건으로 '교통', '교육', '상권', '자연 환경'을 들었고, 인베이드투자자문 이상우 대표는 '고소득 직장', '교통 호재', '교육 환경', '자연 환경'을 꼽았다. 1751년에 집필된 『택리지』에서 말한 환경적 조건과 사회경제적 조건에서 크게 벗어나지 않은 모습이다. 이처럼 입지는 교통, 일자리, 학군, 인프라, 자연 환경의 집합이다. 그래서 단순히 물리적인 위치만으로 좋고 나쁨을 논할 수 없고, 어느 하나의 장점만 갖고 '입지가 좋다'고 단정할 수도 없다. 게다가 입지는 가변적이다. 교통, 일자리, 학군, 인프라, 자연 환경은 결국 사람이 만들어가는 것이고, 따라서 절대 불변하는 요소가 아니다. 이 요소들이 발전하고 쇠퇴함에 따라 입지의 우위도 조금씩 바뀌어간다. 즉, 지금 낙후되고 살기 불편한 환경이라고 해서 무조건 '나쁜 입지'라고 단정할 수는 없다는 뜻이다.

그러나 가변적이라고 해서 입지를 허투루 볼 수는 없다. 입지는 부동산에서 본질이나 마찬가지이기 때문이다. 요리로 치면 입지는 '원 재료'다. 재료의 질이 나쁜데 양념만으로 일품 요리를 만들 수는 없듯 입지 자체가 좋아야 살기 좋은 곳이 되고, 그런 곳은 하락장이 올 때도 최후까지 버텼다가 떨어지며, 회복탄력성이 높아 상승장으로 전환되면 금방 시세가 상승한다. 단언컨대 내 자산을 지켜주고 불려주는 데 입지만큼 확실한 도구는 없다. 그렇기에 상승장이든, 하락장이든 투자할 때는 입지라는 요소를 절대 배제할 수 없는 것이다.

그렇다면 입지가 가변적이라는 사실을 전제로 할 때 무엇을 '좋은 입지'라고 할 수 있을까? 나는 이 질문에 '미래 가치가 높은 곳'이라고 답하고 싶다. 좋은 입지란 시간이 지날수록 가치가 꾸준히 상승하는 곳이다.

수인분당선 서울숲역 앞 기축 아파트 5총사(동아·장미·서울숲대림·한진타운·강변건영)는 점점 낡아지고 있는 것과는 반대로 가치는 꾸준히 높아지는 중이다. 이들은 모두 준공된 지 족히 20년이 넘은 기축 아파트이지만 시간이 지날수록 집값은 상승 곡선을 그리고 있다. 특이한 것은 시세가 오를 만한 요인이 거의 없었다는 점이다. 이웃인 옥수동이나 금호동도 교통망 호재 없이 기축 아파트들의 가치가 높아졌지만, 이곳은 래미안옥수리버젠(1511세대)과 e편한세상옥수파크힐스(1976세대)라는 대규모 신축 아파트가 입주하면서 시세를 견인

[서울숲역 인근 입지 지도]

한 덕이 컸다.

　서울숲역 인근이 이처럼 가치가 높아진 이유는 무엇일까? 과거에 공장지대였던 곳이 젊은이들이 즐겨 찾는 트렌디한 장소로 바뀌고, 대규모 공원이 조성되면서 환경이 좋아진 덕분이다. 여기에 서울숲 트리마제, 아크로서울포레스트, 서울숲아이파크리버포레(2024년 5월 입주 예정) 등 단지 규모는 크지 않지만 가히 지역의 랜드마크라 할 만한 대표적인 고가 아파트들이 들어서면서 오래된 기축 아파트들의 시세를 견인해 주었다. 서울숲트리마제와 나란히 위치한 성수전

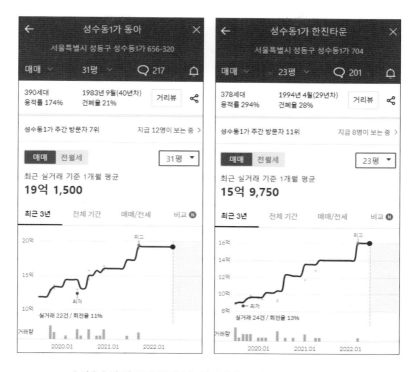

[서울숲역 앞 동아·한진타운 실거래가 그래프 (출처: 호갱노노)]

략정비구역이라는 대규모 정비사업 예정지 역시 이곳의 가치를 돋보이게 해주는 요소다. 이처럼 입지가 점점 좋아지면서 이 기축 아파트 5총사는 상품은 낡아도 시세는 끄떡없이 우상향하는 중이다. 이렇게 입지 가치가 높은 곳은 향후 재건축이나 리모델링 등 정비사업을 통해 상품의 가치까지 자체적으로 개선할 확률이 높다. 사실 서울숲 일대는 원래 강남에 근접해서 훌륭한 일자리 접근성, 편리한 교통, 윤택한 인프라를 갖추고 있었다. 여기에 '환경'이라는 조건이 더해지면서 입지 가치가 수직 상승한 것이다.

빽빽한 골목과 낙후된 거리에서
숨은 진주를 찾아라

그런가 하면 현재는 여전히 낙후되어 있지만 앞으로의 미래 가치 덕분에 좋은 입지로 평가받는 곳도 있다. 성남의 구도심인 성남시 수정구와 중원구가 이 경우에 해당한다.

[1970년대와 2022년의 성남 구도심 풍경 (좌측 사진 출처: 성남문화원)]

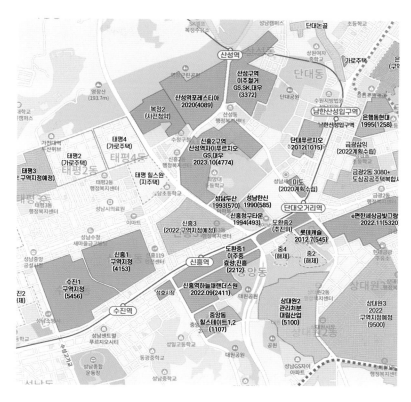

[재개발이 활발히 이루어지고 있는 성남 구도심]

성남시 수정구와 중원구는 과거 경기도 광주군에 속했던 곳으로, 1960년대 후반부터 1970년대 초반까지 청계천과 서울역 일대에 살던 빈민들이 서울 무허가판자촌정리계획에 따라 이주해 터를 닦으며 도시가 형성되기 시작했다. 집을 마련해 주겠다는 말만 믿고 이주한 빈민들은 상하수도 시설조차 없는, 얼기설기 쳐 있는 천막 밑

[성남 구도심의 신축 아파트 실거래가 그래프 (출처: 호갱노노)]

에 그야말로 '맨땅에 헤딩' 하듯 자리를 잡아야 했다. 1977년에 출간된 『아홉 켤레의 구두로 남은 사내』라는 소설에는 이 당시 성남 이주민들이 겪은 애환이 고스란히 담겨 있다.

이렇게 형성된 도시답게 여전히 성남 구도심은 지금까지도 우리가 흔히 '좋은 입지'라고 상상하는 모습과는 거리가 멀다. 8호선 산성역에 내리면 험난하게 솟아오른 언덕 위로 크고 작은 연립주택과 단독주택들이 빼곡하게 자리하고 있고, 산성대로를 따라 내려가면 나오는 신흥역과 수진역 근처에는 저렴한 숙박업소와 유흥업소 같은 기피 시설이 가득하다. 이런 광경을 보며 '입지가 좋다'고 생각하는 사람은 드물 것이다.

하지만 그럼에도 성남 구도심의 집값은 상승을 거듭하고 있다. 산성역을 중심축으로 한 재개발이 시작되어 산성역에는 이미 4000세대 규모의 대단지 산성역포레스티아가 들어섰고, 단대오거리역과 신흥역 인근에도 대규모 신축 아파트들이 입주를 앞두고 있다. 108페이지의 그래프에서 보이듯 성남 구도심의 신축 아파트(2022년 입주)는 모두 시세가 꾸준히 상승하는 중이다. $59m^2$ 기준 분양가는 신흥역하늘채랜더스원이 약 5억 원, e편한세상금빛그랑메종이 약 4억 7000만 원이었는데, 현재는 분양가보다 두 배가량 오른 시세를 형성하고 있다. 『아홉 켤레의 구두로 남은 사내』 속 인물들은 지금쯤 조합원이 되어 자신의 낡은 벽돌 빌라가 고층 아파트로 재탄생하는 모습을 꿈꾸며 기대에 부풀어 있지 않을까.

이처럼 수정구 일대에 대규모 신축 아파트가 속속 들어서면서 말 그대로 '천지개벽'이 이루어지는 만큼 교통망도 더욱더 개선될 전망이다. 산성역 위쪽으로 맞닿아 있는 위례신도시에는 위례신사선

[성남 구도심 일대 교통망]

[성남시 구도심 입지 환경]

이 신설되고 그 이후로 성남 구도심까지 연장될 예정이고, 성남 트램 1호선 신설과 8호선 판교 연장도 계획되어 있다. 이 노선들은 주민들을 강남과 분당신도시, 판교로 빠르게 데려다주며 일자리 접근성을 한층 더 높이고, 성남 구도심의 입지를 빛내줄 전망이다. 이처럼 성남 구도심은 확실한 '미래 가치'를 갖고 있기 때문에 낙후된 환경에도 불구하고 시세가 점점 상승하고 있는 것이다.

성남 구도심의 지리적 특성도 시세 상승에 한몫한다. 이곳은 서울의 핵심 지역인 서초구, 강남구, 송파구와 지리적으로 인접하며 위쪽으로는 위례신도시와 접해 있고, 아래쪽으로는 분당신도시 및 판교와 접해 있다. 위례신도시와 분당신도시 모두 경기도 내에서 평균 평단가가 상위 5위 안에 드는 좋은 입지로 손꼽힌다. 이렇게 주변 인근 지역이 견고하게 시세를 받쳐주는 곳은 하방경직성이 강해 쉽게 시세가 떨어지지 않는다는 장점도 있다.

성남 구도심은 대규모 신축 아파트들이 들어섬에 따라 어수선했던 환경이 정리되고, 인프라가 확충되면서 점점 가치가 더 상승할 것이다. 이처럼 시간이 지날수록 사람들이 더 많이 모이고 살고 싶어 하는 곳, 즉 미래 가치가 보장된 '좋은 입지'를 찾는 감각이 이 책에서 우리가 터득해야 할 진정한 입지 센스다.

오를 집을 알려주는
황금입지 요건 4가지

그렇다면 이제는 시간이 지날수록 가치가 오르는 곳을 직접 찾아볼 차례다. 다음의 네 가지 황금입지 요건 중에 하나라도 해당된다면 그곳은 미래 가치가 있는 지역이라고 판단할 수 있다.

황금입지의 네 가지 요건은 '지역의 기본기가 탄탄한 지역', '서울의 확장 지역', '부동산 트렌드 선도 지역', '직주근접 택지지구'다. 이 요건들은 좋은 입지를 만드는 본질적 요소로, 앞으로 시간이 얼마나 지나든 크게 변하지 않을 것이다. 이제부터 입지를 따질 때는 이 지역이 황금입지의 네 가지 요건에 하나라도 해당되는지 꼼꼼히 확인하며 미래 가치를 가늠해 보길 바란다.

첫째,
지역의 기본기가 탄탄해 거주하기 좋은 지역

부동산에 가면 소장님들께 으레 이런 말을 들을 수 있다.

"이 동네는 3호선, 8호선을 둘 다 이용할 수 있어서 교통이 너무
편리해요. 학원가도 가깝고, 학군 좋다고 소문난 학교들도 많아서
학생 자녀가 있는 분들은 너무 만족하고 살아요. 대형마트, 메이
저 백화점, 수산시장도 이 동네에 다 있으니 상권은 또 얼마나 좋
아요. 실거주하기에 여기보다 적합한 동네가 없어요. 살기 좋으니
전세도 그만큼 잘 빠져서 나중에 전세 놓기도 좋을 거예요."

지역의 기본기fundamental란 바로 이런 것이다. 이 설명 안에 지역
의 기본기가 모두 들어 있다고 보면 된다. 기본기란 쉽게 말해 '사람
들이 선호하는 주거 지역의 요소들'이다. 일자리 접근성, 교통망, 학
군, 상권, 환경 등 안락한 생활에 필요한 모든 요소들이 고루 존재하
며 우수한 곳, 마치 잘 차려진 밥상처럼 풍성한 인프라가 있는 곳을
보고 우리는 '지역의 기본기가 탄탄하다'고 말한다. 서울의 핵심 지
역인 강남구와 용산구 등은 물론이고, 수도권의 입지 4대장인 성남

- 일반 철도인가, 광역급행철도인가?
- 일자리 지역을 경유하는 노선인가?
- 여러 노선을 이용할 수 있는가?
- 도보 역세권인가?

- 초품아인가?
- 학원가가 잘 조성돼 있는가?
- 지역민들이 선호하는 중학교에 배정되는가?

교통

학군

입지

일자리

환경

- 일자리가 많은 지역인가?
- 일자리 중 고소득 일자리의 비중이 높은가?

- 강, 호수, 공원 등 자연 환경이 잘 조성돼 있는가?
- 백화점, 대형마트, 편의시설 등 상권이 잘 조성돼 있는가?

[**지역의 기본기를 결정하는 요소들**]

시·과천시·안양시·하남시도 이러한 지역의 기본기를 탄탄히 갖추고 있는 지역들이다.

이런 지역들은 말하자면 '기초 체력'이 튼튼한 곳이다. 기초 체력이 튼튼하면 감기나 가벼운 병에 걸려도 금방 회복하듯이, 지역의 기본기를 두루 갖춘 곳들은 하락장이 와도 시세가 쉽게 떨어지지 않는다. 설사 하락하더라도 그 하락폭이 매우 작으며 상승장이 오면 금세 치고 올라간다.

지난 5년간은 정부가 다양한 규제 정책을 펼친 탓에 투자자들이 그 규제를 피하려고 틈새시장에 투자하며 곳곳에서 비정상적인 수준의 오름세가 나타났다. 이처럼 외부적인 시장 통제 때문에 생긴 가격 왜곡은 언제든 거품이 빠지며 다시 제자리를 찾을 위험성이 존재한다. 그러나 지역의 기본기가 탄탄하면 외부적인 영향이나 시장 통제에 따라 시세가 흔들리는 일이 거의 없다. 그래서 하락장을 점치는 때일수록 지역의 기본기가 탄탄한 곳을 눈여겨봐야 한다. 오르는 것만큼 중요한 것이 떨어지지 않는 것이기 때문이다.

둘째,
핵심 지역 출퇴근이 용이한 서울의 확장 지역

서울의 폭등한 집값을 따라가지 못하는 사람들은 차선책으로 서울을 둘러싼 수도권을 선택하게 된다. 서울의 넘치는 수요와 수요에 미치지 못하는 제한적인 공급, 여기에서 기인한 집값 폭등 현상이 나타나며 경기도는 서울의 대체지가 되었다. 이러한 흐름에 따라 정부는 각종 교통망을 신설해 경기도와 서울을 실핏줄처럼 촘촘하게 연결하는 중인데, 그러면서 경기도에는 물리적 거리를 '심리적'으로 극복할 수 있는 서울의 확장 지역이 점점 늘어나고 있다.

그 중심에는 광역 교통망 GTX가 있다. GTX 신설이나 연장 계획

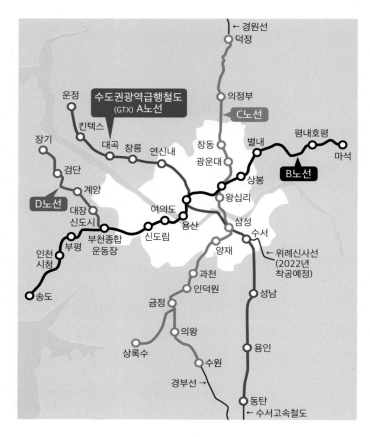

[GTX 광역철도 노선망 현황]

이 들리면 부동산 시장이 요동치는 이유도 그 때문이다. 도로망으로 1시간 30분이 걸리는 출퇴근 거리가 30분 내외로 줄어들면서 경기도의 최외곽 지역 역시 '넓은 의미의 서울'이 되었다. GTX가 준공되면 '심리적 서울'이 순식간에 넓어지면서 수도권의 입지 가치가 완전히 재편될 것이다.

이미 지금도 GTX-A, B, C 노선의 끝에 위치한 동탄신도시 (GTX-A), 운정신도시(GTX-A), 남양주시(GTX-B), 송도국제도시 (GTX-B), 수원시(GTX-C), 양주신도시(GTX-C)는 서울 출퇴근이 가능한 '심리적 인접지'로 급부상하며 한 차례 시세가 껑충 상승한 바 있다.

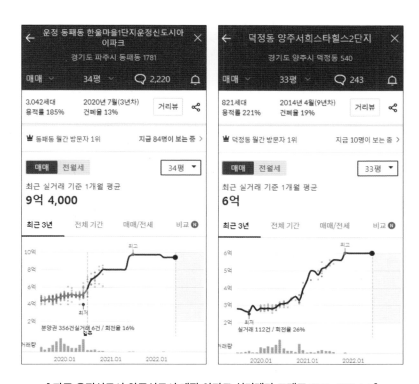

[파주 운정신도시·양주신도시 대장 아파트 실거래가 그래프 (출처: 호갱노노)]

A노선		B노선		C노선	
		인천 송도	21분		
		인천시청	18분		
파주 운정	25분	부평	16분		
고양 킨텍스	17분	부천종합운동장	13분	수원	22분
고양 대곡	14분	신도림	11분	안양 금정	11분
연신내	9분	여의도	6분	과천	7분
서울역	5분	용산	3분	양재	3분
삼성역	-	**서울역**	-	**삼성역**	-
수서	3분	청량리	4분	청량리	4분
성남	8분	망우		광운대	
용인	13분	남양주 별내		창동	8분
화성 동탄	18분	남양주 호평		의정부	16분
		남양주 마석	15분	양주 덕정	23분

* 표 안의 시간은 각각 삼성역, 서울역, 삼성역까지 소요되는 시간이다.

GTX-A 노선은 화성 동탄신도시에서 수서역, 삼성역, 서울역을
거쳐 파주 운정신도시까지 가는 노선이다. 현재 경의중앙선 운정역

에서 삼성역까지는 1시간 26분이 소요되는데, GTX-A 노선이 개통되면 삼성역까지 25분이면 주파할 수 있다. 출퇴근 시간이 무려 한 시간가량 줄어드는 것이다. GTX-B와 GTX-C 노선 역시 출퇴근 시간을 파격적으로 줄여주며 각 노선 최외곽 지역의 시세를 끌어올리고 있다. GTX-B 노선을 이용하면 송도 인천대입구역에서 서울역까지 가는 소요 시간이 1시간 25분에서 21분으로 단축되고, GTX-C 노선을 이용하면 의정부역에서 삼성역까지 가는 소요 시간이 1시간 5분에서 16분으로 단축된다. 경기도 최외곽 지역에서 서울 핵심 지역까지 환승 없이 약 15~25분이면 출퇴근할 수 있게 되니, 가히 획기적이라고 할 수 있다.

GTX 같은 광역 교통망뿐 아니라 지하철 노선의 연장이나 신설도 외곽 지역의 시세에 큰 영향을 준다. 2020년 11월에 나는 한 유튜브 방송에서 '5000만 원으로 수도권 신축 아파트 사는 법'이란 주제에 대해 이야기하며 경기도 양주시 옥정지구에 있는 분양권을 예로 든 적이 있다. 당시 양주는 미분양 물량도 많고 분양권 프리미엄도 낮게 형성되어 있어서 초기 투자금 5000만 원이면 신축 아파트를 마련할 수 있었다. 이때까지만 해도 '양주가 무슨 수도권이냐'라며 양주의 입지를 폄하하는 댓글이 왕왕 달리곤 했다.

[양주 옥정지구 입지 지도]

그러나 그로부터 약 1년 반이 지난 지금 해당 아파트는 7호선 연장 호재의 수혜를 받으며 강남까지 환승 없이 50분이면 출퇴근할 수 있는 지역으로 급부상했고 그에 따라 시세도 크게 상승했다. 이처럼 교통망 호재 실현이 가까워지면 가까워질수록 수혜 지역은 더욱 주목받게 되며, 서울과 먼 거리에 있는 지역일수록 호재가 미치는 영향도 크다.

지금 이 시점에도 경기도 곳곳에서는 새로운 교통망이 건설되고

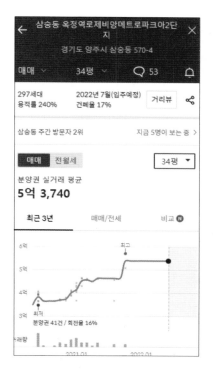

[7호선 연장 수혜를 받은 옥정지구 아파트의 실거래가 그래프 (출처: 호갱노노)]

연장되며 경기도민들의 출퇴근 시간을 획기적으로 줄여주고 있다. 이제 과거부터 간직해 온 입지에 대한 고정관념을 깨부술 때가 되었다. 지금부터 수도권 입지를 볼 때 확인해야 하는 것은 물리적 거리가 아닌 '심리적 거리'다.

셋째,
교통망과 신축 아파트가 만난
부동산 트렌드 선도 지역

패션과 방송가에 트렌드가 있듯이 부동산 시장에도 트렌드가 존재한다. 보통 '교통망'이라는 비단에 '신축 아파트'라는 꽃이 더해질 때 가장 역동적인 부동산 트렌드 선도 지역으로 떠오르곤 한다.

그렇다면 2022년부터 2025년까지의 트렌드는 무엇일까? 아주 단순하다. 앞으로 입지가 (더욱) 좋아질 곳에 있는 '새것'을 사거나, '새것이 될 낡은 것'을 사서 기다리는 것이다. 수도권 택지지구와 서울 정비사업 구역들이 바로 그 예다. 실제로 2022년까지 정비사업과 교통망이 만난 '금상첨화' 지역들이 가장 큰 폭으로 오르며 이번 상승장을 주도하기도 했다.

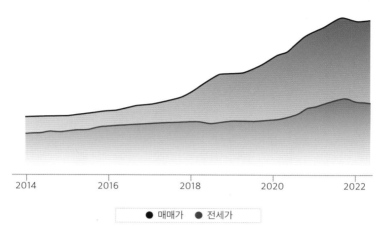

[서울시 동대문구 청량리동 매매가/전세가 그래프 (출처: 부동산지인)]

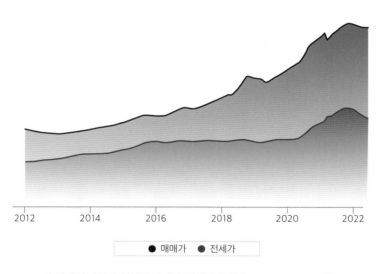

[경기도 광명시 철산동 매매가/전세가 그래프 (출처: 부동산지인)]

123페이지의 그래프는 각각 대형 정비사업 구역인 청량리뉴타운, 광명뉴타운이 위치한 청량리동과 철산동의 시세 그래프다. 두 곳 모두 정비사업이 한창 진행되는 중으로, 낡은 집들이 분주히 이주와 철거를 진행하며 새것이 될 준비를 하고 있다. 신축 아파트로 다시 태어난 단지들은 소수이며 지역의 어수선한 환경도 정리되는 중이기에 아직도 낙후된 모습이 대부분 그대로 남아 있지만 그럼에도 새로 태어날 미래에 대한 기대가 반영된 듯 매매가는 가파르게 상승하고 있다.

경기도가 서울의 대체지가 된 지금은 서울의 정비사업 구역뿐만 아니라 '서울화 된 경기도'의 정비사업 구역도 상승세를 이끄는 주역이다. 광명뉴타운에는 2년 전까지만 해도 84 m^2 기준 초기 투자금 3억 원대로 투자 가능한 구역이 있었으나, 현재는 6~10억 원의 초기 투자금이 필요하다. '새것이 될 낡은 것'이라는 트렌드에 올라타 엄청난 상승세를 보인 것이다.

만약 '서울화 된 경기도'에서 '새것이 될 낡은 것'이라는 트렌드에 올라타고 싶다면 안양시, 광명시, 구리시, 의왕시 등에서 이루어지는 정비사업이 어떻게 진행되고 있는지, 각 구역마다 프리미엄은 얼마나 붙었는지를 항상 체크해야 한다. 정비사업 구역들은 대부분 상품이 낡았을 뿐 십수 년간 발전해 온 도심지의 기존 교통망과 인프라

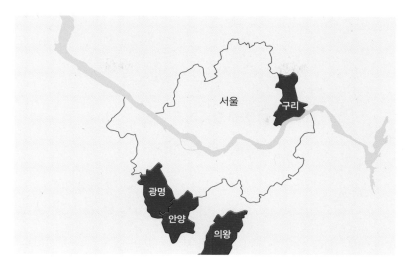

[수도권에서 가장 활발한 정비사업이 이루어지고 있는 지역들]

를 그대로 누릴 수 있어 입지가 매우 훌륭하다. 탄탄한 기본기에 물건의 가치까지 상승하니 시너지가 날 수밖에 없는 최고의 상품이다.

현재 수도권의 '새것이 될 낡은 것'들은 이미 여럿 분양을 마친 상태이지만 그렇다고 해서 투자를 포기해서는 안 된다. 도시는 언제나 안팎으로 순환한다. 구도심이 새것이 되면 그때쯤 또 신도심이 낡고, 신도심은 새것이 될 준비를 시작한다. 일단 입지를 알면 그 안에서 판이 바뀌는 것을 읽어내 적재적소에 투자할 수 있다. 입지 분석과 함께 부동산 트렌드를 항상 눈여겨보며, 다음 상승장의 주인공이 될 '포스트 청량리', '포스트 광명'은 어디일지 예측해 보자.

넷째,
교통망·일자리가 만난
직주근접 택지지구

'대규모 택지지구'에 '직주근접'이라는 이점이 합쳐지면 두말할 필요도 없는 황금입지가 된다. 대규모 택지지구의 입지를 분석할 때는 첫째, 교통망과 둘째, 택지 내 자족시설 비율을 함께 봐야 한다. 2기 신도시는 택지 내 자족시설 비율이 현저히 낮아서 수많은 거주자들이 일자리를 찾아 원거리 출퇴근을 해야 하는 상황이 벌어졌다. 이런 곳은 '베드타운'이라는 오명을 벗을 수 없다. 게다가 2기 신도시는 도시가 모두 조성될 때까지도 서울 핵심 지역으로 접근할 수 있는 교통망이 부족하다는 문제점도 있었다. 3기 신도시는 이러한 문제점을 반영해 계획 단계부터 자족시설 비율을 높여 직주근접 환경을 개선했다. 인천 계양지구의 경우 택지 면적 중 약 49%가 자족용지일 만큼 일자리 비중이 높다.

그리고 자체 일자리가 아무리 많다 해도 택지지구 밖으로 출퇴근하는 사람의 비중이 훨씬 높은 만큼 수도권 택지지구에서는 교통망

3기	고양 창릉	135만(40%)
	부천 대장	68만(39%)
	남양주 왕숙	140만(12.3%)
	하남 교산	92만(14.1%)
	인천 계양	90만(49%)
2기	성남 판교	43.3만(4.9%)
	화성 동탄	91.2만(10.1%)
	화성 동탄2	121만(5%)
	김포 한강	27.2만(2.5%)
	파주 운정	15만(1.6%)
	광교	50.3만(4.5%)
	양주 옥정	22.3만(3.2%)
	위례	14.5만(2.1%)
	평택 고덕	43.5만(25%)

이 그 무엇보다도 중요하다. 주거지 규모가 크고 교통망까지 편리하다면 많은 사람이 선호하는 입지가 된다. 그래서 3기 신도시는 GTX

노선을 신설하는 등 미리부터 교통망을 확보해 놓는 모습을 보였다. 3기 신도시는 2기 신도시보다 입지가 우위에 있는 곳이 많으므로, 무주택자라면 꾸준히 관심을 갖고 청약에 도전해야 한다. 지금까지 형성된 1기, 2기 택지지구의 사례를 참고해 어디가 진짜 옥석일지를 구분해 선점하자. 1기 신도시와 2기 신도시의 시세를 보며 3기 신도시 중 어디가 진짜 옥석일지 힌트를 얻어볼 수 있다. 교통망도 우수하고, 일자리 자족용지도 충분히 갖춘 3기 신도시에서 시세를 가르는 기준은 '어느 권역까지 일자리가 확장될 수 있는가'가 될 것이다. 상급지와 연결되어야 그 상급지의 시세를 따라갈 수 있다. 신설 교통망을 볼 때는 그 교통망이 일반적인 전철인지, 급행 철도인지 등 교통망의 질도 따져봐야 한다. 서울의 핵심 지역까지 얼마나 빠르고 편안하게 접근할 수 있는가가 옥석을 가르는 기준이 될 것이다.

그리고 택지지구 안에서는 가장 먼저 생기는 '시범단지'가 황금 입지가 된다. 시범단지는 주로 메인 교통망과 연결이 되기에 이들이 지역의 시세를 이끈다. 처음 생기는 단지이면서 앞으로 인프라가 확실하게 갖춰질 곳을 가려내자.

현재 입주가 90% 이상 마무리된 광교, 하남, 별내, 다산, 감일의 집값은 안정적인 반면, 평택 고덕, 인천 검단은 전세가율이 다른 택지지구에 비해 낮게 형성되고 있는 양상이다. 입주 물량이 한꺼번에 몰려 공급이 많기도 하거니와 아직까지는 입주하지 않은 단지가 많아 인프라 형성이 더디기 때문이다. 택지지구의 입주장은 매매와 전월세로 혼란스럽고 분주하지만, 입주 3~5년 차가 되는 정돈기에는 쾌적하고 살기 좋은 동네로 바뀐다. 말 그대로 '장화 신고 들어와서 구두 신고 나가는 때'다. 이때 양도세 비과세를 노리는 매매 거래가 활발해지며 지역의 움직임이 커지므로 택지지구는 입주 2년이 넘은 시점에 매도 물건이 몰렸을 때 노려보는 것도 좋다. 더불어 현재 부동산 시장에는 거래가 뜸해져 종종 급매가 출현하곤 하니 이런 때일수록 택지지구의 인근 지역도 눈여겨봐야 한다.

좋은 입지는
어디에나 있다

이처럼 황금입지의 요건은 무척 다양하다. 강남구나 용산구처럼 우리가 아는 서울의 핵심 지역만이 좋은 입지는 아니다. 내 자산을 불려줄 수 있는 입지가 오직 강남뿐이었다면 어떻게 그렇게 많은 사람이 부동산으로 부를 이루었겠는가? 서울의 핵심 지역에서 물리적으로 멀리 떨어져 있더라도 그 거리를 심리적으로 극복할 수 있다면 좋은 입지이며, 현재는 낙후된 도시라도 정비사업으로 향후 새것으로 재탄생할 예정이라면 그곳 역시 좋은 입지라고 할 수 있다.

그래서 투자의 기회는 도처에 널려 있다. 사람들이 모여 사는 곳이라면 어느 지역이든지 그 지역 내의 최상급 입지, 즉 '그 지역의 강남'이 있기 마련이고, 그런 곳은 가치가 올라가며 내 자산을 불려준다. 그런 입지는 수도권 외곽에도, 지방에도 얼마든지 있다.

그러므로 우리가 찾아야 할 것은 현재 내 상황에서 마련할 수 있는 가장 좋은 입지, 다시 말해 '나만의 강남'이다. 집을 매수할 때의 기준은 언제나 '현재의 내 가용 자금', '목적', '라이프사이클'이 되어야 한다. 그러니 이제부터는 내 가용 자금 내에서 가장 역동적으로 내 자산을 불려줄 수 있는 입지가 어디인지를 고민해 보자.

투자처를 찾을 때는 '지금 살기 좋은 곳'에 대한 집착에서 벗어나 '입지 서열을 역전할 수 있는 곳'을 타깃으로 삼아 좀 더 유연하게 사고해야 한다. 입지 하위 그룹에서 중위 그룹으로, 중위 그룹에서 상위 그룹으로 넘어갈 잠재력이 있는 곳을 찾는 게 우리의 과제다. 이런 기준으로 '내 상황에 적합한 나만의 강남'을 찾다 보면 무조건 허리띠를 졸라매 '영끌' 하거나 '몸테크'를 감수하지 않고도 자산을 불릴 수 있는 입지가 눈에 보인다. 그런 입지를 찾아내는 투자의 감각이 바로 입지 센스다.

그러한 예로 경기도 안산시를 들 수 있다. 4년 전 안산 초지역 일대는 교통망 호재를 등에 업고 조용히 입지 가치를 키워가는 중이었다. 초지역은 지금 지나가고 있는 4호선과 함께 서해선, 수인분당

[안산시 초지역 일대 교통망]

선, 신안산선, 인천발 KTX까지 철도망이 무려 다섯 개나 지나갈 펜타 역세권이 될 예정이었다. 철도망들이 건설되고 나면 초지역 일대는 안산의 중심축으로 부상할 것이 분명했다. 그런데도 당시 초지역 일대의 역세권 신축 아파트 분양권은 여전히 마이너스 프리미엄(분양가보다 저렴한 시세)으로 거래되는 상황이었다. 나의 분석상 초지역 역세권 신축 아파트 투자는 불패일 것으로 보였다. 무엇보다도 초기 투자금이 약 4000만 원 정도로 매우 낮아 직장인들도 종잣돈과 신용 대출을 활용하면 충분히 마련할 수 있는 수준이었다. 그러나 수강생들에게 이곳에 투자하기를 권하면 돌아오는 소리는 매번 비슷했다.

"제가 전세로 여기 오래 살아서 아는데 여긴 집값 진짜 안 올라요."

"안산은 다문화가정이 많아서 왠지 꺼려져요."

지역에 대한 편견이 눈을 가려 입지의 가치를 제대로 보지 못하게 만든 것이다. 그렇게 빛나는 미래 가치에도 불구하고 많은 사람이 안산을 외면했다. 결과적으로 내가 주목했던 초지역 역세권 아파트는 2021년, 분양권 상태였던 2018년 대비 최고가 기준 5억 원 오른 시세로 거래되었다.

실제로 안산시의 평균 매매가는 2021년을 기점으로 급등해, 2020년 12월에는 평당 1289만 원이었던 평균 매매가가 2021년 12월에는 1848만 원으로 약 43% 급등했다. 이제는 안산을 '수도권 외곽에 있

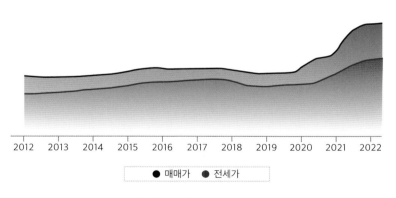

[안산시 매매가/전세가 그래프 (출처: 부동산지인)]

는 집값 안 오르는 동네'라고 생각하는 사람은 찾아보기 힘들 것이다.

이처럼 A급지 신축 아파트가 아니더라도 내 자산을 불려줄 좋은 입지는 많다. 지금 당장은 전반적인 거주 여건이 좋지 않더라도 교통망, 환경, 상권 등이 앞으로 '좋아질' 지역과 상품을 선택하면 된다. 적은 자본금으로 집을 찾다 보면 마음에 들지 않는 조건이 하나씩은 나올 수밖에 없다. 그러나 종잣돈이 많지 않은데도 모든 조건이 충족되는 집을 찾으려 하다 보면 어영부영 시간이 지나 그사이에 집값이 다 올라버리는 불상사가 발생한다. 그러면 내 가용 자금으로 살 수 있는 집은 점점 더 하위 급지로 밀려나게 된다. '내려놓음의 미학'은 집을 고를 때 꼭 필요하다. 모든 걸 충족시키는 집을 고르고 싶다는 욕심을 내려놓고 좀 더 너그러운 시선으로 나의 보금자리를 찾아보자.

취할 것은 취하고
포기할 것은 과감히 포기하라

얼마 전에는 3기 신도시 공공 사전청약이 있었다. 그 결과를 보고 나를 비롯해 내 주변의 부동산 투자자 모두가 놀라움을 감추지 못했다. 과천 주암지구 신혼희망타운 C1·C2 블록에서 총 1421가구를 모집하는데 그 절반 정도에 불과한 730명만이 청약을 신청해 미달 사태가 난 것이다. 결과적으로 이곳에 청약을 신청한 사람 전원이 당첨의 기쁨을 맛봤다. 과천 신혼희망타운의 추정 분양가는 55m^2 기준 약 5억 원대 후반으로, 비슷한 평형의 주변 시세가 10억 원이 훌쩍 넘는 것에 비하면 파격적으로 저렴한 가격이었다. 물론 신혼희망타운의 좁은 면적과 엄격한 소득 기준도 영향을 미쳤겠지만 이 사태의 주요 원인은 '정부와의 수익 공유에 대한 거부감'으로 분석된다.

수익 공유란 신혼희망타운 입주 시 붙는 조건으로, 2021년 기준 분양가 3억 7000만 원을 초과하는 신혼희망타운의 경우 '수익공유형 모기지'에 의무적으로 가입해야 하며, 추후 집을 매도할 때 수익의 최소 10%에서 최대 50%를 주택도시기금으로 내야 한다. 물론 수익의 최대 절반을 정부와 공유해야 한다고 생각하면 당연히 부담스러울 수 있다. 그러나 수익 공유의 비율은 거주 기간, 자녀 수 등에 따라서 달라진다. 당첨된 곳에 오래 살면서 자녀를 많이 낳아 기를수록 수익 공유 금액은 줄어들도록 설계되어 있다.

만약 5억 원의 시세 차익을 보고 그중 10%인 5000만 원을 주택도시기금으로 낸다면 4억 5000만 원이라는 수익을 낼 수 있다. 심지어

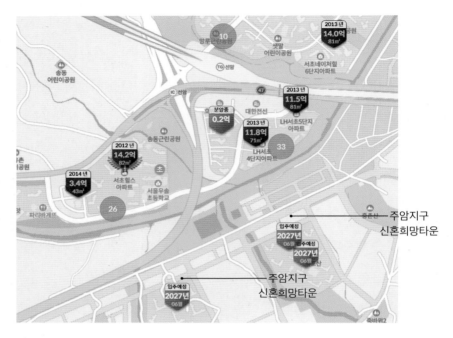

[과천 주암지구 일대의 20평대 아파트 시세 (출처: KB부동산)]

거주 기간이나 자녀 수 조건을 채우지 못해 최악의 경우 절반의 수익을 공유해야 한다고 해도 2억 5000만 원의 차익을 얻을 수 있는 것이다.

　주암지구 인근에 있는 아파트들의 시세를 보면 59㎡ 기준으로 서초힐스는 약 14억 원, LH서초4단지는 약 13억 원이다. 신혼희망타운이 공공분양임을 고려해 최대한 보수적으로 평가해도 4억 원 이상의 안전마진이 있다고 추측할 수 있다. 이를 고려하면 향후 시세차익이 얼마나 클지는 안 봐도 뻔하다. 30분이면 강남권으로 출퇴근할 수 있는 입지의 신축 아파트에 편안하게 실거주하면서 높은 시세차익까지 얻을 수 있으니, 종잣돈이 적은 신혼부부에게 가히 엄청난 기회라고 할 수 있다. 그런데도 수익공유형 모기지에 대한 부담, LH라는 작은 단점들 때문에 주암지구 신혼희망타운은 외면받고 말았다.

그러나 이렇게 모든 조건을 따지다 보면 남는 것은 결국 내 가용 자금으로는 넘볼 수 없는 고가 주택들뿐이다. 우리 앞에 놓인 과제는 '내 가용 자금 내에서, 내 상황에 맞는 가장 좋은 입지'를 고르는 것이다. 설사 조금 마음에 차지 않거나 포기해야 하는 부분이 있더라도 그것이 내 상황에서 최선의 선택지라면 고르지 않을 이유가 없다. 나는 무엇보다도 '자신의 상황'과 '자신의 목적'을 냉철하게 바라보며 취할 것은 취하고, 포기할 것은 포기하기를 권하고 싶다. 입지 센스란 내 자산을 불려줄 '나만의 강남'을 찾는 감각이니까.

입지를 아는 사람과
모르는 사람의 차이

서울을 제외하고 수도권에서 가장 높은 시세를 자랑하는 5대 천왕은 어디일까? 바로 과천시, 안양시, 성남시, 하남시, 광명시다. 이 중 과천시는 지역별 평균 평단가를 따졌을 때 단 한 번도 다른 지역에 1등 자리를 내준 적이 없을 만큼 독보적인 입지를 자랑한다. 보통 이러한 상급지들은 서열을 굳세게 지키고 있어서 자리가 뒤바뀌는 일이 거의 없다. 하지만 이 밖의 지역, 특히 중·하급지는 규제나 재건축, 호재 등 다양한 요소에 영향을 받으며 엎치락뒤치락 서열이 바뀌기도 한다.

　일례로 2019년은 부동산 투자자들 사이에서 '수원시의 해'라고 불릴 만큼 수원에 투자자의 유입이 많은 해였다. 수원의 구도심 곳곳에서 정비사업이 진행되며 투자 열기가 불타오른 것이다. 부동산 투자자들 사이에서 '수용성(수원, 용인, 성남)'이라는 말이 유행할 만큼 당시 수원의 인기는 폭발적이었다. 그리고 이때 상위 입지인 광명시와 수원시의 시세가 붙어버리는 일이 발생했다. 수원시 매교역 인근의 신축 아파트 입주권 초기 투자금이 3억 원대를 형성하며, 광명뉴타운의 초기 투자금과 비슷한 수준으로 상승한 것이다.

광명시는 오래된 저층 주공아파트, 다가구주택, 단독주택이 밀집한 구도심을 중심으로 사람들이 모여 살아온 도시다. 주거 여건 또한 당연히 열악하다. 광명뉴타운은 아직도 이주와 철거가 마무리되지 않아 여전히 낙후된 모습이며, 2019년에는 현재 들어선 철산역롯데캐슬&SKVIEW클래스티지, 철산센트럴푸르지오, 철산래미안자이 등도 아직 입주하지 않은 때라 지금보다 더욱 어수선한 모습이었다. 그렇다면 광명은 수원보다 더 입지가 안 좋은 지역일까?

지역별 평균 평단가를 비교해 보면 광명은 3050만 원, 수원시 팔달구는 2151만 원으로 광명이 수원보다 무려 30%나 높다(2022년 6월 기준). 사실 부동산은 시세가 모든 것을 말해준다. 어디가 더 상급지인지 알고 싶다면 각 지역의 평균 평단가를 비교해 보면 된다. 즉, 지역별 평균 평단가를 볼 때 광명시가 수원시보다 상급지라는 것은 두

[서울·수도권 지역별 평균 평단가 (출처: 부동산지인, 2022년 6월 기준)]

서울	평단가	경기도	평단가	경기도	평단가
서초구	7908	과천	5805	안산 상록구	1747
강남구	7758	성남 분당구	4316	김포	1646
용산구	6406	성남 수정구	3770	인천 부평구	1644
송파구	5866	하남	3075	시흥	1644
성동구	5010	안양 동안구	3048	인천 서구	1543
광진구	4954	광명	3036	인천 남동구	1529
양천구	4908	성남 중원구	2895	광주	1528
마포구	4729	구리	2614	의정부	1504
강동구	4441	수원 영통구	2539	오산	1395
동작구	4282	용인 수지구	2513	인천 계양구	1381
영등포구	4237	의왕	2506	파주	1351
중구	4191	안양 만안구	2261	인천 중구	1337
종로구	4004	군포	2226	용인 처인구	1328
강서구	3756	인천 연수구	2194	인천 미추홀구	1292
서대문구	3602	수원 팔달구	2153	평택	1250
동대문구	3367	부천	2118	양주	1138
노원구	3261	고양 덕양구	2096	인천 동구	1074
관악구	3165	고양 일산동구	2019	동두천	899

서울	평단가	경기도	평단가	경기도	평단가
성북구	3123	수원 장안구	1975	안성	873
은평구	3080	안산 단원구	1950	포천	801
구로구	3063	용인 기흥구	1924		
중랑구	2868	화성	1914		
도봉구	2798	고양 일산서구	1830		
강북구	2773	수원 권선구	1797		
금천구	2748	남양주	1773		

(단위: 만 원)

말할 필요도 없이 당연하다. 철산래미안자이 등 1기 정비사업 단지들이 입주하고, 이후로도 광명뉴타운 재개발과 철산주공 재건축이 활발하게 추진되며 입지 가치를 공고히 다진 덕분이다.

다만 2019년에 투자자들의 관심이 수원에 몰리며 잠시 시세가 역전됐을 뿐, 광명은 언제나 수원보다 입지 서열이 높은 곳이었다. 그러므로 그 당시 수원에 집을 가진 사람에게 입지 센스가 있었다면 수원의 시세가 광명의 초기 투자금을 넘어섰을 때 재빨리 광명의 재건축·재개발 물건으로 갈아타 자산을 보다 순조롭게 늘릴 수 있었을 것이다.

우리가 입지를 판단할 때 따져야 하는 것이 바로 이 '서열을 뒤집는 순간'이다. 입지를 잘 모르는 사람들은 기회가 다가와도 그 사실을 알지 못한 채 같은 집에 머무르거나 똑같은 입지 내에서 수평 이동을 하는 데 그친다.

입지를 알면
5년, 10년이 절약된다

나는 한 번의 선택으로 10년을 번 사람과 그렇지 못한 사람을 수없이 봐왔다. 그중 함께 수업을 들으러 온 C 씨와 J 씨가 특히 기억에 남는다.

C 씨와 J 씨는 나이도 비슷하고 직장도 같았다. 게다가 둘 다 동탄 신도시의 같은 아파트에 사는 이웃 주민이라 마치 소꿉친구처럼 금세 친해졌다고 했다. 두 사람 모두 매사에 조심스럽고 투자에서도 리스크를 피하려는 성향이 강한 수강생들이었다. 수업이 종강을 향해 갈 무렵 C 씨는 수줍은 얼굴로 내게 다가와 갈아타기를 했다고 말을 건네왔다. 그녀는 보유하고 있던 9억 원짜리 아파트를 매도하고 여기에 조금 더 레버리지를 일으켜 성남 구도심의 신축 아파트를

급매로 매수했다고 했다. C 씨의 9억 원짜리 동탄 아파트의 시세가 꾸준히 오르며 마침 급매로 나온 성남 아파트와 차이가 좁혀진 것이었다. 갈아타기를 하기에 더할 나위 없이 좋은 타이밍이었다. 같은 아파트에 살던 J 씨 역시 친구의 사례를 보며 오랫동안 갈아타기를 고민했다. 그러나 그녀는 망설임 끝에 결국 현재의 아파트를 계속 보유하기로 결정했다.

"지금 집이 GTX-A 역세권인데, 앞으로도 계속 오르지 않을까요? 저는 호재가 좀 더 반영되면 그때 갈아타려고요."

그로부터 약 2년이 지난 지금 C 씨가 갈아탄 성남 아파트는 14억 5000만 원의 시세를 형성하고 있는 반면, J 씨의 아파트는 10억 원

[성남시 수정구와 화성시 청계동의 실거래가 그래프 (출처: 부동산지인)]

초반에 머무르고 있다. C 씨의 집이 약 4억 원 오를 때 J 씨의 집은 약 1억 원밖에 오르지 않은 것이다.

　C 씨가 갈아탄 집은 성남시 수정구에 위치하고 있다. 현재 수정구는 평단가가 3770만 원으로, 경기도 내에서 3번째 서열에 위치할 만큼 상급지로 손꼽힌다. J 씨의 집이자 C 씨의 종전주택이 있던 동탄신도시 청계동은 평단가가 2871만 원이다(2022년 6월 기준). C 씨가 매수하던 당시인 2019년 12월에도 수정구는 청계동보다 평단가가 35%가량 더 높아 확실한 상급지였다. 그러므로 C 씨처럼 내가 사는 지역과 상급지의 시세 격차가 좁혀지는 순간이 오면 기회를 놓치지 않고 갈아타기를 시도하는 것이 올바른 선택이다.

　입지 센스가 없는 사람들은 기회가 찾아와도 쉽사리 그 기회를 잡지 못한다. '여기로 가는 게 맞는 선택일까?', '내가 지금 보유하고 있는 집이 더 오르면 어쩌지?'라고 생각하며 끝내 갈아탈 기회를 놓쳐버린다. 그래서 그 기회를 잡고 싶다면 꾸준히 입지를 분석하고 시세를 파악하려 노력해야 한다. 입지 센스는 부동산 투자의 기본기 중 기본기다. 기축 아파트를 매수하든, 청약을 하든, 정비사업에 진입하든 그 어떤 투자를 하더라도 부동산 투자의 '기본'인 입지 센스가 갖춰져 있어야 한다.

입지 센스는
'나'를 아는 것에서 시작된다

앞서 나는 입지 센스란 내 자산을 불려줄 '나만의 강남'을 찾는 감각 이라고 말했다. 여기서 방점이 찍히는 곳은 '나만의'라는 단어다. 그 래서 입지 센스를 키우고 발휘하기에 앞서 스스로에게 먼저 물어야 할 질문이 있다. 바로 '나는 어떤 곳에 살고 싶은가?'다.

당신은 어떤 곳에 살고 싶은가? 교통망이 촘촘하게 깔려 있어서 출퇴근이 용이한 지역인가, 아니면 상권이 발달해 슬리퍼를 신고도 스타벅스에 갈 수 있는 곳인가? 그것도 아니면 아이를 키우기 좋은 학군지인가?

만약 일자리 접근성이 중요한 싱글 직장인이라면 교통망을 가장 중시할 것이고, 학령기 아이가 있는 40대 부부라면 학업성취도가 높은 학교가 밀집해 있거나 학원가가 가까운 지역을 선호할 것이다. 편안한 노후를 보내고 싶은 노부부라면 주변에 공원이나 녹지가 아늑하게 조성된 곳을 찾을 수도 있다. 또한 실거주가 필요 없고 자신은 전·월세로 살며 집을 통해 단기간에 시세차익을 보고 싶은 사람이라면 그에게 좋은 입지는 전자의 인물들과 완전히 다를 것이다. 이처럼 '좋은 입지'란 각자의 상황과 니즈에 따라 천차만별이다.

그래서 집을 마련하기에 앞서 가장 먼저 고려해야 하는 것은 '어떤 지역에 살고 싶은가?' 혹은 '어떤 집을 사고 싶은가?'에 대한 스스로의 대답이다. 실거주를 하면서 동시에 가치도 오르는 집이 필요한가, 아니면 실거주하지 않아도 되니 빠른 시간 안에 시세차익을 볼 수 있는 집이 필요한가? 큰 시세차익만 보장된다면 녹물로 샤워를 해야 하는 구축 아파트에 살면서 '몸테크'를 해도 괜찮은가? 라이프사이클과 가족 구성에 따라 이런 질문에 대한 답은 완전히 다르다. 그래서 내게 100명이 와서 "어떤 집을 사야 할까요?"라고 물으면 나는 100개의 답을 해줄 수밖에 없다. 그러니 자신의 상황에 적합한 황금입지를 찾아보기 전에 '어떤 집을 원하는지' 스스로에게 묻지 않으면 선택지는 끝도 없이 늘어날 것이다. '여기는 역세권이고 내 예산에도 맞지만 직장에서 너무 먼데, 어떡하지?' '몇 년만 몸테크 하면 큰 시세차익을 볼 수 있을 것 같은데, 아이들과 여기에서 같이 살 수 있을까?' 우선시할 조건부터 정하지 않으면 고민은 막연해진다. 자, 시험 삼아 다음의 질문에 한번 대답해 보자.

"훨훨 님, 은평구 신축 아파트가 좋을까요, 아니면 이문휘경뉴타운 재개발 물건이 더 좋을까요?"

종종 나는 수강생들에게 이런 질문을 받곤 하는데 그럴 때면 참 대답하기가 난감하다. 단순히 입지 서열만 따지면 이문휘경뉴타운이 은평구보다 상급지이지만 '신축 아파트'와 '정비사업'이라는 물건의 속성이 완전히 다르고, 엄밀히 따지면 생활권도 다르다. 실거주를 해야 하는지, 직장은 어디인지, 몇 년 안에 갈아타기를 할 계획인지 등 질문자의 상황과 라이프사이클에 따라서 답은 완전히 달라진다. 가용 자금과 수입에 따라서도 달라지는 건 당연한 이야기다.

실제로 나는 똑같은 질문을 던진 두 수강생에게 서로 다른 답을 들려주었다. K 씨는 상암동에 직장을 둔 40대 가장으로, 이제 곧 초등학교에 입학할 두 아이를 둔 아빠였다. 아무래도 아이가 입학하고 나면 2년마다 집을 옮기기는 부담스럽다 보니 학령기 아이를 둔 가장들은 오랫동안 편안한 실거주가 가능하며 가치도 우상향하는 입지를 더 선호한다. 이들에게는 학군, 녹지 등 아이를 키우기 좋은 환경이 매우 큰 가점 요소다. 은평구 신축 아파트를 매수한다면 레버리지를 좀 더 일으켜야 하는 상황이었지만 그의 직장 안정성이나 수입을 볼 때 충분히 감당 가능한 수준이었다. 이문휘경뉴타운이 더 큰 차익을 볼 수 있다고 할지라도 그의 상황에는 은평구 신축 아파트를 매수하는 편이 더 알맞았다.

반면 L 씨는 프리랜서로, 몇 년 이내에 결혼할 계획이 없으며 실거주 니즈도 없었다. 오로지 시세차익으로 종잣돈을 불리는 것만이 목적이었다. 고시원에 살든, 월세집에 살든, 녹물이 나오는 낡은 빌라에 살든 상관없이 몸테크를 할 준비가 되어 있고 노트북 한 대만 있으면 일을 할 수 있다는 그에게 나는 망설임 없이 이문휘경뉴타운 재개발 물건을 권했다.

첫째, 내 가용 자금으로 투자 가능할 것.

둘째, 내 니즈에 부합할 것.

셋째, 앞의 두 조건을 만족하며 가장 입지 가치가 높을 것.

입지 센스는 결국 '나에게 최적화된 집'을 찾는 감각이다. 우리의 목적은 이 세 가지 목적에 부합하는 물건을 매수하는 것이다. 그래서 덮어놓고 무작정 임장을 떠나기보다는 집을 통해 나와 내 가족이

얻길 바라는 최우선적인 가치가 무엇인지 알아보고 꼼꼼히 그에 맞는 입지를 찾아봐야 한다. 물론 모든 매수인이 투자 가치가 높고 실거주하기도 편하며 현재 저평가되어 있어서 내가 사면 금방 시세가 오를 집을 원한다. 여기에 교통망, 학군, 상권, 환경 등 사는 데 편리한 요소들까지 모두 갖춘 집을 찾겠다며 열심히 손품을 판다.

그러나 그렇게 모든 가치를 내려놓지 못하면 어떤 집도 살 수 없다. 모든 조건에 들어맞는 집을 찾겠다고 우왕좌왕하다 보면 어영부영 시간만 흐르고, 어디를 살지 결정하지도 못했는데 집값이 쑥 올라버리기 십상이다. 그러면 갑자기 치솟은 집값 앞에서 초조해하다가 얼떨결에 실거주하기에도, 투자하기에도 애매한 물건을 사고 후회하는 최악의 사태가 벌어진다. 최고의 결혼 상대를 찾으려 하다가 혼기를 놓쳐 부랴부랴 급하게 결혼하는 것이나 마찬가지다. 집을 고르는 것은 연애와 같다. 완벽한 상대를 찾으려 하지 말고, 어느 정도의 결점은 눈감아주고 '한번 썸이나 타볼까?' 하는 마음으로 가볍게 접근해야 한다. 연애 한번 한다고 해서 내가 그 사람에게 평생 얽매이는 게 아니듯, 집을 한 채 산다고 해서 그곳에 평생 사는 건 아니니 말이다. 우리는 언제나 '갈아탈' 준비가 되어 있어야 한다.

각자의 라이프사이클과 니즈에 따라
봐야 할 조건도 다르다

"휠휠 님, A 물건은 도보 5분 역세권이라 좋은데 학군이 맘에 걸려요. 횡단보도를 두 개나 건너야 초등학교가 있고, 학원가도 좀 떨어져 있더라고요. 그런데 B 물건은 초품아고 중학교도 가까운데 지하철역을 도보로 가기는 힘들더라고요. 너무 고민이 되는데, 둘 중 어느 물건을 매수해야 할까요?"

학군이며 교통망까지 그 무엇 하나 놓치고 싶지 않은 마음은 백번 이해한다. 그러나 어떻게 그 수많은 조건에 부합하면서 내 예산에도 꼭 들어맞는 집이 있겠는가? 있다면 고맙겠지만 그런 아파트를 찾기란 정말이지 힘든 일이다. 물론 상급지로 갈수록 그런 물건은 심심찮게 나타나지만 모두가 단번에 상급지로 갈 수 있는 예산을 마련하기는 불가능한 게 현실이다.

이럴 때 필요한 것이 나에게 필요한 가치와 지역의 특성을 고려해 냉정하게 판단하는 기술이다. 예를 들어 평촌신도시라고 하면 대부분이 학군부터 떠올리기 때문에 학원가와 먼 아파트는 꺼려하는 사람들이 많다. 전세 세입자를 들이거나 매도할 때 마이너스 요인이 될까 봐 우려하는 것이다. 그러나 평촌신도시에서도 평촌역을 끼고 있는 10~20평대 아파트는 학원가와의 거리가 비교적 덜 중요하게 작용한다. 여기에는 대부분 최대한 빨리 강남으로 가고자 하는, 즉 일자리 접근성을 중시하는 싱글이나 신혼부부가 자리 잡기 때문이다. 반면 학령기 아이가 있는 3~4인 가족은 학원가가 가까운 곳을 중시하기 때문에 역에서 조금 멀더라도 평촌사거리 근처를 선호한다. 이들에게는 역세권 여부가 크게 중요하게 작용하지 않는다.

즉, 평촌역 주변에 집을 구하려는 사람들과 학원가 주변에 집을 구하려는 사람들은 예산도, 니즈도 전혀 다르다. 그러니 역세권 소형 아파트 매수를 고민하면서 '학원가에서 먼데 여기에 투자해도 괜찮을까?'라고 고민하는 것은 그다지 의미가 없는 일이다. 그래서 앞의 질문에는 A, B 중 어느 것이 절대 우위라고 대답할 수 없다. 대신 이런 대답을 들려줄 수는 있겠다.

"집에 학령기 아이가 있고 오랜 기간 실거주할 생각을 하고 있다면 학원가 쪽의 국평(84m^2) 이상 대형 평수를 추천해요. 하지만 종잣돈이 적어서 10~20평대밖에 들어가지 못한다면 신혼부부가 많이 찾는 평촌역 주변 아파트를 매수하는 편이 나을 겁니다. 그중에서도 리모델링을 추진하는 곳을 추천하고 싶네요."

다음의 두 명을 비교해 보자. 40대 주부 P 씨와 30대 미혼 직장인 B 씨다. P 씨는 유치원에 다니는 연년생 아이가 있어서 아이들이 대학에 갈 때까지는 되도록 안정적으로 실거주를 하고 싶고, 가능하다면 좋은 학군지로 이사를 가고 싶다고 했다. 남편의 직장은 서울 도심 권역이지만 조금 멀더라도 지하철이나 광역버스로 환승 없이 갈 수 있는 지역이면 어디든 상관없다고 했다. 역세권 여부가 비교적 중요하지 않은 것이다. 자본금도 7억 원대로 선택지가 많았다.

한편 B 씨는 근 몇 년간은 결혼 계획이 없고, 부모님 집이 수도권에 있어서 실거주를 할 필요가 없다고 했다. 다만 추후에 양도세 비과세 혜택 등을 위해 실거주를 해야 할 수 있으니 그에게는 도심 권역까지 편하게 출근할 수 있는 교통망이 가장 중요한 요건이었다. 자본금은 3억 원대로, 비교적 선택지가 제한적이었다.

만약 이 둘이 안양 평촌신도시의 집을 보고 있다면 앞에서 설명한 바와 같이 P 씨에게는 평촌사거리 학원가 인근의 중대형 평형을, B 씨에게는 평촌역 역세권의 소형 평형을 추천했을 것이다.

서울 노원구는 P 씨의 학군 니즈와 B 씨의 교통망 니즈를 둘 다 충족시킬 수 있는 곳이다. 다만 디테일하게 들어가면 차이가 생긴다. 학군과 실거주를 우선하는 P 씨에게는 중계동 학원가 일대의 30평

구분	선호 가치	평촌 신도시	서울 노원구	고양시
P **40대** **주부**	학군>교통망>상권> 환경>일자리	평촌 사거리 학원가 중대형 평형 실거주	중계동 학원가 30평대 실거주	후곡·백마 학원가 대형평형 실거주
	안정적인 실거주 선호			
	자본금 7억 원대			
B **30대** **미혼** **직장인**	교통망>일자리>상권> 환경>학군	평촌역 역세권 소형평형 전세 레버리지 투자	상계역 역세권 소형평형 전세 레버리지투 자	능곡 뉴타운 재개발 투자
	실거주 여부 상관없음			
	자본금 3억 원대			

대 아파트를 추천할 수 있다. 중계동 학원가를 둘러싼 아파트들은 약 11~15억 원대의 시세를 형성하고 있다. 대출을 최대한으로 일으켜 야 한다는 단점이 있지만 오랫동안 실거주하며 좋은 학군에서 아이 를 키울 수 있다는 점에서 P 씨의 니즈에 적합하다. 역세권은 아니지 만 지하철 4호선을 이용할 수 있으며 도심 권역까지 환승 없이 갈 수

있다는 점도 장점이다.

그러나 B 씨에게는 완전히 다른 아파트를 추천해야 할 것이다. 일단 중계동 학원가 근처에 위치한 아파트들은 대부분 30평형 이상으로, B 씨가 투자하기에는 시세가 매우 높다. 매매가와 전세가의 차이도 큰 편이라 전세 레버리지 투자를 하기에도 적합하지 않다. 그 대신 B 씨에게는 상계역 인근 10~20평대 아파트 전세 레버리지 투자를 추천할 수 있다. 상계역 인근에 있는 몇몇 단지들은 매매가와 전세가 차이도 3억 원대여서 B 씨의 자본금에도 적합하다.

[노원구 입지 지도]

마찬가지로 후보군이 경기도 고양시라면 P 씨에게는 일산신도시의 후곡·백마 학원가 일대 중대형 평형을, B 씨에게는 능곡뉴타운 재개발 구역을 추천할 수 있다.

이처럼 같은 지역 내에서도 매수자의 입장에 따라 좋은 입지가 완전히 갈린다. P 씨는 아무리 시세차익이 크다 해도, 실거주를 하기 힘들고 주변에 인프라도 아직 형성되지 않은 능곡뉴타운 재개발 구역은 선호하지 않을 것이다.

부동산은 개인적이고 개별적이다. 그래서 막연하게 "역세권은 필수 조건이니 역세권 아파트를 사세요", "초등학교에서 먼 아파트는 전세가 잘 안 빠지니 초품아를 사야 합니다"라고 이야기할 수 없다. 예산에 따라 가능한 선택지도 당연히 다르다. 예산, 매수자의 상황, 매도 시기, 지역의 호재에 따라서 굉장히 디테일하게 접근해야 하는 것이 바로 부동산이다.

언제나 기억하자. 집은 나의 자산인 동시에 보금자리이기도 하다. 주식이나 코인처럼 '실사용가치'가 배제된 투자 종목과는 완전히 성격이 다르다. 나와 우리 가족에게 필요한 게 무엇일지, 차근차근 조건을 따져보며 나만의 강남을 찾을 안테나를 세워보자.

4장

오르는 아파트를 찾는
입지 센스
키우는 법

- [1단계] 내재적 가치와 외부적 가치 분석하기

- [2단계] 자산 퀀텀점프를 위한 역동적 입지 선정하기

- [3단계] 시세 그루핑으로 최적 입지 찾아내기

- [4단계] 지역 연관관계로 오를 아파트 찾아내기

내재적 가치와 외부적 가치 분석하기

내가 살고 싶은 입지의 요건이 무엇인지 자신만의 답을 내렸다면 이제는 후보지에 오른 입지들을 객관적으로 분석해 볼 차례다. 편견이나 개인적 취향에 관계없이 입지 그 자체를 분석하기 위해서는 먼저그 입지가 가진 '내재적 가치'와 '외부적 가치'를 구분해 각각의 측면에서 얼마나 우수한지를 확인해야 한다.

내재적 가치란 외부의 영향 없이도 향후 가치가 상승할 수 있는 '자체 동력'을 뜻한다. 앞에서 말했던 지역의 기본기 네 가지와 정비사업이 여기에 해당된다. 강남구, 서초구, 용산구, 송파구 등 오래전부터 A급 입지로 평가받아 온 서울의 알짜배기 땅들은 내재적 가치가 높은 곳들이다. 이런 지역들은 이미 서울 핵심지에 있고 교통망, 학군, 환경, 상권 등 기본기를 두루 갖추고 있어서 웬만한 호재나 정책 변화에는 시세가 급변하지 않는다. 심지어 광역 교통망이 생긴다고 해도 시세가 갑자기 눈에 띄게 오르지는 않는다. 이런 입지에 있는 아파트들은 외부의 변화보다는 재건축, 재개발, 리모델링 등의 정비사업, 즉 내재적 변화에 훨씬 더 많은 영향을 받는다.

외부적 가치만으로 오른 시세는
모래성과 같다

한편 대표적인 외부적 가치의 요인으로는 교통망의 개선, 정책, 대출 규제, 수요와 공급 등을 들 수 있고, 이는 서울보다 수도권에 더 큰 영향을 미친다. 2020년 6·17 대책 발표 이후 수도권 부동산 시장에 닥쳤던 변화를 보면 외부적 가치의 영향력을 실감할 수 있다. 159페이지의 그래프를 보면 6·17 대책 발표 직후부터 경기도 지역에 매매와 전세 시장강도 모두 폭발적으로 높아지는 것이 확인된다.

6·17 대책 발표로 서울에 근접한 경기도의 거의 대부분 지역이 투기과열지구나 조정대상지역으로 지정되었다. 이때 경기도 김

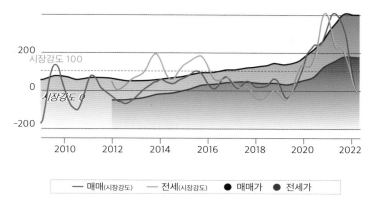

시장강도 100

시장강도 0

2010 2012 2014 2016 2018 2020 2022

— 매매(시장강도)　— 전세(시장강도)　● 매매가　● 전세가

[6·17 대책 발표 이후 경기도 시장강도 그래프 (출처: 부동산지인)]

포시와 파주시는 조정대상지역에 포함되지 않으며 시세가 급등하
는 모습을 보였다. 풍선효과를 톡톡히 누린 셈이다. 대책 발표 전까
지 0~0.04% 사이의 오름폭을 보이던 김포시의 실거래가는 6·17 대
책 이후 1.88% 상승했고, GTX-A 역사와 인접한 운정신도시아이파
크(84㎡ 기준 분양가 약 3억 8000만 원)의 분양가 프리미엄은 전달 약 1억
원 정도였으나 6·17 대책 이후 약 2억 원까지 뛰었다. 한 달 사이에
프리미엄이 두 배가 된 것이다. 160페이지의 실거래가 그래프를 보
면 김포와 파주의 대장 아파트인 한강메트로자이1단지와 운정신도
시아이파크 모두 2020년 6월 이후로 거래량과 시세 모두 급등하는
모습이 보인다. 이처럼 단 하나의 호재나 정책으로 단번에 시세가

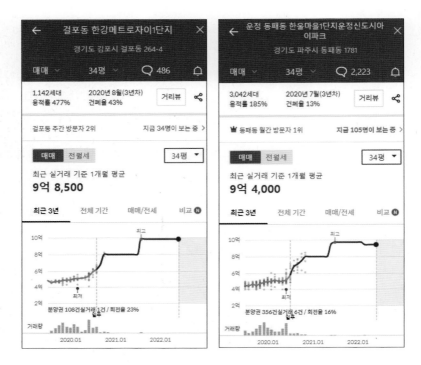

[한강메트로자이·운정신도시아이파크 실거래가 그래프 (출처: 호갱노노)]

높아지기도 한다. 그리고 외곽에 가까워질수록 외부적 가치가 미치는 힘은 강해진다.

다만 내재적 가치와 외부적 가치를 놓고 입지를 따질 때는 주의해야 할 점이 있다. 외부적 가치에만 비중을 너무 크게 두면 안 된다는 것이다. 부동산은 기본적으로 사람이 '사는live' 곳이다. 내재적 가치의 상승 없이 오직 외부적 가치만으로 올라간 시세는 모래성과도 같아서, 작은 변화에도 자칫 가격이 상승 전으로 돌아갈 수 있다. 특히 정부의 규제 덕분에 시세가 급등한 지역이라면 더욱 신중한 판단이 필요하다.

그 예로, 경기도 동두천시는 2021년 부동산 투자자들 사이에서 가장 뜨거웠던 지역 중 하나다. 2021년의 흐름을 가볍게 살펴보면, 상반기에는 상계주공 단지들을 필두로 서울 노원구의 시세가 급등했고 그러자 지역 연관관계에 따라 서울 도봉구, 경기도 의정부시, 양주시까지 잇달아 시세가 따라 올라갔다. GTX-C 노선도 의정부와 양주의 상승에 힘을 실어주었다. 상승세가 GTX-C 노선의 끝단인 양주에까지 미치고 나자 투자자들의 시선이 GTX-C 양주덕정역에서 한 정거장 떨어진 연계 역사인 동두천 지행역으로 향했다. 당시 동두천은 비조정지역이었던 데다가 공시가격 1억 원 미만인 아파트가 대부분이어서 다주택자들이 취득세 부담 없이 매수하기에 적합한 투자처였다. 그래서 이때 동두천은 1억 원 중반에 거래되던 주공 아파트가 갑자기 수천만 원 뛰어 2억 원 초중반대에 거래되는 등 급격한 상승을 보였다. 그러나 상승세가 너무 가팔랐던 탓일까? 정부는 같은 해 8월 동두천을 조정대상지역에 편입시켰고, 그러자 놀라울 만큼 순식간에 그 열기가 식어버렸다.

의정부와 양주는 서울 노원구 일대에 내 집 마련을 원하던 실수요

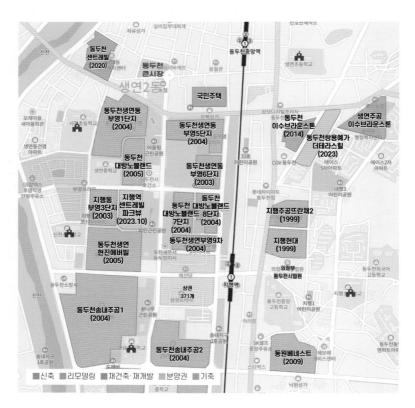

[동두천 지행역 인근 입지 지도]

자들이 높아진 노원구의 시세를 따라잡지 못해 그 '대체지'로 눈을 돌리면서 시세가 상승했다. 이는 의정부와 양주에 확실한 교통망 호재인 GTX-C 노선이 예정돼 있었고, 신축 아파트가 들어서면서 지역의 인프라도 개선되고 있었기에 가능한 일이었다. 반면 동두천 지행역 인근은 실수요자를 끌어들일 유인이 거의 없었다. 162페이지의 입지 지도를 보자. 대부분이 준공된 지 20년 차를 향해 가는 기축 아파트이고 정비사업 계획도 없다. 대형 쇼핑시설이나 학원가 등 실수요자들이 선호하는 인프라를 찾아보기도 힘들다. 지하철 1호선 외에는 달리 교통망이 없어서 일자리 접근성도 떨어지기에 지역의 기본기 측면에서 매력도도 낮다. 그래서 지행역 인근에는 '거주'를 원하는 실수요자들의 유입이 거의 없었다. 이처럼 동두천은 '규제'라는 외부적 가치만으로 시세가 반짝 상승했고, 그 시세를 받쳐줄 만한 내재적 가치의 변화가 전혀 없었기에 정책이 다시 바뀌자 오름세를 유지하지 못하고 시세가 떨어져 버렸다. 실제로 164페이지의 그래프를 보면 양주의 대장 아파트인 서희스타힐스2단지는 높아진 시세를 유지하고 있지만 동두천의 대장 아파트인 송내주공1단지는 시세가 다시 소폭 하락한 모습을 확인할 수 있다.

그렇다면 앞에서 언급한 경기도 김포시와 파주시는 어떨까? 이곳

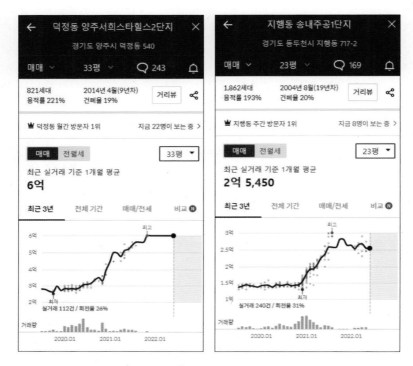

[서희스타힐스2단지·송내주공1단지 실거래가 그래프 (출처: 호갱노노)]

들은 동두천과 마찬가지로 정부의 규제라는 외부적 가치 덕분에 시
세가 상승했지만 조정대상지역으로 편입된 후에도 시세가 유지되고
있다. 김포와 파주는 신축 아파트들이 속속 들어오면서 지역 자체의
네임밸류가 높아졌고, 교통망 호재에 따라 지역의 내공도 함께 높아
지며 '내재적 가치'가 상승했기 때문이다. 가격 상승을 주도한 주체
가 전문 투자자가 아닌 실수요자들이었다는 점도 지역의 내재적 가

치를 탄탄하게 다진 요인이었다.

그래서 입지를 분석할 때는 외부적 가치와 내재적 가치를 나누어 확인하는 것이 중요하다. 어떤 지역의 시세가 상승하고 있다면 그 지역의 본질적인 가치가 높아진 것인지, 아니면 한번 반짝 쓸고 지나갈 외부적 가치 때문인지를 냉철하게 판단해야 현재의 가격이 합리적인지를 알 수 있다.

정부의 정책이나 대출 규제 등 외부적 요소가 부동산 가격의 중요한 변수가 된다는 것은 분명한 사실이다. 그래서 투자자들은 대출이나 세금 규제가 좀 더 완화된 지역으로 고개를 돌린다. 2021년 '공시가격 1억 원 미만 아파트'가 투자자들에게 각광받았던 사실 역시 그러한 점을 증명해 주는 좋은 사례다.

2021년 경기도에서 가장 많이 거래된 아파트는 경기도 안성시에 위치한 주은청설과 주은풍림이다. 이 두 아파트는 2021년 한 해 동안에만 각각 558건, 532건 거래되었을 만큼 거래량이 많았다. 세대수 대비 24%, 20%의 손 바뀜이 발생한 것이니 놀라운 수준이다. 그리고 거래량만큼이나 놀라운 수준의 상승률을 보이기도 했다. 하지만 이곳에 정비사업 등 내재적 가치가 상승할 요소는 미미했다.

우선 주은청설과 주은풍림은 공시가격이 1억 원 미만이어서 다주

거래량 순위   출처 : 국토부 실거래 분석
거래 잘되는 아파트가 팔고 싶을 때 팔기도 좋습니다.

| 경기 ▼ | 시/구/군 ▼ | 읍/면/동 ▼ |
| 매매 ▼ | 거래량 순위 ▼ | |

| 21년 ▼ | 1월 ▼ | 1일 ▼ | ~ | 21년 ▼ | 12월▼ | 31일▼ |

1위 **주은청설**
경기 안성시 공도읍 진사리   **558건**

2위 **주은풍림**
경기 안성시 공도읍 용두리   **532건**

3위 **평택뉴비전엘크루**
경기 평택시 소사동   **510건**

4위 **고덕하늘채시그니처**
경기 평택시 고덕면 궁리   **454건**

5위 **풍림아이원1차**
경기 시흥시 월곶동   **445건**

[2021년 경기도에서 가장 많이 거래된 아파트 (출처: 아실)]

택자들의 취득세 부담이 덜한 투자처였다. 이에 더해 경기도에 법인 토지거래허가제가 시행되면서 투자자들이 이 제도에 영향을 받지 않는 곳으로 눈을 돌리게 되었는데, 안성시가 바로 여기에 해당되는 지역이었다. 이러한 외부적 변화에 힘입어 주은청설과 주은풍림의 시세는 무려 70~100%가 상승했다. 두 아파트가 지어진 이래 유례없는 수준의 상승률이었다.

사실 공시가격이 1억 원 미만이라는 것은 냉정하게 말해 그 상품의 본질적인 가치가 낮다는 뜻이다. 공시가격 1억 원 미만 아파트는

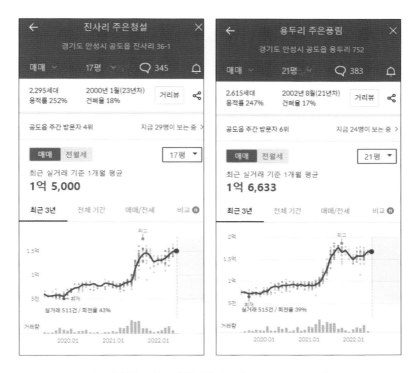

[주은청설·주은풍림 실거래가 그래프 (출처: 호갱노노)]

대부분 20년이 넘은 구축 아파트이고 교통망, 학군, 환경, 일자리 접근성 등 지역의 기본기 측면에서 떨어지는 경우가 많다. 주은청설과 주은풍림도 만일 외부적 변화가 없었더라면 이때처럼 큰 폭으로 상승하지는 못했을 것이다. 실거래가 그래프를 보면 경기도에 토지거래허가제가 도입되기 전까지 두 곳의 상승률은 미미한 수준이었다. 그런데 정책과 대출, 세금이라는 요인이 틈새시장을 노리는 투자자들을 끌어들이며 지금 같은 획기적인 상승을 보인 것이다.

경기도 광주시에도 이런 외부적 요인의 개입이 드러났다. 광주는 지역 내에서도 조정대상지역과 비조정지역으로 나뉘는데, 광주 시내 지역의 경우 조정대상지역이며 읍·면·리 지역은 비조정지역이다. 초월읍이나 곤지암읍 같은 비조정지역은 당첨 이후 6개월만 지나면 분양권 전매가 가능하고 실거주 의무가 없다는 장점 덕분에 객관적으로 좋은 입지가 아님에도 높은 프리미엄이 형성돼 있다. 초월역한 라비발디의 프리미엄은 약 1억 원 중반대에서 2억 원 사이이며, 오는 2022년 7월부터 전매가 가능한 초월역힐스테이트의 경우 초월역한 라비발디보다 더 빠르게 지하철역을 이용할 수 있기에 프리미엄도 더 높을 것으로 예상된다. 물론 조정대상지역인 시내 지역의 시세가 여전히 더 높긴 하나, 입지의 격차를 비교해 보면 비조정지역의 시세가 규제를 피하며 매우 급격히 상승했다고 말할 수 있다.

이렇게 외부적 요소가 하나씩 개입될 때마다 시장에는 일종의 왜곡이 생긴다. 본질적인 입지 가치가 좋아져서 언제나 투자자들의 주목을 받던 '기본기가 탄탄한 곳'과 규제를 피해간 바람에 '틈새 상품으로 부각된 곳' 사이의 시세 간격이 좁아지는 것이다.

'기본에 충실한 투자'는
하락장에도 상승장에도 실패하지 않는다

이쯤에서 내 입장을 밝히면, 나는 규제를 피하기 위한 투자가 투자의 본질은 아니라는 점을 명확히 해두고 싶다. 무주택자나 실수요자라면 더더욱 그렇다. 나의 소중한 보금자리이자 나와 함께 일해줄 파트너를 어떻게 정책 하나만 보고 고를 수 있단 말인가? 물론 '기본기'에 투자할지, '틈새시장'을 노려 빠르게 시세차익을 볼 것인지는 스스로 내려야 하는 결정이다. 단기간에 수익을 내고 싶다면 시세가 다이내믹하게 움직이는 틈새시장 투자가 더 알맞을 수도 있다.

다만 그것이 하락장에서 버틸 수 있는 물건인지는 냉철하게 판단하고 투자에 들어가야 한다. 오로지 외부적 가치에 의해 시세가 올라간 곳, 다시 말해 실제 입지 가치와 시세 사이에 괴리가 생긴 곳은 보합장이나 하락장 때 변동성이 매우 크기 때문이다. 그 예로 2022년 5월 1일 경기도가 법인 토지거래허가구역에서 해제되면서 투자자들의 관심은 예전만큼 뜨겁지 않다. 주은청설과 주은풍림의 상승세도 주춤했음은 물론이다.

지금은 상승장이 오랫동안 이어져 왔기에 보합장이나 하락장이 언제든 올 수 있다는 걸 염두에 두어야 할 때다. 길게 가져갈 수 있는 물건, 하락장이 오더라도 덜 떨어지고 상승장이 오면 빠르게 오를 물건을 사야 한다. 긴 하락장에 버티는 장사 없다. 투자가 스트레스로 다가오면 결국 하락장이 끝날 무렵, 본전이나 겨우 찾을 수 있을 때쯤에 냅다 던져버리는 오판을 저지를 수도 있다. 그러면 마음만 지칠 대로 지치고 수익은 별로 얻지도 못해 '상처만 남은 투자'가 된다. 이런 리스크를 조금이라도 줄이려면 입지를 판단할 때 다음의 질문을 스스로에게 던져보길 바란다.

첫째, 네 가지 황금입지의 요건에 부합하는가? 즉, 지역의 기본기가 탄탄하거나, 서울의 확장 지역이거나, 교통망과 정비사업이 만난 지역이거나, 직주근접 택지지구인가?

둘째, 확실한 매력 요소를 가진 물건인가? 사람들이 너무 모르는 곳은 아무도 찾지 않아서 계속 숨은 채로 남아 있을 수 있다. 부동산 시장에서 큰 흐름을 만드는 것은 해박한 지식을 가진 소수의 투자자가 아니라 일반적인 상식을 갖고 있는 대중이다. 대중은 공부를 깊게 하지 않기 때문에 딱 봤을 때 장점이 보이는 곳을 고른다. 대단지 혹은 지역 주민들에게 유명한 단지 등 누구든 쉽게 장점을 알 수 있는 아파트를 선택해야 한다.

셋째, 레버리지를 해야 한다면 내가 감당할 수 있는 수준인가? 아무리 미래 가치가 좋은 집이라 해도 긴 조정장과 이자 부담을 버티지 못하고 매도하면 아무 의미가 없다. 내 자금 상황에서 가능한 물건인지를 현실적으로 판단하자.

자산 퀀텀점프를 위한
역동적 입지 선정하기

앞서 이야기했듯 서울 외곽과 수도권 지역은 정책의 변화나 대출 규제, 교통망 호재 등 각종 외부적 요인에 의한 시세 변동이 큰 편이다. 그런 외부적 요인의 개입에 따라 서열이 낮은 지역이 높은 지역보다 더 역동적인 시세 상승을 보이기도 하며, 서열이 더 높은 입지에 투자해야 더 큰 수익을 볼 수 있는 것은 아니다. 오히려 중·하위급지에 투자해 더 높은 시세차익을 누릴 때도 왕왕 있다. 따라서 종잣돈 규모가 3억 원 이하라면 무조건 시세 서열만 따지기보다는 '어떤 곳이 더 역동적인 변화를 일으킬 수 있을지'를 고려해 수익률을 잘 판단해 보는 것이 좋다. 이는 사람들이 부동산 투자에서 가장 많이 간과

하는 점이기도 하다.

이를테면 경기도 구리시와 서울 중랑구를 비교해 보자. 투자 금액이 같다는 전제하에 구리시에 있는 신축 아파트와 중랑구의 기축 아파트 중 어디에 투자할 것인가? 단순히 입지 서열이 투자 수익을 좌우한다면 중랑구의 수익이 더 높을 것이다. 그러나 지난 수년간의 시세 움직임을 보면 중랑구의 기축 아파트보다는 구리시의 신축 아파트에 훨씬 더 역동적인 상승세가 있었다. 외곽일수록, 급지가 낮을수록 외부적 가치의 영향을 더 많이 받기 때문에 교통망 신설에 크게 반응한 것이다. 중랑구에는 특별한 교통망 호재가 있는 게 아니고, 상품도 기축 아파트이기 때문에 역동성이 떨어진다.

> "휠휠 님, 이번에 매수하고 2년 후 갈아타서 시세 차익을 얻고 싶은데, 도봉구와 의정부 중 어디가 나을까요? 그래도 서울이니까 도봉구에 투자하는 편이 낫겠죠?"

수강생 L 씨가 했던 질문이다. 그가 고민하는 두 물건은 일단 성질이 완전히 달랐다. 도봉구는 전세를 끼고 미리 기축 아파트를 사두는 레버리지 투자였고, 의정부는 신축 아파트 분양권 매수였다. 의정부의 물건은 GTX-C 노선 수혜도 받을 수 있고, 신축 아파트라는 이

점이 있었기에 향후 몇 년간은 더 역동적인 변화가 있을 것으로 보였다. 나는 투자금이 같다면 의정부의 분양권을 매수하길 권했지만 고민하던 L 씨는 그래도 서울의 상승률이 더 높을 것 같다며 도봉구의 기축 아파트를 선택했다.

그로부터 2년이 지난 지금, 그가 매수한 도봉구의 기축 아파트는 약 3억 원이 오른 반면 의정부의 분양권은 약 6억 원이 올랐다. 물론 장기적으로 보면 도봉구가 더 많이 오를 수도 있다. 그러나 목적이 '2~4년 후 시세차익'이었기 때문에, 그 전제라면 의정부를 선택하는 것이 훨씬 더 훌륭한 투자였다고 말할 수 있다.

이처럼 빠른 시세차익을 목적으로 한 투자를 할 때는 단순히 입지 서열만을 생각해서는 안 된다. 정책, 수요와 공급, 대출 규제, 지역의 흐름 같은 외부적 요인에 따라 때로는 '용의 꼬리'보다 '뱀의 머리'가 나을 때도 있다. 정비사업처럼 상품 자체의 동력이 크거나, 교통망 호재가 있어 외부적 가치가 크게 작용하는 곳이라면 입지 서열이 높은 지역보다 낮은 지역이 시세 상승률이 더 높을 수 있다. 시세가 역전된다는 것이 아니라, 내 자본을 투입해서 얻을 수 있는 '수익률'이 더 크다는 것이다. 물론 이때도 그 지역의 내재적 가치가 시세를 받쳐줄 수 있는지 꼭 확인해야 한다.

경기도 성남시의 사례도 확인해 보자. 성남시의 대장 입지는 분

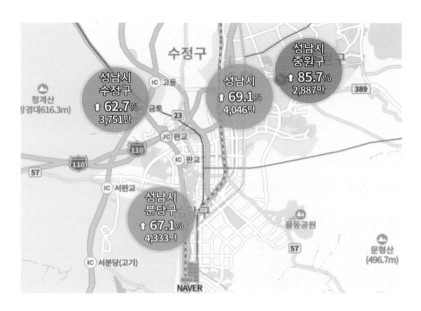

[최근 3년간 성남시 시세 증감률 (출처: 부동산지인)]

당신도시 판교 일대지만, 지난 3년간은 정비사업 호재나 정책 변화 등 외부적 요인에 따라 성남 구도심이 분당신도시보다 더 높은 상승률을 보였다. 위 지도를 보면 입지 서열과 수익률이 비례하지 않는다는 걸 알 수 있다. 위 지도는 2019년 6월부터 2022년 6월까지 3년간의 시세 증감률을 비교한 것이다. 성남시의 매매 평균 평단가는 분당구가 4324만 원, 수정구가 3751만 원, 중원구가 2905만 원이다. 이 세 구의 입지 서열은 매우 굳건해서 잘 바뀌지 않는다. 그러나 2020년 6·17 대책 당시 분당구와 수정구는 투기과열지역으로, 중원구는 조정대상지역으로 분류되며 투자자들이 비교적 규제가 느슨한 중원구로 향했다. 그래서 입지 서열이 더 높은 분당구, 수정구보다 중원구의 상승률이 더 높게 나타난 것이다. 중원구에 역동적인 시세 변화를 보이는 정비사업 물건이 많았다는 점도 가파른 상승에 한몫을 했다. 그러니 이제부터는 입지 서열에 대한 편견을 내려놓고 개별 물건을 꼼꼼히 비교해 보길 바란다. '어느 입지가 지금 내 니즈에 더 부합하는가?' '내가 더 큰 이득을 볼 수 있는 입지는 어디인가?' 이 두 개의 질문을 항상 유념하자. 입지는 사람이 사는 데 필요한 조건을 아우르는 말이고, 따라서 생물처럼 언제나 살아 움직이기 때문이다.

등잔 밑이 어둡다!
지역에 대한 편견을 버려라

내 지인 중 서울 송파구, 그중에서도 잠실의 준신축 아파트에 사는 분이 있다. 이곳은 2008년에 입주해 현재 15년 차가 된 아파트로, 내 지인은 입주한 지 3년째 되는 해부터 지금까지 10년 넘게 전세로 살아왔다. 전세가가 계속 오르다 보니 그 전세가를 맞춰주지 못해 언제부터인가는 반전세로 살고 있었다. 나는 자본이 충분히 있는데도 내 집 마련을 하지 못하고 매년 월세 걱정을 하는 지인이 안타까웠다. 그러다가 그녀에게도 좋은 기회가 찾아왔다. 청량리뉴타운 재개발이었다. 그녀는 서울에 주소를 둔 채 내내 무주택자로 살아왔고, 오래된 청약 통장을 갖고 있었기에 가점도 높은 편이었다.

> "언니, 이번에 청량리뉴타운 청약하세요. 이번에 청량리가 대대적인 재개발에 들어가는데, 천지개벽 수준이라 지금이랑은 완전히 달라질 거예요. 언니 자본금이면 충분히 들어갈 수 있고, 언니는 가점도 높으니까 당첨 가능성도 꽤 있을 것 같아요."
> "그럴까? 청량리가 좋아진다니 상상이 잘 안 가는데…."

내 말에 솔깃한 지인은 용기를 내어 임장을 다녀왔지만 망설이던 끝에 결국 청약을 넣지 않았다. 지금이야 청량리뉴타운의 시세가 약 10억 원대를 넘어가며 기세등등하고 있고, 곳곳에 아파트가 올라가며 지역이 정리되고 있으니 쉬이 믿기지 않겠지만 그때만 해도 청량리는 서울의 대표적인 '슬럼가' 취급을 받았다. 사실 청량리는 오래된 지상철과 전통시장, 지저분한 거리 경관 때문에 흔히 생각하는 '좋은 입지'와는 거리가 멀다. 그러니 직접 임장을 가서 확인한 청량리의 풍경이 탐탁지 않았을 것이다. 게다가 10년 넘게 서울의 핵심 지역인 잠실, 그것도 깨끗하고 세련된 신축 아파트에서 살아온 지인에게는 더욱 그렇게 느껴졌을 것이다. 그녀가 "청량리는 내 취향이 아니야"라며 고개를 절레절레 젓던 모습이 아직도 눈에 선하다. 나는 아직 개발이 진행되지 않아서 낡아 보일 뿐이며, 입주할 무렵인 2023년이면 지역 전체가 환골탈태할 것이라고 몇 번이나 설득했지

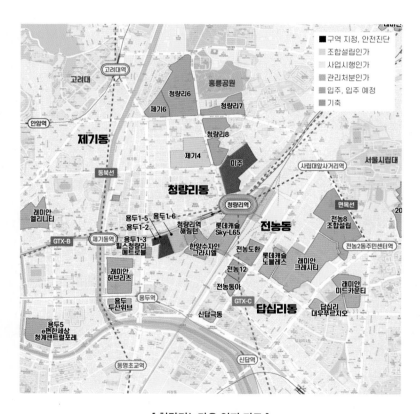

[청량리뉴타운 입지 지도]

만 지인은 끝내 청량리에 대한 편견을 버리지 못했다.

그러나 청량리역은 GTX-B 노선과 GTX-C 노선이 교차 환승하는 황금 같은 역사이다. 현재 청량리역을 관통하는 노선만 해도 총 여섯 개에 달하며 앞으로는 면목선, 강북횡단선, GTX-B, GTX-C 노선까지 네 개가 추가되어 열 개의 철도가 지나갈 예정이다. 게다가 버스 노선도 60여 개가 지나가, 청량리역 일대는 서울 동북권의 최대 교통 집결지가 될 전망이다. GTX를 이용하면 서울의 일자리 핵심 지역인 삼성역까지 4분, 서울역까지 4분이면 도착할 수 있다. 더 이상 부연 설명이 필요 없을 만큼 최고의 입지다.

이를 증명하듯 청량리역 인근의 기축·준신축 아파트들도 근 몇 년간 힘차게 시세가 상승했다. 2022년 6월 기준 래미안크레시티(2013년 입주)와 동대문롯데캐슬노블레스(2018년 입주)는 $84m^2$ 기준 약 14~16억 원대의 시세를 형성하고 있다. 한창 건설되고 있는 청량리 뉴타운 재개발 단지들이 이 기축 아파트들보다 더 역세권이며, '새 것'임을 고려하면 입주 시기인 2023년 7월쯤에는 분양가(약 9억 원대)의 약 두 배가 넘는 시세를 형성할 것이라고 예측해 볼 수 있다. 입주민들은 몰라보게 발전한 청량리에서 내 집 마련과 자산 증식의 기쁨을 한껏 만끽할 것이다.

[청량리역 정차 노선]

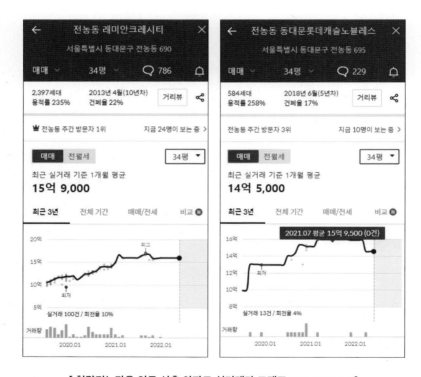

[청량리뉴타운 인근 신축 아파트 실거래가 그래프 (출처: 호갱노노)]

효과적인 징검다리를 찾아
안전하게 강남으로 향하라

어떤 지역이 재개발될 때 '그 지역이 그렇게 발전할 리가 없다'는 말은 청량리에만 있었던 게 아니다. 은평뉴타운, 가재울뉴타운, 신길뉴타운, 아현뉴타운이 들어설 때도 어김없이 반복되었다. 지금까지의 경험으로 보건대 그 지역에 익숙한 사람일수록 오히려 미래 가치를 더 판단하지 못했다. 입지를 분석할 때는 내가 아무리 잘 아는 지역이라도 고정관념과 편견을 모두 내려놔야 한다. 물론 객관적인 단점은 외면한 채 좋은 면만 보려는 태도도 경계해야 하지만, 태도를 바꾸지 못하면 절대 입지의 가치를 알 수 없다.

많은 이들이 '별로'라고 생각하던 입지, 오를 것이라고는 생각지도 못하던 입지의 시세가 빛나는 미래 가치에 힘입어 급등하는 걸 우리는 지금까지 여러 번 봐왔다. 이는 서울의 핵심 지역에서만 벌어지는 일이 아니다. 양주 덕정, 파주 운정신도시, 시흥 은계지구, 안산시가 개발될 때도 똑같은 일이 반복되었다.

전·월세로 서울 핵심 지역에 살아온 사람이라면 2단계를 읽으며 서울 외곽, 심지어 수도권 외곽으로 가야 한다는 말에 힘이 빠졌을

지도 모른다. 그 마음은 충분히 이해한다. 핵심지의 윤택한 인프라를 누리며 30분 내외로 출퇴근을 하던 사람이 외곽 지역으로 옮기는 건 분명 부담스러운 일일 것이다. 하지만 이는 어디까지나 중간 지점일 뿐이다. 입지 센스를 장착해 내 자산을 퀀텀점프 시켜줄 수 있는 입지를 찾고, 그 입지들을 상급지로 가는 내 로드맵의 '중간 지점'으로 활용하자. 말하자면 이 지점들은 강남으로 향하는 길의 '징검다리'다. 넓은 강을 섣불리 한 번에 건너려다간 물에 빠질 수도 있다. 역동적인 상승이 발생하는 중·하급지를 잘 찾아 효과적인 징검다리로 활용하면, 당신의 투자 로드맵은 안전하고 매끄럽기까지 한 '꽃길'이 될 것이다.

시세 그루핑으로
최적 입지 찾아내기

내게 종잣돈 3억 원이 있다고 가정해 보자. 그렇다면 내가 살 수 있는 집은 어디일까? 그리고 3억 원으로 살 수 있는 최고의 입지는 어디일까? 아마 곧바로 떠오르지 않을 것이다. 만약 떠오른다고 해도 지금 살고 있는 동네나 직장 주변에 국한될 확률이 높다. 그러나 그 상태로 투자처를 찾다 보면 결국 '아는 곳'에서 벗어나지 못한다. 눈을 넓혀서 같은 예산으로 조금이라도 더 좋은 입지를 찾아내는 사람이 부동산으로 자산을 키우고, 결국 상급지에 안착할 수 있다.

나는 부린이 시절부터 '시세 그루핑grouping'을 통해 부동산 공부를 해왔다. 시세 그루핑이란 지역의 부동산 시세를 파악하고, 투입되는 종잣돈 규모별로 그룹을 나누어 지역의 입지 가치를 비교·평가해 보는 시스템이다. 각 지역의 대장 아파트를 대상으로 시세 그루핑을 하다 보면 놀라울 만큼 한눈에 입지 서열이 보인다. 그리고 이렇게 시세별로 그룹을 나누면 지역마다 필요한 투자 금액도 한눈에 들어오기에 나의 투자 로드맵을 효과적으로 그려나갈 수 있다.

시세 그루핑의 궁극적인 목적은 '나에게 최고의 투자처'를 찾는 것이다. 시세가 같다는 것은 결국 입지 서열이 같다는 뜻이나 다름 없다. 내 가용 자금으로 투자할 수 있고 입지 서열이 같은 곳, 즉 비슷한 투자 수익이 기대되는 곳들을 찾았다면 이제 할 일은 그 물건들 중 '내게 최적화된' 입지가 어딘지를 찾는 것뿐이다. 시세 그루핑을 했다면 3장에서 이야기한 것처럼 내가 집에 기대하는 가치가 무엇인지를 하나하나 꼼꼼히 따져보며 내게 최적화된 입지를 찾으면 된다. 시세 그루핑을 해보면 편안한 생활을 영위할 수 있고, 동시에 집으로 자산 상승도 누릴 수 있는 좋은 투자처가 단번에 보인다.

예시로 초기 투자금 3억 원, 5억 원, 10억 원대로 진입할 수 있는 입지들을 다음과 같이 그루핑 해놓았다. 각각의 입지에 대해 읽으며 만약 내 상황이라면 어느 입지가 가장 적당할지 생각해 보자.

본격적인 투자에 뛰어들 수 있는 금액!
3억 원대 초기 투자 가능 지역

재개발	갭투자	실거주

• 덕소뉴타운
  - 덕소2(59㎡), 덕소
    5B(59㎡)
• 능곡뉴타운
  - 능곡2(59㎡), 능곡5(59㎡)
	• 의왕
	  - 푸른마을인덕원대우(84㎡)
		• 구리
		  - 인창주공6단지(59㎡)

3억 원대의 초기 투자금이 있다면 재개발 투자에도 접근해 볼 수 있다. 우선 경기도 남양주시의 최대 정비사업 구역인 덕소뉴타운은 9개 구역·총 9000여 세대로 조성되는 신축 주거벨트다. 지금도 광역버스를 이용하면 서울의 핵심 지역인 잠실까지 35분 만에 갈 수 있어서 일자리 접근성이 좋으며, 2023년 8호선 연장선이 개통되면 구리역에서 8호선으로 환승할 수 있어 강남 접근성도 좋아질 전망이다. 덕소5B 구역은 이제 사업시행인가를 받은 단계로, 초기 투자금 3억원 이하로도 진입할 수 있는 구역이 있을 만큼 아직 프리미엄이 적다.

덕소2구역은 이주 철거까지 완료되어 정비사업의 8부 능선을 넘은 상태다. 187페이지의 매물에서 보이듯 덕소5B구역에 비하면 다

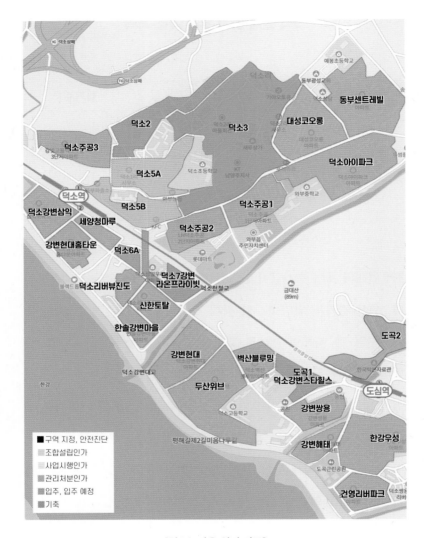

[덕소뉴타운 입지 지도]

소 많은 투자금이 필요하지만, 사업 속도가 빨라 3~4년 후면 완성된 신축 아파트에 입주할 수 있다는 것이 장점이다. 59㎡ 기준 프리미엄은 2억 원대로 수도권에서 보기 드물게 낮다. 재개발의 경우 네이버 부동산에 등록되지 않은 물건도 현장에 꽤 있기 때문에 부동산에 전화를 해보거나 직접 임장을 가보는 편을 추천한다.

만약 서울 서북 권역에 직장을 둔 사람이라면 고양시의 능곡뉴타운도 좋은 선택지가 될 수 있다. 능곡뉴타운은 무엇보다도 훌륭한

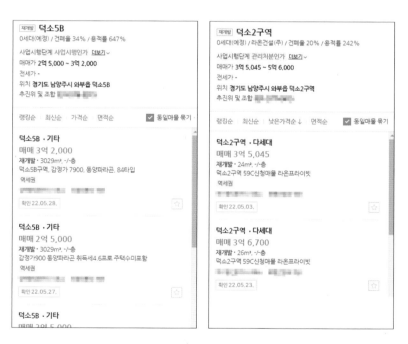

[덕소2구역·덕소5B구역 실제 매물 (출처: 네이버 부동산, 2022년 6월 기준)]

교통망이 돋보이는 곳이다. 현재 경의중앙선이 지나가는 능곡역은 2023년 서해선 개통이 예정되어 있다. 서해선이 개통되면 김포공항에서 환승해 지하철 5호선, 9호선, 공항철도를 이용해 일자리 밀집 지역인 마곡, 여의도, 강남으로 빠르게 접근할 수 있다. 또한 한 정거장 떨어진 대곡역으로 가면 GTX-A 노선을 이용할 수 있다는 점도 큰 장점이다. 일자리 접근성 측면에서 매우 우수한 입지다.

능곡2구역과 능곡5구역 모두 아직 관리처분인가가 나지 않은 상

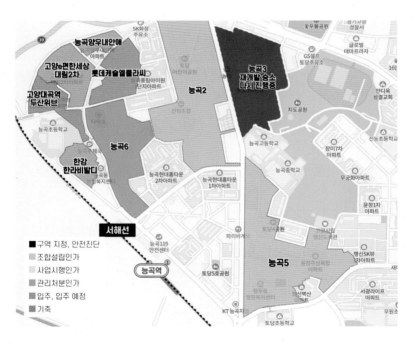

[능곡뉴타운 입지 지도]

[능곡5구역·능곡2구역 실제 매물 (출처: 네이버 부동산, 2022년 6월 기준)]

황이라서 재개발 물건을 담보로 한 주택담보대출이 가능하다. 재개발 구역의 다가구주택, 다세대주택, 빌라는 '감정가'를 기준으로 주택담보대출이 나온다. 예를 들어 위의 매물 중 능곡5구역 상단의 다세대주택 매물은 감정가가 1억 8950만 원이므로 약 9000만 원의 대출을 일으킬 수 있다(고양시 덕양구는 조정대상지역으로, LTV 50%까지 대출이 가능하다). 즉, 초기 투자금 3억 4000만 원이 있으면 매수할 수 있는 것이다.

그러나 능곡뉴타운은 분양을 완료한 일부 구역을 제외하면 덕소뉴타운보다 사업 속도가 더디다는 단점이 있다. 능곡뉴타운은 2022년 7월 토지거래허가구역에서 해제되며 실거주에 대한 부담은 없어졌지만, 현재 거주하는 집을 매도해 갈아타기를 할 계획이라면 다른 곳에 전·월세를 구하지 않는 한 '몸테크'가 불가피하다. 아이가 있는 가족은 투자하기에 부적합하다.

이 두 곳은 초기 투자금은 비슷하나 총 매매가가 다르다. 덕소2구역 59m^2의 조합원 평균 분양가는 약 3억 원으로 프리미엄을 합한 총 매매가가 5억 7000만 원 대인 반면, 능곡5구역의 59m^2 조합원 평균 분양가는 약 5억 원으로 총 매매가가 7억 원이 넘는다. 총 매매가 역시 차이가 난다는 점도 투자를 결정할 때 생각해 봐야 할 포인트다.

그렇다면 능곡뉴타운과 덕소뉴타운 중 어디를 매수해야 할까? 이 답은 '각자 다르다'. 이 두 지역은 비슷한 시세를 형성하기에 한 그룹으로 묶인 것인데, 시세란 긍정적 영향을 미치는 요소와 부정적 영향을 미치는 요소가 만나 어우러져서 나온 적당한 '합의점'이다. 즉, 이 두 지역이 한 그룹으로 묶였다는 것은 곧 입지 가치가 비슷하다는 뜻이다. 이러한 동일 그룹 내에서는 확연하게 차이 나는 부분이 없다면 '매수자의 개별성'이 가장 중요하게 작용한다. 이 두 곳은 구역별 진행 속도, 총 매매가의 규모, 생활 권역 등 조건이 매우 다르니 자신의 상황에 맞게 선택하면 된다.

예를 들어 마곡지구에 직장을 두고 있고, 연 소득이 높아서 조합원 분양가에 대한 부담이 없으며, 낡은 빌라에서의 몸테크 혹은 월세 살이가 가능한 싱글이라면 둘 중 능곡뉴타운이 더 좋은 선택지일 것이다. 한편 잠실에 직장을 두고 있고 학령기 아이가 있어서 빨리 주거의 안정이 필요한 40대 부부라면 사업 진행이 빠른 덕소뉴타운이 훨씬 최적화된 입지라고 할 수 있다.

만약 지금 당장 실거주할 집이 필요하다면 재개발 투자보다는 기축 아파트 매매가 적합하다. 경기도 구리시의 인창주공6단지는 도보 10분 이내로 경의중앙선 구리역에 접근할 수 있는 역세권 대단지 아파트다. 주변에 학교와 녹지, 상권 등 인프라가 두루 조성되어 있어 편안하게 실거주하고 싶은 사람에게 적합하다. 8호선 연장이 완료되면 구리역을 통해 지금보다 더 쉽게 서울 핵심 지역으로 접근할 수 있으니 입지 가치도 서서히 우상향할 것이다.

당장 실거주할 필요가 없다면 전세를 끼고 내가 살 아파트를 미리 사두는 방법도 있다. 경기도 의왕시에 위치한 포일동 인덕원대우푸른마을은 매매가가 약 8~9억 원, 전세가는 5억 원대(2022년 6월 기준)로 3억 원대의 투자금이 있으면 전세를 끼고 매수할 수 있다. 이곳은

[구리역 인창주공6단지 일대 입지 지도]

[인덕원역 푸른마을인덕원대우 일대 입지 지도]

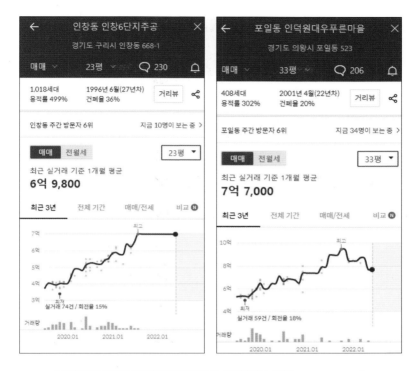

[인창주공6단지·인덕원대우푸른마을 실거래가 그래프 (출처: 호갱노노)]

도보로 인덕원역에 접근할 수 있다는 점이 가장 돋보인다. GTX-C 라는 대형 교통 호재와 함께, 일자리 핵심 지역인 판교까지 데려다 줄 월곶판교선(2026년 개통 예정) 호재까지 있어 앞으로의 입지 가치 상승을 기대해 볼 수 있다.

선택지가 많아 고민인
5억 원대 초기 투자 가능 지역

재개발	갭투자	실거주
• 광명뉴타운 　- 광명1(59㎡) • 은평뉴타운 　- 갈현1(59㎡)	• 분당 　- 양지마을5단지한양(35㎡), 　- 아름마을6단지선경(41㎡)	• 고양 　- e편한세상대림2차 　(84㎡)

5억 원대의 초기 투자금이 있다면 선택지가 너무 많아 고민이 될 것이다. 실제로 상담을 청해오는 분들을 보면 정말 다양한 상품과 수많은 선택지를 눈앞에 두고 헤맨다. 중·상급지 재개발 투자까지 노릴 수 있는 금액이니 어떤 상품에 투자할지 망설여지는 게 당연하다. 그럴수록 나의 상황과 내가 집에 기대하는 가치가 무엇인지를 판단해야 하므로, 시세 그루핑 작업이 필수다.

이 초기 투자금으로는 광명뉴타운과 은평뉴타운 재개발에도 도전할 수 있다. 광명뉴타운은 7호선 광명사거리역을 중심으로 11개의 정비사업이 진행되고 있는 구역이다. 광명1구역은 약 3500세대로 지어지는 대규모 1군 컨소시엄 단지(GS·포스코·한화)로, 현재 철거까지

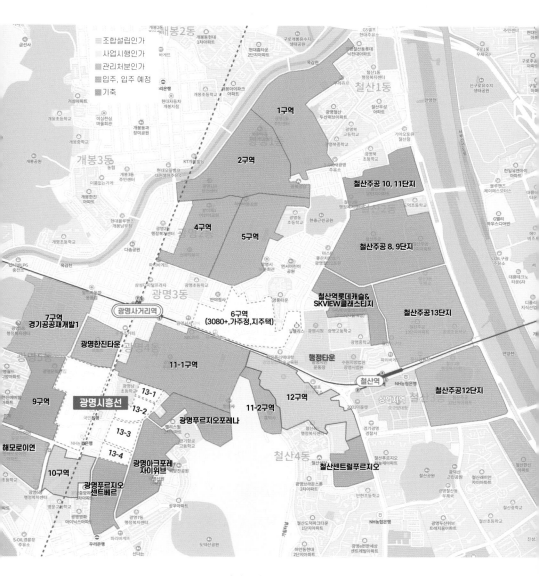

[광명뉴타운 입지 지도]

완료되어 일반분양을 앞두고 있다. 광명 2·4·5구역과 하나의 단지처럼 주거벨트를 이루게 되며, 이웃한 철산주공 재건축 단지와 함께 교통, 학군, 환경을 두루 누릴 전망이다. 인근에는 가산디지털단지와 구로디지털단지가 있어 일자리가 풍부하고, 강남과 여의도로의 접근성이 좋아 서울의 웬만한 지역보다도 입지 가치가 훌륭하다.

광명1구역 59㎡형은 조합원 분양가와 프리미엄을 합하면 총 매매가가 8억 원 내외로, 2020년 11월에 입주한 광명아크포레자이위브의 시세(59㎡ 기준 9~10억 원)보다 낮아 안전마진을 기대해 볼 수 있다. 인천시와 부천시라는 탄탄한 배후 지역도 광명 집값의 하방 지지를 높여주는 역할을 한다. 광명뉴타운은 우수한 입지와 신축 아파트가 만나며 수도권 서남부의 핵심 주거지로 자리매김할 것이다.

그런가 하면 서울 은평구의 갈현1구역은 총 4100여 세대로 조성되는 구역으로, 은평구의 3대 정비사업 중 가장 규모가 크다. 연신내역 도보권으로, 향후 GTX-A가 준공되면 삼성역까지 약 15분 내외로 접근할 수 있어 개통 시 수혜를 직접적으로 받을 수 있다. 하지만 사업은 아직 관리처분인가가 난 단계라 철거가 완료된 광명1구역보다는 사업 속도가 다소 늦을 수 있다.

[은평뉴타운 입지 지도]

  광명뉴타운과 은평구 재개발의 조건은 비슷하다. 사업 진행 속도
도 비슷하고, 각각 서울 서남권, 서북권의 랜드마크로 자리매김할 예
정이란 점도 유사하다. 이처럼 입지의 서열이 비슷한 선택지 앞에서
는 매수자의 개별성이 더욱 도드라진다. 이럴 때는 자신의 상황은
물론 개별 물건까지 하나하나 비교하며 분석해 봐야 한다.

  그럼에도 둘 중 어디가 더 상급지인지 궁금하다면 지역의 평균 평
단가와 대장 아파트의 시세를 살펴보면 된다. 평균 평단가는 광명
시가 3036만 원, 은평구가 3080만 원으로 은평구가 아주 조금 높지
만 유의미한 수준은 아니다. 또한 광명의 대장 아파트인 철산롯데캐

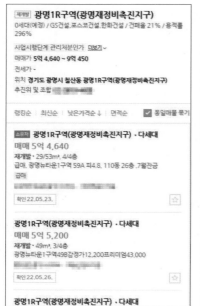

[광명1구역·갈현1구역 실제 매물 (출처: 네이버 부동산, 2022년 6월 기준)]

슬&SKVIEW클래스티지는 84m^2형 기준 16~17억 원의 시세를 형성하고 있고, 은평구의 대장 아파트인 수색증산뉴타운의 DMC센트럴자이 역시 16~17억 원의 시세를 형성하고 있다(2022년 6월 기준). 이 두 지역은 평균 평단가와 대장 아파트 시세까지 비슷해 입지 서열이 완전히 동등하다고 할 수 있다.

만약 재개발 투자가 너무 어렵게 느껴진다면 다른 대안도 있다. 향후 재건축을 노릴 수 있고 실거주도 가능한 기축 아파트를 매수하거나, 전세를 끼고 레버리지 투자를 하는 것이다.

1기 신도시 중 가장 선호도가 높은 분당신도시의 양지마을5단지 한양아파트와 아름마을6단지선경아파트도 5억 원대의 초기 투자금 으로 고려해 볼 수 있는 물건들이다. 양지마을5단지한양아파트는 분 당구에서도 손꼽히는 입지인 수내역 초역세권 아파트로, 강남까지 빠른 접근이 가능할뿐더러 분당구의 풍부한 인프라를 모두 누릴 수 있어 실거주하기에도 좋다. 또한 서현동 시범한양아파트와 더불어 분당신도시 재건축을 이끄는 아파트이기에 빠른 시일 내에 재건축

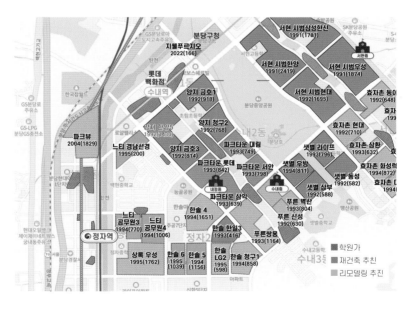

[양지마을5단지한양아파트 일대 입지 지도]

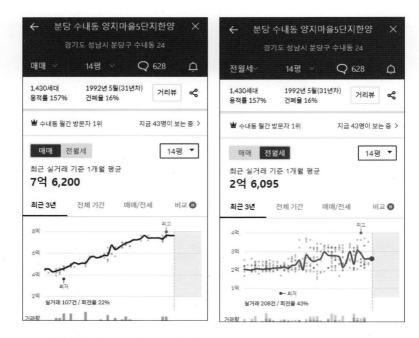

[양지마을5단지한양아파트 매매가·전세가 실거래가 그래프 (출처: 호갱노노)]

을 통한 가치 상승도 노려볼 수 있다. 분당구는 재건축 연한 도래와 1기 신도시 특별법 제정 등의 이슈가 맞물려 최근 수요가 더 높아졌다. 전세를 끼고서라도 먼저 사두려는 수요층도 증가하는 추세다.

아름마을6단지선경아파트는 굿모닝파크 조성이 막바지에 이르며 입지 가치가 더욱 높아진 곳이다. 굿모닝파크는 분당수서간고속화도로로 단절되어 있는 판교와 분당을 이어주는 지상 녹지공원이다.

무엇보다 이곳은 2024년 개통 예정인 GTX-A 성남역을 도보 5분

내로 이용할 수 있는 GTX 초역세권 단지다. 55m^2형과 104m^2형 두 개의 평형으로 이루어졌는데, 5억 원대의 초기 투자금으로는 소형 평형에서 기회를 찾아볼 수 있다. 너무 작은 평수에 주춤할 수도 있지만, 집을 마련하는 것은 단순히 몇 평짜리 공간을 사는 게 아니라 '지역'을 사는 것이라는 마음으로 접근해야 한다. 종잣돈이 적다면 평수를 낮추고 지역을 내 것으로 만드는 것도 좋은 선택이다.

[아름마을6단지선경아파트 일대 입지 지도]

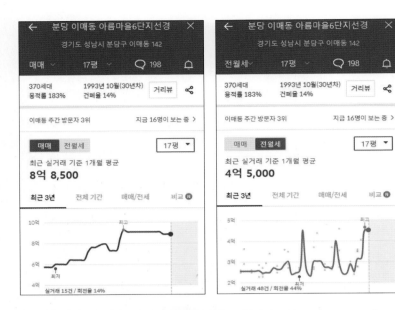

[아름마을6단지선경아파트 매매가·전세가 실거래가 그래프 (출처: 호갱노노)]

모든 직장인의 꿈,

10억 원대 초기 투자 가능 지역

재건축	재개발	실거주
• 송파구 　- 오금대림(84㎡) 　- 가락프라자(84㎡)	• 이문휘경뉴타운 　- 이문1구역(84㎡) 　- 이문3구역(84㎡) • 북아현뉴타운 　- 북아현3구역(84㎡)	• 장위뉴타운 　- 래미안장위포레카운 　티(84㎡)

서울 송파구에는 잠실을 시작으로 송파 중부, 송파 남부로 이어지는 두 개의 재건축 축이 있다. 송파·방이·오륜동을 중심으로 중부의 재건축 추진 단지가, 가락·오금·문정동을 중심으로 남부의 재건축 추진 단지가 밀집해 있다. 이 중에서도 아직 재건축 초기 단계인 일부 단지들은 매매가와 전세가의 차이가 10억 원 내외다. 서울 핵심 지역의 재건축 추진 아파트들은 대부분 KB시세가 15억 원을 넘어가기 때문에 대출을 일으키기 어려운데, 이렇게 매매가와 전세가의 차이가 크지 않을 경우 전세 레버리지를 활용해 미리 사둘 수 있다는 것이 가장 큰 장점이다.

2022년 6월 기준 오금동의 오금대림은 예비안전진단을 통과한 단계이고, 가락동의 가락프라자는 건축심의 단계를 밟고 있다. 둘 다 아직 재건축 초기 단계인 만큼 오랜 기다림이 필요하다. 또한 KB시세가 15억 원이 넘어 대출 규제를 받는 구간인 탓에 매수세 유입이 한정적이고, 거래량이 계속 줄어드는 추세다. 하지만 송파구의 입지 가치가 얼마나 우수한지는 모두가 잘 알고 있다. 10억 원대의 초기 투자금으로 매수할 수 있는 재건축 추진 아파트들은 단계가 진행될수록 기대 가치가 올라가며, 서울 핵심지 신축 주거벨트의 수혜를 톡톡히 누릴 것이다.

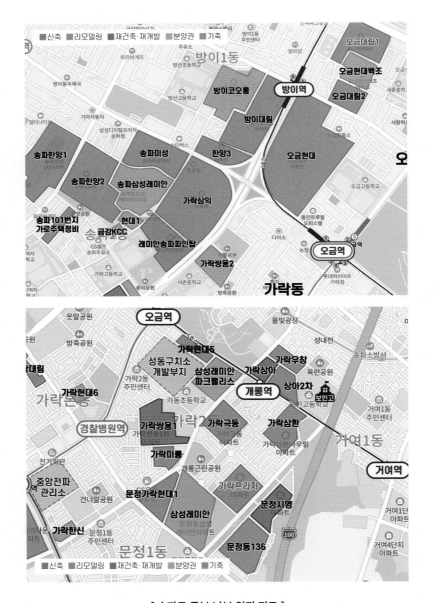

[송파구 중부·남부 입지 지도]

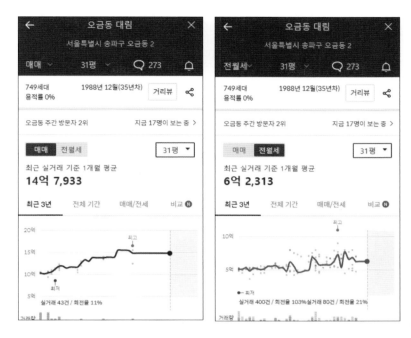

[오금대림 매매가·전세가 실거래가 그래프 (출처: 호갱노노)]

　동대문구의 이문휘경뉴타운은 서울 동북권의 대표적인 뉴타운이다. 1호선 외대역과 신이문역에 걸쳐 있으며 준공되면 무려 1만 5000여 세대가 새로이 들어서는 '미니 신도시급'의 정비사업이다.

　이곳은 동북권 교통의 허브인 청량리역에서 두 정거장 떨어진 GTX-C 노선 연계 역사로, 향후에는 GTX-C 노선 수혜까지 기대해 볼 수 있다. 또한 인근 동부간선도로의 지하화도 예정되어 있어, 중랑천 수변 공간과 함께 쾌적한 환경까지 갖춘 명품 주거지로 다시 태어날 것이다.

　이문휘경뉴타운에서 가장 돋보이는 것은 뭐니 뭐니 해도 사업의 진행 속도다. 이문1구역·이문3-1구역·휘경3구역 모두 2022~2023년 사이에 일반분양까지 이뤄질 예정이다. 이문1구역과 휘경3구역은 각각 삼성건설과 GS건설이 시공하고, 이문3-1구역은 GS건설과 HDC현대산업개발의 컨소시엄 단지다. 약 1만 세대의 대단지 주거 벨트에 1군 브랜드 건설사까지 만나, 세 구역은 준공되고 나면 이문 휘경뉴타운의 대장 아파트인 휘경SK뷰(2022년 6월 84㎡ 기준 12~13억

[이문휘경뉴타운 입지 지도]

[이문휘경뉴타운 실제 매물 (출처: 네이버 부동산, 2022년 6월 기준)]

원)보다 더 높은 시세를 형성할 것으로 전망된다. 현재 이문1구역과 이문3구역은 감정가가 높지 않은 매물의 경우 초기 투자금 10억 원 대로 진입할 수 있다.

이 지역들은 원자재값 상승과 분양가 상한제 개편 논의 등 다양한 문제가 있어 분양이 늦어지고 있다. 정비사업의 경우 이주비를 고려해 분양가 상한제를 완화해 달라는 요청이 지속적으로 있었는데, 윤석열 정부가 들어서며 이에 대해 논의하고 있다. 이주비 문제와 계속되고 있는 원자재값 상승을 고려해 볼 때 '로또 분양가'로 나올 확률은 희박하지만 서울 동북권 최고의 입지 중 하나인 만큼 청약에 당첨될 확률은 '로또'일 것이다. 이곳은 현재 거래가 뜸해 5월을 기점으로 급매 물건이 나오기도 하고 프리미엄 또한 정체되어 있다. 오랜 기간 돈을 묻어두기보다는 어서 신축 아파트에 입주해 편안한 생활을 맛보고 싶은 사람이라면, 입지 가치가 훌륭하고 사업 속도까지 빠른 이문휘경뉴타운이 매우 적합한 선택지일 것이다.

반대로 입주까지 좀 시간이 걸리더라도 '시간'에 투자해 최고의 입지를 손에 넣고 싶다면 북아현뉴타운 재개발을 노려볼 수 있다. 2호선 충정로역과 이대역을 기준으로 남측은 마포구의 아현뉴타운, 북측은 서대문구의 북아현뉴타운으로 나눠진다. 마포래미안푸르지오로 대표되는 아현뉴타운은 일부 해제 구역을 제외하고 신축 아파트로 재탄생하며 마포구의 입지 가치를 대폭 올려놓았다. 북아현뉴타운은 종로구 도심 권역, 아현뉴타운과 바로 맞닿아 있어 최고의 입지 중 하나로 인정받는 곳이다. 현재 북아현1구역이 3개의 신축 단지(e편한세상신촌·신촌푸르지오·힐스테이트신촌)로 다시 태어나며 입주를 완료했고, 북아현2구역과 북아현3구역은 사업시행인가 이후 관리처분인가를 준비하고 있다. 서울의 핵심 일자리 지역인 CBD(종로구·중구 도심 권역), YBD(여의도 권역), GBD(강남 권역)를 모두 30분 이

내로 접근할 수 있는 최고의 입지다.

그러나 이곳은 긴 시간을 투자해야 한다는 단점이 있다. 아직 관리처분인가가 나지 않았기에 이주와 철거 과정을 고려하면 앞으로도 꽤 오랜 시간을 기다려야 하고, 그 시간 동안 10억 원이라는 투자금이 묶여 있어야 한다. 기약 없는 시간 동안 전·월세를 전전해야 한다는 단점도 크다. 그러므로 빠른 시일 내에 안정적인 실거주가

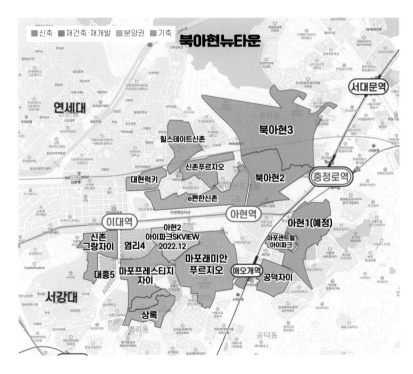

[아현뉴타운·북아현뉴타운 입지 지도]

필요한 매수자라면 북아현뉴타운보다는 입주 가능한 기축·신축 아파트에 투자하거나, 이문휘경뉴타운처럼 사업 속도가 빠른 재개발 구역에 투자하는 것이 더 적합할 것이다.

사실 첫 집을 서울 중위 지역에 마련하기는 무척 어려운 일이다. 몇몇 손꼽히는 고소득층이 아니라면 처음부터 10억 원의 종잣돈을 마련하기는 현실적으로 불가능하다. 결국 초기 투자금 10억 원대 그룹은 1주택을 보유한 사람들이 시세가 상승한 집을 이용해 갈아타기를 노려야 하는 전략지이고, 1주택을 보유하고 있더라도 종전주택을 일단 매도해야 갈아타기를 할 수 있다. 지금 시장은 거래량이 적어 이마저도 어려운 상황이지만, 거래가 활발하지 않을 때는 프리미엄 또한 정체되어 있기 마련이다. 이럴 때는 내 집을 싸게 팔고 다음 집도 싸게 산다는 생각으로 보다 유연하게 접근하는 게 좋다.

또한 이 그룹은 모두 서울 핵심 지역에 해당되기 때문에 생활권의 차이로 인한 고민은 거의 없을 것이다. 이 그룹에서는 총 매매가, 신축이 되기까지 기다리는 동안 필요한 주거비 등 자금 여력을 잘 판단하는 것이 가장 중요하다.

꾸준한 시세 트래킹으로
다음에 오를 아파트 먼저 찾아내기

이렇게 시세별로 투자할 수 있는 지역과 물건을 나열하고 묶어보는 연습을 하면 입지를 보는 감각이 크게 발전한다. 입지 서열을 파악할 수 있게 되고, 내 상황에서 어떤 물건에 투자하는 것이 가장 현명한 선택인지를 판단할 수 있게 된다.

그루핑은 단지 묶는 것에만 그쳐서는 안 된다. 내 관심 지역들을 그루핑해 정리했다면 그 지역들의 시세 움직임을 꾸준히 추적하는 작업이 필요하다. 나는 이를 '시세 트래킹'이라고 부른다. 입지는 과학적으로 움직이고, 각 지역끼리 치밀하게 연결되어 있어서 어느 한 지역의 시세가 오르면 일시적인 현상에 그치지 않고 그 지역과 모종의 이유로 연결된 다른 지역들의 시세가 따라서 상승한다. 서울 양천구 목동의 시세가 오르면 인근 지역인 영등포구 신길동 일대, 경기도 광명시, 부천시, 시흥시 순으로 서울－경기도 서남권의 시세가 함께 따라 움직이는 식이다.

시세 그루핑을 했을 때 같은 그룹으로 묶이는 지역들은 '입지 서열'이 같다고 볼 수 있는데, 이처럼 같은 서열에 위치한 입지끼리도 함께 움직인다. 앞서 살펴보았듯이 남양주시 덕소뉴타운과 고양시 능곡뉴타운은 3억 원대 투자 가능 그룹으로 묶여 있다. 이 두 지역은 지리적으로 가깝거나 연관 지역이 아님에도, 입지 서열이 같기 때문에 시세가 함께 움직인다. 능곡이 올라가면 덕소도 금세 쫓아가고, 덕소가 올라가면 능곡도 이에 질세라 따라가는 식이다.

이렇게 시세 그루핑을 해놓고 시세를 추적하다 보면 갑자기 그룹에서 확 벗어나는 지역이 눈에 띈다. 2021년의 경우 경기도 의정부가 그랬다. 의정부는 원래 인천 부평구와 같은 급지로 묶이는 지역이다. 그런데 의정부는 대장 아파트의 시세가 12억 원에 근접한 반면, 인천 부평구는 아직도 한참 밑돌고 있는 상황이다. 의정부와 인천 부평구는 둘 다 구도심 정비사업이 활발히 진행되고 있다는 점에서 물건의 성격 또한 비슷한데, 의정부의 정비사업 지구는 11억 원대 구간에서 시세를 형성하고 있는 반면 부평구의 정비사업 지구는 8억 원대에 머무르고 있다. 이처럼 그룹별 시세 트래킹에서 눈에 확 띄는 지역이 나타나면 좀 더 상세한 분석을 해봐야 한다. 단순히 의정부의 입지 가치가 높아진 것인지, 아니면 부평구가 현재 저평가되어 있는 것인지를 확인해야 하기 때문이다.

예를 들어 의정부 시세 최상단에 위치한 아파트가 GTX-C 역사 정거장까지 도보로 접근할 수 있는 곳이라면 'GTX-C 노선 덕분에 가치가 높아졌다'고 분석해 볼 수 있다. GTX-C 노선은 사업 진행 속도가 빠르고 강남으로 이어지기 때문에 GTX-B 노선보다 가치가 높고, 이것이 시세에 반영되어 의정부 역세권의 입지 가치가 부평구보다 더 높아졌다는 결과를 도출할 수 있다. 그런데 만약 시세가 오른 아파트가 GTX-C 노선의 수혜를 받지 않는 단지이고, 주변 지역에 별다른 변화가 없는데도 시세가 올라갔다면 이 경우에는 부평구가 곧 키 맞추기를 할 것이라 예측하고 부평구에 진입해 볼 수 있다.

물론 이는 예시일 뿐이며, 실제 시세에는 더 다양한 요소들이 작용하기 때문에 좀 더 자세하게 분석해 봐야 한다. 의정부에 비해 부평구의 시세가 정체되어 있는 이유를 첨언하자면 비단 GTX 노선의 차이뿐만은 아니었다. 의정부의 시세를 이끄는 대장 아파트는 GTX-C 노선의 수혜지이지만 부평구의 시세를 이끄는 대장 지역인 산곡·청천 일대는 7호선의 수혜다. 이처럼 두 지역은 수혜를 받는 교통망의 무게감이 다르며, 입주 물량 면에서도 차이가 크다. 현재 부평구를 비롯해 인천은 2025년까지도 많은 공급량이 예정돼 있어 시세가 눌려 있는 상태다. 시세가 같은 짝꿍 지역은 대체로 하나가 먼저 치고 올라가면 나머지 하나가 같이 치고 올라가는 경향이 강하지만, 한 지역에 과공급이 생기는 등 특수한 예외 상황이 생기면 그 영향에 따라 시세가 다소 큰 속도차를 두고 움직인다. 이처럼 부동산의 시세는 복합적인 요소의 합으로 결정되고, 한 그룹 내에서 튀는 지역이 발생하면 보다 세부적으로 분석해야 한다.

하지만 서열이 같은 입지끼리는 대체로 시세가 함께 움직이기에, 시세 그루핑과 시세 트래킹을 해보면 '오를 곳'을 찾는 데 큰 도움이 된다. 오른쪽 페이지의 두 표는 실제로 조사한 2020년 10월과 2022년 4월의 시세 그루핑 표다. 이 두 개의 표를 비교해 보면 상당수의 물건이 여전히 같은 서열을 유지하고 있다는 것을 알 수 있다.

만약 내 가용 자금이 3억 원이어서 3억 원으로 투자 가능한 지역들을 계속 트래킹 해왔다고 가정해 보자. 어느 순간 덕소뉴타운의 시세가 올랐는데 능곡뉴타운과 구리시에는 아무런 변화가 없다면 시세를 쫓던 사람은 '곧 능곡과 구리도 키 맞추기를 할 테니 지금 이곳들은 저평가되어 있구나'라고 판단해 남들보다 빨리 투자를 할 수 있을 것이다. 트래킹을 통해 저평가된 물건, 앞으로 시세가 오를 물건을 찾았다면 이때부터 해야 하는 건 그저 능곡뉴타운과 구리의 물건 중 어느 것이 내 상황과 목적, 가용 자금에 적합한지 확인하는 일뿐이다. 의사결정의 속도가 그만큼 빨라지는 것이다.

시세 그루핑과 트래킹의 최종 목표는 '내 가용 자금으로 투자할 수 있되 내 상황과 목적에 적합하고 저평가된 곳'을 찾는 것이다. 부동산에는 절대적 기준이란 것이 없다. 저 사람에게는 최고로 좋은

번호	초투	성남	안양	광명	인천
1	1억대	중2(해제) 논골마을	-	-	신촌 부평2(74㎡) 백운1
2	2억대	상대원3 태평3	-	-	산곡6(59㎡) 부개4(84㎡) 상인천초교(84㎡)
3	3억대	상대원2(74㎡)	융창(59㎡) 화창(74㎡)	광명9(84㎡) 광명11(59㎡)	산곡6(84㎡)
4	4억대	수진1 신흥1 상대원2(84㎡)	융창(84㎡) 냉천(84㎡)	광명2(59㎡) 광명4(59㎡) 광명5(59㎡)	-
5	5억 이상	산성	-	광명1(84㎡) 광명2(84㎡) 광명4(74㎡) 광명10(84㎡)	-

[2022년 4월 시세 그루핑 표]

번호	초투	성남	안양	광명	인천
1	3억대	-	-	-	신촌 백운1
2	4억대	상대원3 태평3	-	-	부평2(74㎡) 산곡6(59㎡) 부개4(84㎡) 상인천초교(84㎡)
3	5억대	-	-	광명5(59㎡)	-
4	6~7억대	수진1 신흥1 상대원2(74㎡)	화창(74㎡)	광명2(59㎡) 광명4(59㎡) 광명9(84㎡) 광명11(59㎡) 광명1(84㎡) 광명10(84㎡)	산곡6(84㎡)
4	8~9억대	상대원2(84㎡)	융창(59㎡)	광명4(74㎡)	-
5	10억 이상	산성	융창(84㎡) 냉천(84㎡)	광명2(84㎡)	-

입지가 내게는 적합하지 않을 수 있고, 객관적으로 좋은 입지라 해도 이미 미래 가치가 많이 반영되어 있어서 지금 투자하기에는 적절치 않을 수도 있다. 투자를 결정할 때는 언제나 '상대적'으로 봐야 한다. 부동산 투자 성적은 '누가 비교를 더 잘하느냐'에서 갈린다. 여러 선택지 중 최선의 선택을 하는 사람이 최고의 수익을 맛볼 수 있다. 그리고 꾸준한 시세 그루핑과 트래킹은 시장의 흐름을 가장 명쾌하게 알려줄 뿐만 아니라 가장 똑똑하게 비교하고 선택할 수 있도록 도와주는 최고의 기술이다. 부동산에는 '시세'보다 투명하고 정확한 기준이 없기 때문이다.

지역 연관관계로
오를 아파트 찾아내기

그래서 앞으로 오를 곳은 어디일까? 부동산 투자자라면 누구나 그것을 가장 궁금해할 것이다. 물론 내가 사면 곧바로 오를 곳, 사자마자 호재가 발표되어 시세가 급등할 곳을 알아내는 건 부동산 투자자가 아니라 '부동산의 신'쯤 되어야 가능한 영역이다. 하지만 남들보다 한 보 정도 빨리 오를 곳을 알아내는 정도는 평범한 사람이라도 할 수 있다. 단, 꾸준한 공부가 선행된다면 말이다.

계속 말했듯 입지는 놀라울 만큼 과학적이기 때문이다. 실제로 A 지역이 오르면 B 지역이 따라 오르고, 또 B 지역이 오르면 C 지역이 따라 오르는 등 각 지역끼리는 유기적이고 촘촘한 연관관계를 갖고 있다. 그것이 우리가 입지 공부를 계속해야 하는 이유다.

이 장에서는 어떤 지역에 '상승 시그널'이 보이면 그 시그널을 누구보다도 빨리 알아차리고 움직여 앞으로의 황금입지를 미리 선점하는 비결을 알려줄 것이다. 과학 시간에 원소 주기율표를 외우듯 각 지역끼리의 연관관계를 머릿속에 넣어두길 바란다. 머릿속에 입력해 둔 지도를 남들보다 더 빠르게 펼쳐 움직이는 사람이 기회를 잡을 수 있다.

길이 이어지면 시세도 이어진다!
지리적 연관관계

첫째는 누구나 직관적으로 연상할 수 있는 '지리적' 연관관계다. 지리적으로 연결되어 있는 지역끼리는 당연히 긴밀한 관계를 맺고 있다. 서울 종로구의 대장 아파트는 경희궁자이인데, 경희궁자이의 시세가 오르기 시작하면 통일로를 따라서 서대문구의 홍제동, 홍은동, 녹번동을 지나 경기도 고양시 지축동까지 함께 순차적으로 시세가 오른다. 종로가 '형'이라면 홍제, 홍은, 녹번, 지축은 형을 졸졸 쫓아다니는 '아우'인 셈이다. 이처럼 입지에는 인접 지역의 시세 상단을

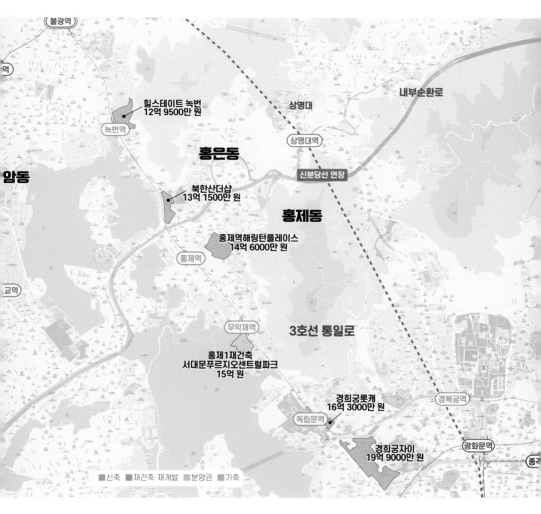

라 형성되는 경희궁자이의 아우 라인 (시세 출처: 호갱노노, 2022년 6월 기준)]

형성하는 '형님'이 있다.

또 다른 예로 서울 송파구 잠실 일대의 '남쪽 동생'과 '동쪽 동생' 군단을 들 수 있다. 잠실은 두 개의 동생 라인을 가진 입지인데, 잠실의 시세가 올라가면 남쪽으로는 가락동, 장지동, 송파동, 위례신도시가 따라 올라가고 동쪽으로는 둔촌동, 고덕동, 미사동이 함께 따라 올라간다. 이 형님-아우들의 서열은 무척 굳건해서 언제나 형님이 먼저 올라야 아우들의 시세도 오르기 시작하고, 아우가 형의 시세를 넘어서는 일은 없다.

그렇다면 이 '형님과 아우 라인'은 어떻게 형성되는 것일까? 단순히 옆에 붙어 있기만 하면 되는 걸까? 물론 아니다. 지리적으로 인접해 있되 같은 철도망을 공유해야 연관관계가 생긴다. 앞서 말한 통일로의 아우 라인은 지하철 3호선을 공유하고, 잠실의 아우 라인은 지하철 8호선을 공유한다. 그런가 하면 서울 동북부에서는 노원구, 의정부시, 양주시, 동두천시가 지하철 7호선과 1호선을 공유하며 연관관계를 형성한다.

현재 강동구와 구리시는 한강을 사이에 두고 바로 인접해 있는데도 아무런 연관관계가 없다. 이는 두 지역이 철도망을 공유하고 있지 않기 때문이다. 그러나 8호선이 별내역까지 연장되고 나면 강동구 암사동과 구리시 토평동이 한 정거장으로 연결되는데, 이렇게 되면 연관관계가 생겨 토평동이 암사동의 시세를 따라갈 수 있다. 현재 경기도 김포시의 대장 아파트인 한강메트로자이가 11억 원의 시세를 형성하고 있는 것도 '고양시 킨텍스 일대'라는 형님이 생겼기 때문이다. 김포와 고양은 지리적으로 가까운데도 연관관계가 성립되지 않았는데, 인천 2호선 고양 연장 사업이 확정되며 두 지역이 한 정거장으로 연결되게 되었다. 즉, 인천 2호선을 통해 김포 주민들이 킨텍스로 접근할 수 있게 되고 GTX-A 노선 또한 이용할 수 있을 것으로 전망되기에 킨텍스 일대의 시세(약 15~16억 원)를 따라가게 된 것이다. 이처럼 한 교통망을 공유하는 인접지를 쫓다 보면 시세가 연동되는 지리적 연관관계를 찾을 수 있다.

'동생에겐 질 수 없다!'
시세 서열에 따른 라이벌 관계

지리적 관계와 달리 멀리 떨어져 있는데도 연관이 있는 지역들이 있다. 시세 서열에 따른 라이벌 관계다. 부동산의 시세는 놀라울 만큼 과학적이라고 앞서 말한 바 있다. 그리고 이 서열은 상급지로 들어

올수록 더 뚜렷해 웬만해서는 서열이 역전되지 않는다. 적어도 서울 안에서는 서열이 역전되는 일이 매우 드물다고 할 수 있다.

지역별 평균 평단가 순서에 따라 누가 먼저 오르고 누가 먼저 떨어지느냐가 결정된다. 예를 들면 오르는 건 송파구가 빠르지만 떨어지는 건 마포구가 빠르고, 이 둘은 거의 항상 시세 80% 정도의 갭을 두고 계속 쫓아간다. 마치 형이 가는데 아우가 쫓아가지 않으면 안 된다는 듯이 말이다. 223페이지의 표는 잠실 일대의 대장 아파트인 리센츠, 엘스와 마포구의 대장 아파트인 마포래미안푸르지오의 월별 최고 실거래가를 비교한 것이다. 가격의 양상은 비슷해 보이나, 가격이 떨어질 때는 마포구가 송파구보다 빠르고 반대로 가격이 오를 때는 송파구가 먼저 올라간다. 그래서 시세는 항상 마포구가 송파구를 쫓아가는 모습이다. 하지만 송파구 시세는 가만히 있는데 마포구만 갑자기 떨어지거나 송파구 혼자 올라가는 일도 없다. 이처럼 두 곳의 시세는 적당한 격차를 두고 항상 함께 움직이기에 리센츠 대비 마포래미안푸르지오의 비율은 언제나 80% 내외를 유지하고 있다. 224페이지의 그래프를 봐도 두 지역의 그래프가 일정한 차이를 둔 채 똑같은 모양을 그리고 있는 것을 확인해 볼 수 있다.

서울·수도권의 정해진 입지 서열은 꽤나 뚜렷하다. 그래서 1위만 폭등하고 나머지는 가만히 있거나 1위보다 3위가 더 폭등해서 서열

[리센츠·엘스·마포래미안푸르지오 시세 비교 (출처: 아실)]

	리센츠	엘스	마포래미안 푸르지오	리센츠 대비 마포래미안 푸르지오
2020.01.	205,000	203,000	168,000	82%
2020.02.	197,500	196,000	149,000	75%
2020.03.	195,000	191,000	148,000	76%
2020.04.	220,000	194,500	145,000	66%
2020.05.	200,000	205,000	160,000	80%
2020.06.	230,000	225,000	170,000	74%
2020.07.	225,000		171,000	76%
2020.08.	-	-	171,500	-
2020.09.	225,000	215,000	170,400	76%
2020.10.	222,500	218,000	172,000	77%
2020.11.	229,000	227,000	182,000	79%
2020.12.	232,000	235,000	186,000	80%

* 단위: 만 원

이 뒤집히는 일은 거의 없으며 1위, 2위, 3위가 순서대로 함께 올라간다. 물론 압구정동, 청담동, 한남동처럼 완전히 차원이 다른 레벨로 여겨지는 입지는 분명히 있다. 이들은 조금 다른 방식으로 시세를 형성하지만, 일반적으로는 이렇게 정해진 서열대로 움직인다.

그래서 우리는 언제나 이 '형님'들의 움직임에 주목해야 한다. 이 책 140페이지에 서울·수도권 지역별 평균 평단가를 실어두었다. 서울에서는 이 시세 서열이 거의 항상 유지된다는 걸 머릿속에 기억해 두고 형님들의 움직임을 예민하게 지켜보자. 만약 내가 관심 있는 지역이 영등포구라면 두 계단, 세 계단 위에 있는 형님인 강동구와 마포구의 움직임을 주의 깊게 살피자. '부동산지인' 사이트의 '빅

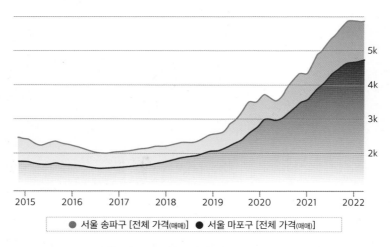

[송파구와 마포구의 실거래가 가격 비교 그래프]

데이터지도' 메뉴를 활용하면 지역들의 시세를 한눈에 파악할 수 있다. 특정 기간을 설정할 수 있고, 증감률이나 시장강도도 확인할 수 있으니 이런 앱을 활용해 내가 관심 있는 지역의 '형님'이 누구인지를 찾아두고 그 형님들의 움직임에 주목하자. 만약 송파구가 올랐다면 준비하고 있다가 위례신도시, 고덕지구 같은 '지역의 아우'에 선진입하거나 마포구 같은 '서열의 아우'에 선진입하는 것이다. 형님 입지들의 움직임을 트래킹하다 보면 투자의 기회가 한눈에 보일 것이다.

5장

향후 3년 유망 입지, 착공을 시작한 교통망에 주목하라

- 신규 교통망이 변화시킬 수도권의 입지 서열

- 일자리 접근성의 빅뱅, 신분당선 연장과 8호선 연장

- 수도권 서남부의 지각 변동, 서해선과 신안산선

- 국토를 횡으로 가르는 월곶판교선

- 작지만 강한 알짜 노선, 신림선과 동북선

신규 교통망이 변화시킬
수도권의 입지 서열

"교통망, 학군, 일자리, 환경 중 뭐가 가장 중요한가요?"

지역의 기본기에 대해 설명하면 어떤 분들은 이렇게 네 가지 요소 중 무엇이 가장 중요하냐는 질문을 하곤 한다. 사실 이 기본기 중 절대적인 우선순위는 없다. 부동산은 사람이 '사는' 곳인 만큼 상품과 지역에 따라 요소들 간의 우선순위가 달라진다. 예를 들어 같은 강남 권역이라도 압구정동은 자동차를 이용한 도심 접근성이나 상권이 더 중시되고, 대치동은 학군이 가장 중시된다.

그러나 수도권으로 눈을 돌리면 이 질문의 답은 명확해진다. 학군이나 환경도 물론 중요한 요소지만 일자리 접근성, 즉 교통망이 가장 중요하다. 직장이 밀집해 있는 서울 핵심 지역까지 얼마나 빠르고 편안하게 닿을 수 있는지가 수도권의 집값을 결정한다. 그래서 수도권에서 입지의 가치를 가장 비약적으로 높이는 것도 교통망 확

[제4차 국가철도망구축계획에 따른 수도권 광역철도 도입 효과]

충이다. 설사 서울과 멀더라도 교통망 신설로 지역의 물리적 거리를 심리적으로 극복할 수 있게 되면 상급지와의 시세 간극이 줄어든다.

정부는 수도권에 철도망을 더 촘촘하게 건설하며 서울의 확장 지역을 넓히고 있다. 바로 이때 투자의 기회가 생긴다. 수도권에서는 교통망이 입지 가치의 80%를 차지한다고 말해도 무방하다. 비유하자면 교통망은 입지의 '뼈대'이고, 그 위에 학군, 환경 같은 다양한 요인이 '살'이 되며 시세가 형성된다.

국가철도망구축계획에서
다음 장의 기회를 잡아내라

부동산 투자자들은 언제나 정부에서 발표하는 국가철도망구축계획을 주시하고 있다. 국가철도망구축계획은 향후 10년간 철도망 구축의 기본적인 방향과 노선 확충 계획을 담고 있는 중장기적인 법정 계획으로 5년마다 수립된다. 2021년 7월에 발표한 제4차 국가철도망구축계획에서는 총 15개의 신규 사업을 확정했다. 이 노선들을 훑어보는 것만으로도 앞으로 입지가 좋아질 곳에 대한 힌트를 얻을 수 있다.

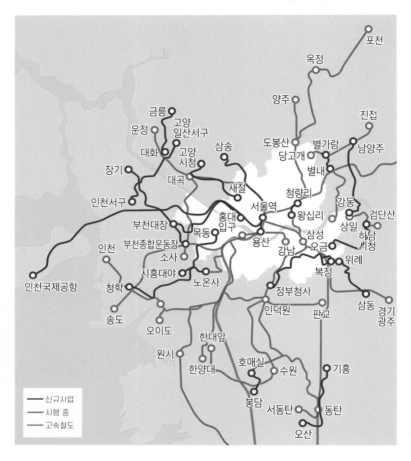

[2021년 7월 발표한 제4차 수도권 철도망 구축 계획]

231페이지의 표는 제4차 국가철도망구축계획 내용을 정리한 것이다. 이 계획은 2021년부터 2030년까지 철도망의 큰 그림을 담고 있다. 마치 대학생들의 '시험 족보'와도 같은 부동산 투자 핵심 공략집

[제4차 국가철도망구축계획에 따른 교통망 사업과 수혜지]

노선명	연장 내용	수혜지
8호선 연장	별내역~별가람역	북별내, 당고개, 진접지구, 갈매지구
분당선 연장	기흥역~오산역	용인 상갈, 용인 보라, 동탄2신도시, 오산 세교동 일대
인천 2호선 연장	인천 서구~고양 일산서구	일산서구, 김포 걸포북변, 검단신도시
3호선 연장(하남)	오금역~하남시청역	하남 감일지구, 하남시청 인근 구하남
3호선 연장(파주)	대화역~금릉역	고양 덕이동 일대, 운정신도시, 파주 금촌동 일대
위례삼동선	위례신도시~광주 삼동	경기도 광주, 경강선 연계 주거지
9호선 연장	강동구~남양주	하남 미사지구, 다산신도시, 남양주 왕숙지구, 진접 1, 2지구
대장홍대선	대장신도시~홍대입구역	인천 계양구, 부천 원종, 신월동, 화곡동, 고양 덕은지구, 서울 상암동 일대
위례과천선	정부과천청사역~복정역	과천, 과천 3기 신도시, 위례신도시
신분당선 서북부 연장	용산~삼송	은평뉴타운, 고양시 삼송지구
신분당선 연장	호매실~봉담	호매실지구, 오목천동, 화성 봉담지구
제2경인선	노은사~인천 청학동	인천 청학동, 논현동, 시흥 신천, 부천 대야, 부천 옥길, 서울 온수, 항동
신구로선	목동~시흥 대야	시흥 은계지구, 부천 옥길, 서울 온수, 항동
고양은평선	새절~고양시청	은평구 신사동, 향동, 고양시 화정, 원당지구

이다. 물론 이 계획은 장기 계획으로, 이 중 많은 노선이 예비타당성 검토에서 탈락하기도 하고 여러 절차를 거치며 수정되는 등 계획과 완전히 달라지기도 한다. 따라서 이러한 장기적인 철도망구축계획만을 보고 '호재가 있다'고 판단하기보다는 이 계획을 통해 다음 장에 미래 가치를 빛낼 입지가 어디일지 힌트를 얻고, 그 지역들을 주시하는 정도로 참고하길 바란다.

'나'에게 영향 있는 호재가
진짜 호재다

단, 교통망 호재를 볼 때 반드시 유의해야 할 것이 있다. 바로 '타이밍'이다. 새로 깔릴 교통망이 나의 매도 시점에 영향을 미칠 수 있는 요소여야지, 20~30년 후를 바라봐야 하는 기약 없는 교통망을 호재라고 판단하고 투자하면 안 된다.

어떤 지역에 교통망이 신설되거나 일자리 벨트가 조성되거나 혐오 시설이 없어지는 등 일명 '호재'가 생긴다고 하면 다들 구름떼처럼 몰려들어 그 호재에 열광한다. 집값도 자연히 상승한다.

그러나 그렇게 집값을 올리는 호재 중에는 현실적으로 아직 막연한 수준에 머물러 있는 것들이 너무 많다. 이를테면 GTX-E 노선, GTX-F 노선 등이다. 물론 운이 좋아서 그 호재가 발표되기 전에 이미 내가 그 지역에 집을 갖고 있었다면 호재가 언제 실현되든 집값은 올라갈 테니 더할 나위 없이 좋을 것이다. 그저 내 집의 가치가 올라가는 걸 보며 마음 편히 기뻐하거나, 시세가 오른 틈을 타서 갈아타기를 하면 되니 말이다.

하지만 나는 그 호재를 보고 투자에 뛰어드는 '추격 매수'는 주의해야 한다고 말하고 싶다. 호재가 발표된 후에 부랴부랴 임장을 하고 물건을 알아보려 부동산에 가보면 이미 시세는 많이 올라 있다. 그럼에도 많은 이들이 '이제부터 더 오를 일만 남았어', '내가 산 후에도 더 많이 오를 거야'라고 생각하며 호재의 수혜를 받는 물건들을 매수한다. 하지만 지금까지의 결과를 보면 실제로 이런 호재가 실현되어 물건의 가치를 드높여 주는 경우는 생각보다 적다.

그래서 호재를 볼 때는 냉정한 비평가의 눈을 장착하고 첫째, 호재가 실현될 가능성을 판단하고 둘째, 만약 실현될 가능성이 높다 해도 그것이 '나에게' 가치 있을지를 면밀히 살펴봐야 한다.

예를 들어 내가 2021년에 경기도 구리시의 아파트를 매수한다고 해보자. 지하철 8호선 연장이 예정돼 있고 개통 예정 시기는 2023년이다. 2년 거주 후 매도하는 시점과 딱 맞아떨어진다. 이런 호재는 나에게 시세차익이라는 커다란 가치를 안겨다 준다. 이처럼 호재가 나의 매도 시점에 영향을 미치는지, 그래서 내 집의 가치를 높일 수 있는지를 검토해야 한다. 2년 후 갈아타기를 할 계획을 세웠는데 집값에 영향을 미칠 호재가 10년, 20년 후에 실현될 예정이라면 아무리 대단한 호재인들 별 효과를 발휘하지 못할 것이다. 그럴 바에는 대형 호재가 아니더라도 내가 매도할 시점에 실현될 작은 호재를 가진 물건을 찾는 편이 낫다. 물론 착공이 된 노선은 어느 정도 그 가치가 시세에 선반영되어 있긴 하나, 노선이 개통되기 전까지는 미래 가치가 점점 더 선명해지면서 시세가 더욱 올라간다. 또한 매도 시점에 공급 물량이 얼마나 많은지도 살펴봐야 한다. 그 시점에 신축 아파트가 대거 들어서면 내 물건이 비교적 덜 빛나 보일 수 있기 때문이다.

　2022년에 매수한 후 2년만 실거주하고 갈아탈 계획이라면 2024년 전후로 개통하는 노선을 찾아보자. 반드시 그때 개통하는 게 아니라도 개통에 대한 기대감이 충분히 올라올 수 있을 정도라면 충분하다. GTX처럼 파급력이 큰 광역 교통망은 개통 시기가 아직 멀었다 해도 발표만으로 시세가 바뀌지만, 이 정도로 수도권에 큰 지각 변동을 가져오는 노선이 아니라면 시의성을 판단하고 투자를 결정해야 한다. 즉, 지역 전체의 미래 가치도 중요하지만 '내 물건'의 미래 가치를 더 중점적으로 살펴야 한다는 것이다. 괜히 대형 호재라는 말에 현혹되어서는 안 된다.

물론 학령기 아이가 있어서 한 지역에서 10년 이상 장기로 거주할 계획이라면 그 기간을 좀 더 여유 있게 생각해도 좋다. 이 경우에는 서부선(2028년 개통 예정), 원종홍대선(2028년 개통 예정), 목동선(2030년 개통 예정)처럼 시간을 두고 실현될 호재라 해도 추후에 내 지역을 돋보이게 할 가능성이 있으므로 투자를 검토해 볼 만하다.

2~4년 정도 보유하고 갈아타기를 할 계획이라면 매매할 해에 개통하거나 착공하는 노선 위주로 살펴보길 권한다. 상승장에는 착공 여부에 관계없이 그저 발표만으로도 집값이 오르는 경우가 부지기수지만 지금은 좀 더 보수적인 판단이 필요한 때다. 2021년에 착공한 인덕원동탄선도 현재 좌초 위기에 놓인 것을 보면, 근래에 개통하는 노선과 착공한 노선 위주로 투자를 할 필요가 있다.

그래서 이번 장에서는 2022년부터 향후 3년간 주목해야 할 교통망을 소개하려 한다. 여기서 소개하는 노선들은 모두 착공을 시작했다는 공통점이 있다. 이 노선들은 2~4년 후 매도 시점이 되었을 때 수혜지에 영향을 미치며 상품에 날개를 달아줄 것이다. 어느 지역에 기회가 숨어 있는지 확인하며, 여러 수혜지 중 나를 상급지까지 가장 빨리 데려다줄 징검다리가 어디일지 찾아보자.

일자리 접근성의 빅뱅,
신분당선 연장과 8호선 연장

교통망을 볼 때 방점이 찍히는 곳은 바로 '경제'다. 일은 우리 생활에서 떼려야 뗄 수 없는 요소다. 그래서 교통망도 지역민들을 얼마나 빠르고 편하게 일자리 밀집 지역으로 데려다줄 수 있는지, 얼마나 많은 노선과 연결되어 일자리를 여러 지역으로 확장시킬 수 있는지가 가장 중요하다.

신분당선 연장과 8호선 연장은 그 일자리 확장성 측면에서 매우 가치가 높은 노선이다. 신분당선 연장 구간인 강남역~신사역은 고작 2km에 불과하고, 8호선 연장 구간 또한 12.9km로 길지 않은 편이지만 두 노선은 일자리 밀집 지역과 직결되며 수혜지의 시세에 지

대한 영향을 미치고 있다.

강남 배후 지역의 시세에 주목하라!
신분당선 연장

2022년 5월 신분당선은 신논현역, 논현역, 신사역까지 세 개의 정거장이 추가 연장되었다. 강남 일대는 지하철이 모두 가로축 노선으로 되어 있어서 강남 일대 안에서 이동하기가 무척 까다로웠다. 강남역에서 신논현역까지 가려면 마을버스를 탑승하거나 이 노선에서 저 노선으로 환승을 하며 이동하는 수밖에 없었다. 그런데 신분당선이 연장되며 강남대로를 한 번에 관통하는 방법이 생긴 것이다.

또한 3·7·9호선으로 환승할 수 있어서 강남 내의 이동을 편리하게 만들어줌은 물론, 강남의 오피스·상가 밀집 지역인 논현동과 신사동으로 이어지면서 신분당선이 담아내는 부동산의 영역이 보다 다양해졌다. 신분당선은 이후 용산역, 고양시 삼송역까지 연장돼서, 강남을 중심으로 수도권을 연결해 주는 '수도권 황금 노선'으로 공고히 자리 잡을 것이다.

또한 신분당선은 분당신도시, 용인시 수지구 일대, 광교신도시의

[신분당선 예정 노선도]

주민들을 약 40분 내외로 신사역까지 환승 없이 단번에 실어다주며 이 지역들을 '서울의 확장 지역'으로 만들어주는 마중물 역할을 해주고 있다. 신분당선 연장 덕분에 성남, 용인, 수원과 서울 사이의 '심리적 거리감'은 대폭 줄어들었다.

동천역, 수지구청역, 성복역, 상현역이 있는 용인 수지구는 2016년 1월 신분당선 개통 이후 죽전동 일대의 시세를 역전하며 강남과 판교의 배후 지역으로 자리 잡았다. 이곳은 신분당선이 연장되며 입

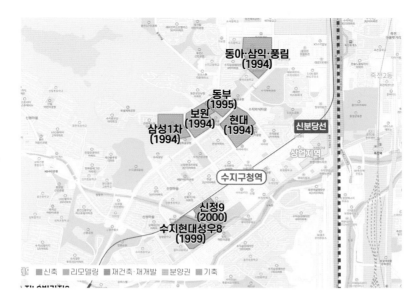

동아·삼익·풍림
(1994)

동부
(1995)

보원
(1994)

삼성1차
(1994)

현대
(1994)

신분당선

상업지역

수지구청역

신정9
(2000)

수지현대성우8
(1999)

■신축 ■리모델링 ■재건축·재개발 ■분양권 ■기축

[수지구청역 인근 입지 지도]

지 가치가 한 번 더 뛰었는데, 이제는 준공된 지 20년이 되어가는 기축 아파트들의 리모델링도 추진되며 내재적 가치 상승까지 노리고 있다.

인근에는 판교테크노밸리의 다섯 배 규모인 용인플랫폼시티 사업도 예정되어 있어, 교통망과 학군은 물론 일자리까지 갖춰진 곳으로 한층 더 발전할 것이다. 수지구청역 초역세권인 기축 아파트들이 리모델링을 통해 새아파트로 재탄생하면 수지구의 시세에 어떤 변화가 생길지 주목할 만하다.

구리의 심리적 거리를 단숨에 좁혀주는
8호선 연장

2023년 하반기에는 8호선 연장 구간이 개통될 예정이다. 기존에는 암사역에서 끝나던 8호선이 연장되어 선사역부터 별내역까지 총 여섯 개 정거장이 추가 개통된다. 일명 '별내선'으로 불리는 이 구간은 총 12.9km로 비교적 길지 않은 편이나 이 노선이 미칠 영향만큼은 매우 강력하다.

별내선은 구리시 토평동, 남양주 다산신도시 그리고 남양주 별내동 일대를 서울과 연결해 주는 노선이다. 이 지역을 관통하는 철도 노선은 배차 간격이 긴 지상철인 경춘선과 경의중앙선뿐이었고, 그래서 주민들은 서울 핵심 지역으로 이동하기 위해서는 자동차나 광역버스를 이용하는 수밖에 없었다. 2023년 개통될 별내선은 구리-남양주 일대 주민들을 잠실까지 환승 없이 데려다주며 지역민들의 교통 불편을 시원하게 해소해 줄 전망이다. 구리역에서 잠실역까지는 18분, 별내역에서 잠실역까지는 25분이 소요될 것으로 예상된다.

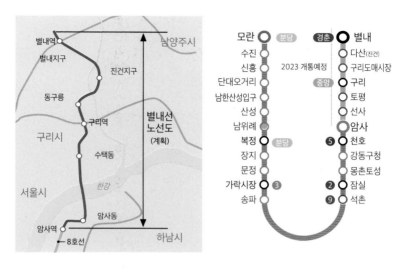

[8호선 연장 별내선 노선도]

또한 지하철 2호선·3호선·5호선·9호선으로도 환승할 수 있어 구리-남양주 일대의 일자리 접근성이 대폭 개선된다.

구리는 교문동 남쪽 신명아파트에서 북쪽의 구리도매시장사거리까지 3km밖에 되지 않아, 도보로 40분이면 남북을 가로지를 수 있는 작은 도시다. 면적으로 따지면 경기도 31개의 시·군 중 가장 작다. 이런 구리에 토평역(장자호수공원역), 구리역, 구리도매시장역까지 총 세 개의 정거장이 들어선다. 구리보다 14배 정도 넓은 남양주에는 다산역과 별내역 총 두 개의 정거장이 생기는 것과는 대비되는 모습이다. 구리의 웬만한 지역은 모두 역세권이 된다고 볼 수 있다.

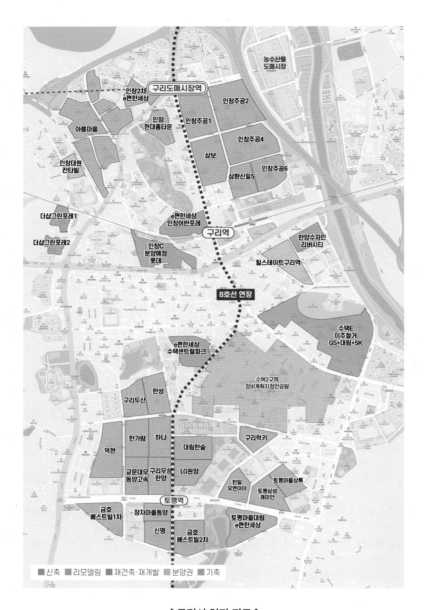

[구리시 입지 지도]

'구리의 강남'이라 불리는 토평역 일대의 교문동과 수택동에는 20~30년 차에 접어든 구축 아파트들이 밀집해 있다. 아파트마다 학교로 둘러싸여 있고 도서관과 학원가도 자리해 있으며, 장자호수공원과 한강뷰를 조망할 수 있다. 편리한 생활과 아름다운 자연 환경을 동시에 즐길 수 있는, 서울에서 가장 가까운 친환경 도시다.

구리역에는 현재 구리의 유일한 철도망인 경의중앙선이 운행되고 있으며 8호선 연장으로 더블 역세권이 될 예정이다. 이곳에는 신축 아파트들이 연이어 들어서고 있다. 아래로는 돌다리사거리를 중심으로 신축 아파트인 인창어반포레, 한양수자인리버시티가 입주했고 힐스테이트구리역, 인창C구역, 수택E구역이 이주·철거 및 일반분양을 기다리고 있다. 낡은 구도심의 이미지를 벗고 신축 아파트 주거 벨트로 다시 태어나고 있는 것이다. 수택동의 노후 주거지 밀집 지역인 수택2동도 정비구역으로 지정되기 위한 절차를 밟고 있다. 교통망 호재에 상품의 변화까지, 구리역 일대는 '누구나 살고 싶어 하는 곳'으로 변모할 전망이다. 이처럼 신축 아파트가 될 곳을 선매수하면 좋지만 곧 분양 예정인 인창C구역은 84㎡ 기준 총 매매가가 11억 원대로 그 문턱이 높은 편이며, 수택E구역은 관리처분인가 이후 조합원지위양도가 제한되는 구역이라 입주권이 귀한 상황이다.

노후 아파트가 많은 구리는 신축 아파트에 대한 수요가 높은 만큼 구리역 일대의 '새것'들이 8호선 교통망과 만나며 시세를 이끌 것이다. 여기에 구리도매시장 인근의 구리 북부 기축 단지 또한 신축 아파트들의 시세를 따라가면서 구리는 서울과 남양주 등 인접 지역의 수요를 당기는 '수요 견인지'가 될 것으로 분석된다. 수도권 동부 지역에 관심이 있다면 구리 일대를 눈여겨보면 좋을 것이다.

수도권 서남부의 지각 변동, 서해선과 신안산선

수도권 서남부는 지금까지 부동산 투자자들의 관심에서 조금은 벗어나 있는 지역이었다. 일자리 밀집 지역인 서울 핵심지까지 접근이 너무 어렵다는 이유에서였다. 그러나 서해선과 신안산선이라는 '일자리 젖줄' 같은 노선이 개통하며 수도권 서남부는 지각 변동을 준비하고 있다. 실제로 경기도 안산시, 시흥시, 부천시 등 서해선과 신안산선의 수혜를 받는 지역들은 이번 상승장에서 시세가 큰 폭으로 상승하며 미래 가치를 마음껏 빛냈다.

서울·경기 서부를 세로로 잇다!

서해선

서해선은 2018년 1단계로 경기도 부천시 소사역에서 안산시 원시역까지 12개 역사, 총 23.4km에 달하는 노선이 이미 개통한 바 있다. 그리고 2022년 하반기에는 부천종합운동장역과 원종역, 두 개의 역사가 개통하고, 이후 2023년 상반기에는 일산-대곡-소사-원시 전구간이 개통한다. 원시소사선은 파급력이 적지만, 2022년 원종-소사 구간과 2023년 하반기 소사-대곡-일산 구간이 개통되면 수도권

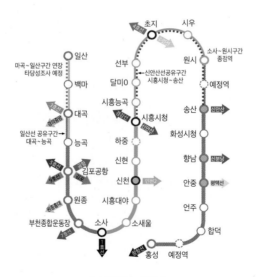

[서해선 노선도]

서부 지역에 큰 변화가 일어날 것이다.

소사-대곡 구간만 개통해도 서해선은 수도권 서부 주민들을 핵심 일자리 지역으로 접근하도록 돕는 황금 노선이 된다. 246페이지의 노선도에서 보이듯이 대곡역에서 소사역에 이르는 역사 여섯 개 모두 환승역으로 1호선, 7호선, 5호선, 9호선, 공항철도 등으로 환승이 가능하다. 서해선이 개통되면 부천시와 시흥시, 고양시 시민들은 엄청난 일자리 접근성 확장을 누릴 수 있다. 부천종합운동장역에서 마곡역이나 마곡나루역까지 단 한 번의 환승으로 10분 만에 도착할 수 있다면 부천시의 내 집 마련 수요는 꾸준히 증가하지 않을까? 게다가 GTX가 개통하고 나면 향후에는 GTX A·B·D 노선으로의 환승도 가능하다.

그래서 2022년 서남권에서 주목해야 할 곳은 경기도 부천시다.

[원종역 인근 입지 지도]

앞서 말했듯 2022년 하반기에는 부천에 서해선 원종역과 부천종합운동장역 두 곳이 개통한다. 원종역 인근인 원종동, 고강동에는 50~100세대밖에 되지 않는 소규모 아파트들과 가로주택정비사업 지역뿐지만, 원종역 인근은 앞으로 교통망이 계속 발전할 예정이기에 상승 동력이 충분하다. 기본적인 입지 공부를 마친 후에 신축 아파트가 될 가로주택정비사업 구역을 매수할지, 전세 레버리지 투자를 할지, 상가를 매수할지 고민하자.

소사역 일대도 쉼 없이 낡은 티를 벗고 있다. 소사역 초역세권에

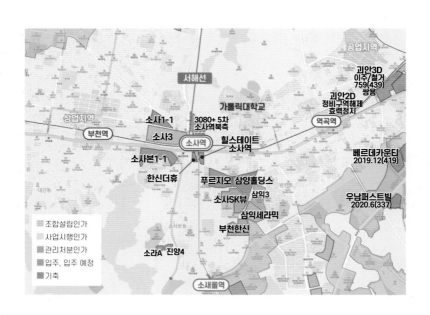

[소사역 인근 입지 지도]

소규모 주상복합아파트가 입주를 마쳤고 오피스텔도 곧 분양할 예정이다. 소사역의 대장 아파트가 될 힐스테이트소사역은 일반분양을 완료하고 착공에 들어갔다. 현재 소사역 인근은 준공업 지역, 상업 지역, 주거 지역이 혼재돼 있지만 공장 부지는 아파트로 다시 태어날 예정이며, 역세권 일대에도 정비사업이 활발히 진행되고 있다.

소사역 남측의 소사본1-1구역은 최고 49층의 마천루로 다시 태어날 예정이다. 이제 사업시행인가를 받아 사업의 5부 능선을 넘은 단계로, 소사본1-1구역이 입주하는 6~8년 후 소사역 일대는 몰라보게 다른 모습으로 바뀔 것이다. 그런가 하면 소사역 북측에 위치한 소사3구역은 관리처분 계획안을 접수한 후 인가되기를 기다리고 있다. 사업의 8부 능선 코앞까지 와 있는 이곳은 서해선 라인의 랜드마크 대단지가 될 희소한 구역이다. 이처럼 소사역 인근에 정비사업이 활발히 진행되면서 공공재개발이나 저층 아파트단지 재건축 추진 같은 움직임도 보이고 있다. 언젠간 지역 전체가 신축 주거지로 바뀌며 시세 또한 큰 폭으로 상승할 것이다.

서해선으로 이어지는 서부 축에서 부천시와 더불어 단연 눈에 띄는 곳은 고양시다. 특히 1기 신도시인 일산신도시는 넉넉한 자연 환경과 상권, 학군을 모두 갖춰 정주 여건이 좋은 곳으로 손꼽힌다. 이

[능곡뉴타운 입지 지도]

처럼 살기 좋은 조건을 모두 갖춘 일산신도시에 단 하나 아킬레스건이 있었다면 그것은 바로 강남으로의 접근성이었다. 그러나 2023년 서해선이 개통되면 일산신도시는 이제 그 오명에서 벗어날 예정이다. 서해선은 한강 건너 김포공항과 연결되며 일산신도시 주민들을 서울 곳곳으로 빠르고 편안하게 데려다줄 것이다. 환승을 통해 마곡, 여의도, 강남 등 서울 핵심 일자리 지역으로 빠르게 닿을 수 있다. 이 중에서도 김포공항과 단 한 정거장으로 연결된 능곡역은 서해선이라는 비단길에 정비사업이라는 꽃이 더해진 곳이다. 능곡뉴타운은 2022년 대곡역두산위브와 대곡역롯데캐슬엘클라씨 두 개의 신축 아파트가 첫 입주를 시작하고, 능곡2·능곡5·능곡6구역도 정비사업이 한창 진행되고 있다. 모두 사업시행인가 전후 단계다. 서해선으로는 5호선, 9호선, 공항철도와 연결되는 김포공항역에 갈 수 있고 경의중앙선으로는 GTX-A 노선과 연결되는 대곡역에 갈 수 있다.

능곡뉴타운은 토지거래허가구역으로 지정되고 조합원 분양가도 예상보다 높게 나오면서 프리미엄이 정체돼 있는 상태였다. 그러나 2022년 7월 4일 토지거래허가구역에서 해제되며 이러한 거래 경색 현상이 해소될 것으로 기대된다. 아직까지는 입지 가치 대비 프리미엄이 낮아 초기 투자금 면에서 부담이 적으므로 종잣돈이 부족한 사람에게는 좋은 기회가 될 수 있다. 재건축·재개발은 단순히 최종 매매가를 따져서 매수를 결정하는 상품이 아니다. 매매가가 인근 신축 아파트와 비교해 크게 차이가 나지 않는다 해도 초기에 투입되는 금액이 가벼우면 지역을 산다는 개념으로 접근해야 한다.

사방으로 일자리 접근성을 확장하는
신안산선

신안산선은 경기도 안산시의 한양대역에서 시흥시, 광명시, 안양시를 지나 구로, 영등포, 여의도역까지 연결되는 노선이다. 그리고 광명역에서 분기되어 화성시 국제테마파크역까지도 이어지는 총 44.7km의 광역 철도 노선이다. 1단계는 한양대역에서 여의도역, 국제테마파크역에서 광명역까지로 2019년에 착공해 2024년에 개통한다. 2단계는 여의도역-서울역 구간이다.

신안산선은 경기도 서남부 지역의 서울 핵심 일자리 접근성을 획기적으로 높여준다. 최대 110km/h의 고속으로 운행되기 때문에 안산 중앙역에서 여의도역까지 30분이면 갈 수 있다. 현재는 약 90분이 소요된다는 걸 생각하면 획기적인 수준이다. 신안산선은 중앙역, 광명역, 석수역, 구로디지털단지역, 신풍역을 비롯해 환승역이 많아 다양한 곳으로 일자리 접근성을 넓혀준다는 장점이 있다. '서쪽의 신분당선'이라고도 불리는 이 노선은 과거 2011년에 성남시, 용인시 일명 '경부선 라인'에 신분당선이 개통되면서 경기 남부 권역의 입지 가치가 크게 높아졌듯이 '일자리 골드 라인'으로서 서부 지역의 가치를 드높여줄 것이다.

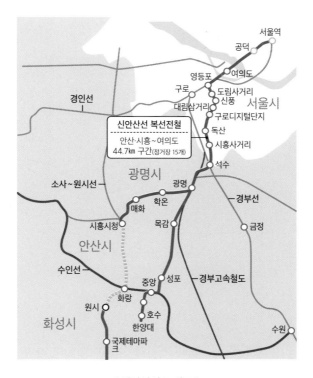

[신안산선 노선도]

[안산시 선부역·성포역 일대 입지 지도]

　　신안산선 개통의 영향을 가장 크게 받는 곳은 당연히 경기도 안산
시다. 현재 안산시는 중앙역과 초지역 중심으로 인프라가 형성되어
있는데 향후 선부역에는 서해선이, 성포역에는 신안산선이 들어오
며 인근 지역이 각광받을 전망이다. 여기는 투자자들에게 일명 '두
개의 다이아몬드'라고 불리기도 하는데, 안락한 주거 환경과 상권,
녹지가 어우러져 말 그대로 다이아몬드 같은 곳들이기 때문이다.
　　저층 아파트였던 군자주공아파트 1~7단지와 일부 연립주택 단지들이 이미 재건축을 통해 안산롯데캐슬더퍼스트, e편한세상선부파크플레이스, 초지역메이저타운푸르지오 등으로 다시 태어나 신축 아파트 주거벨트를 형성하고 있다.

2021년 12월에 발표된 안산시의 2030 주거환경정비기본계획에 따르면 안산시는 단원구 29개 지역, 상록구 24개 지역의 재건축을

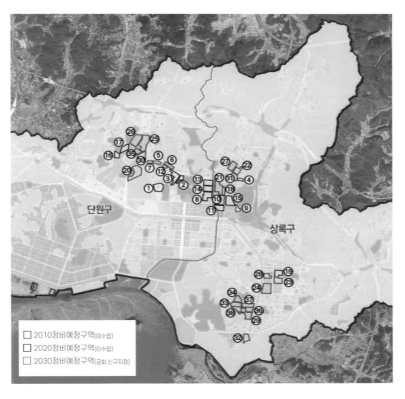

[안산시 정비예정구역 현황도 (출처: 안산시청)]

계획하고 있다. 255페이지의 정비예정구역 현황도를 보면 정비사업 예정지가 대부분 선부역과 성포역을 중심으로 포진해 있는 것이 확인된다.

이 지역은 향후 신안산선 개통과 더불어 낡은 구축 아파트, 연립 주택들이 신축 아파트로 바뀌며 입지와 상품이 시너지 효과를 낼 것이다. 현재 군자주공이 재건축된 안산롯데캐슬더퍼스트, 안산초지두

[선부역 일대 차기 재건축 예정 단지와 단지별 대지 지분]

이름	준공	필지	높이	15평	17평	21평
군자9	1989	1필지	저층	14.8평	17.9평	
군자10	1989	2필지	저층	14.8평	17.9평	
군자11	1990	공동 필지	저층	11.5평	13.5평	-
군자12	1991		중층	11.2평	13평	
군자14	1992		저층	14평	16.7평	
군자15	1993	1필지	저층	12.32평	14.61평	
			중층	-	12.84평	15.53평

산위브, 안산라프리모 등은 84㎡ 기준 7억 원이 넘는 시세를 형성하고 있다(2022년 6월). 앞으로 웅장한 신축 아파트 단지로 거듭날 선부역, 성포역 일대가 신안산선의 기세에 힘입어 얼마의 시세를 형성할 것인지 주목해 볼 만하다.

경기도 시흥시는 중소 규모의 택지지구가 지역의 거점을 이루는 '다핵도시'로, 신천동, 은행동, 대야동이라는 구도심과 더불어 목감, 은계, 장현, 배곧이라는 택지지구가 혼재한다. 이 택지지구에 신축 아파트가 줄지어 생기고 본격적으로 입주가 시작된 2017년부터 시흥으로의 인구 유입이 두드러지기 시작했다.

2021년을 기점으로 4대 택지지구의 입주가 마무리됨에 따라 이번에는 구도심 개발에 대한 관심이 높아지고 있다. 불과 5년 전만 해도 시흥시에서는 '신도시의 면모'를 상상하기 어려웠다. 시세를 견인할 대장 아파트도 없었으며 2018년 소사-원시선이 개통하기 전까지 철도망이 전무해 일자리 접근성도 낮아서 주거지로 관심을 받지 못했기 때문이다. 그랬던 시흥은 최근 3년간 입지 가치가 급격히 상승하며 안산시와 부천시의 중간지 역할을 해내고 있다. 이를 미리 눈치챈 입지 센스 있는 사람들은 신안산선과 월곶판교선의 공사 현장을 내 집에서 바라보며 변화를 온몸으로 느끼고 있을 것이다.

시흥의 크고 작은 택지 중 목감지구와 장현지구는 신안산선 경유로 주목받고 있다. 목감지구는 광명 역세권의 연계 지역으로, 최근 신안산선의 수혜를 받아 목감역을 걸어서 이용할 수 있는 도보 역세권 아파트에 이목이 집중되고 있다. 교통망 확충과 함께 자연스레 인근 구도심도 정비예정구역으로 지정될 것으로 보인다. 지역 전체가 조화롭게 변화해 나갈 모습이 기대되는 곳이다.

장현지구는 시흥시 장곡동 일대에 1만 9000가구 규모로 조성된

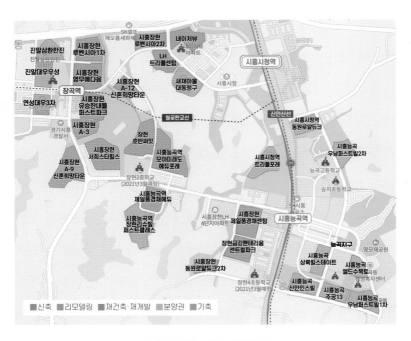

[시흥시 장현지구 입지 지도]

택지로, 향후 이곳은 서해선, 신안산선, 월곶판교선이 집결하며 세 개의 강력한 교통망을 품은 도시가 될 전망이다. 여의도, 마곡, 판교, 광명, 구로, 영등포에 직장을 둔 사람들이 철도망을 타고 좀 더 저렴하고 가성비 좋은 주거지로 시흥 장현지구를 선택할 가능성이 높아진다. 특히 고소득 일자리 밀집 지역인 여의도, 마곡, 판교와 연결된다는 점을 눈여겨봐야 한다. 강력한 일자리 접근성은 곧 수요의 증가로 귀결될 것이다. 현재는 시흥시청역 역세권 개발 부지 인근과 시흥능곡역 인근이 장현지구의 시세를 이끄는 역할을 하고 있다.

또한 신안산선의 수혜지로 석수역 일대도 주목해 볼 만하다. 석수역은 경기도 안양시와 서울 금천구가 만나는 곳으로 1호선 석수역 부지는 안양시 만안구에, 신안산선 석수역 부지는 금천구 시흥동에 위치해 있다. 신안산선의 급행역사(한양대, 중앙, 광명, 석수, 구로디지털단지, 신풍, 영등포, 여의도)로, 지금은 주거지역과 준공업지역이 혼재되어 있어 다소 어지러운 모습이지만 석수역 주변 도시개발사업과 더불어 중앙철제종합상가, 시흥산업용재 유통센터, 인근 저층 주거지에도 정비사업이 예정되어 있어 앞으로 크게 변화할 가능성이 크다. 석수역 인근 연현마을은 안양천과 철로로 둘러싸여 분지처럼 고즈넉한 느낌의 주거지다. 신안산선이 신설되며 인프라도 크게 개선될 것으로 기대된다.

모든 교통망이 그렇지만 신안산선은 특히나 '일자리 확충'의 의미가 매우 큰 노선이다. 최고 시속 110km/h의 속도로 교통망이 부족하던 안산시, 시흥시 일대의 주민들을 일자리 밀집 지역으로 단번에 데려다줌으로써 사람들을 끌어당길 '수요 자석' 역할을 할 것이다. 수도권 서남부는 강력한 교통망의 힘으로 지금 도약을 준비하고 있다.

국토를 횡으로 가르는
월곶판교선

월곶판교선, 일명 '월판선'은 경기도 시흥시 월곶역에서 광명역, 인덕원역을 지나 판교역까지 이어지는 노선이다. 크게 보면 경강선의 일부인데, 경강선은 인천 송도국제도시와 강원도 강릉시를 이어 국토의 동서를 하나로 연결하는 동서간선철도망이다. 월곶판교선은 2021년에 착공해 2026년에 개통할 예정으로, 경강선의 도심 지역을 연결해 전체 길이가 총 40.13km에 달한다. 서쪽으로는 수인선, 동쪽으로는 성남여주 복선전철과 연결되는데, 이 노선이 모두 연결되고 나면 인천 송도국제도시에서 강원도 강릉까지 두 시간 이내로 이동이 가능하다.

[월곶판교선 노선도(송도국제도시~판교 일대)]

　월곶판교선의 평균 속도는 107.7km/h로 일반적인 서울의 지하철보다 세 배 정도 빠른데, 급행열차를 타면 송도역에서 판교역까지 30분이면 도착할 정도다. 송도국제도시를 단숨에 판교의 출퇴근 배후 지역으로 만들어주는 것이다. 이 사실만 봐도 수도권에 얼마나 지대한 영향을 미칠지 짐작이 된다. 월곶판교선은 100% 국가 예산으로 진행되는 사업이기에 진행 속도가 안정적이라는 장점도 있다.

단번에 강남·판교 출퇴근이
가능해지다!

현재 안양역에 지나가는 1호선은 안양시 만안구에서 이용할 수 있는 유일한 철도망이다. 지금까지 서울로 출퇴근하는 수많은 주민들이 모이던 안양역은 월곶판교선의 개통과 함께 더블 역세권이 된다. 환승역사 간의 거리가 멀긴 하나, 인덕원과 판교 일대로 향하는 노선이 들어온다는 것만으로도 만안구에 몰린 기대감은 크다. 구축 진흥아파트를 재건축한 안양푸르지오더샵이 2024년에 입주할 예정이다. 이곳은 안양역 초역세권으로, 현재의 대장 아파트인 래미안안양메가트리아에 이어 안양역 일대 미래의 대장으로 주목받고 있다.

월곶판교선은 이러한 인근 단지뿐 아니라 만안구의 구도심 전체에 큰 영향을 미친다. 지금까지는 지하철 1호선을 이용해 갈 수 있는 일자리 지역이 서울 서남권 혹은 군포시, 안양시, 수원시 등이었는데 월곶판교선이 들어서면서 광명과 판교 일대로도 일자리가 확장되는 것이다.

또한 월곶판교선은 안양운동장역 인근의 시세 지도도 바꾸어놓고 있다. 안양운동장역은 경기 남부의 교통 허브인 인덕원역과 단 한 정거장 떨어져 있어, 인근 지역의 강남·판교 일대로의 접근성을 크게 개선시킬 전망이다. 4호선 라인을 기준으로 평촌신도시의 북쪽 권역이라 하여 '평북'이라 불리던 샛별마을, 한가람마을도 월곶판교선의 수혜를 톡톡히 보고 있다. 원래 이곳은 바로 앞에 학의천이 지

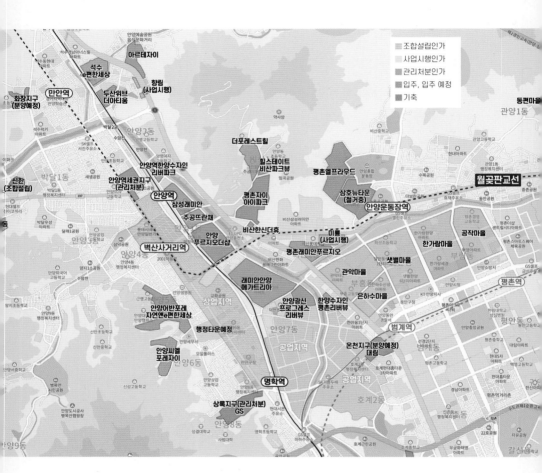

[안양역 일대 입지 지도]

나고 공원도 잘 조성되어 있어 주거 면에서의 장점이 많으나 학원가와 조금 거리가 있는 탓에 일명 '평남' 지역에 비해 시세가 조금 더 낮게 형성되어 있었다. 그러나 월곶판교선이 개통되면 서울, 광명, 판교로 출퇴근하는 수요층에게 가성비 있는 주거지로 주목받으며 상승 곡선을 탈 수 있을 것이다.

작지만 강한 알짜 노선,
신림선과 동북선

신림선과 동북선은 모두 서울 안에 생기는 경전철이다. 종점에서 종점까지 신림선은 16분, 동북선은 26분밖에 소요되지 않는 작은 노선이지만 서울 내의 해묵은 교통 불편을 해소해 주는 막강한 '알짜 교통망'이다. 향후 이 두 노선은 관악구와 노원구, 도봉구에 큰 변화를 일으킬 전망이다.

관악구의 일자리 젖줄,
신림선 경전철

신림선은 2022년 5월 개통하며 관악구 주민들의 오랜 교통 불편을 시원하게 풀어주었다. 관악구는 서울에서도 철도 교통이 불편한 곳으로 유명하다. 그도 그럴 것이, 관악구에 있는 지하철역은 신대방역부터 서울대입구역까지 노선이 2호선 하나뿐이기 때문이다. 게다가 가파른 언덕길이 많아 아파트들 대부분이 지대가 높은 곳에 위치해 있어 지하철역과는 거리가 있다. 이 때문에 관악구에는 지금까지 '역세권'이라고 할 만한 아파트가 거의 없었다.

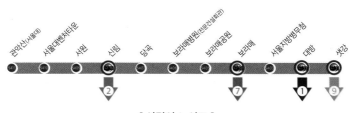

[신림선 노선도]

신림선은 우이신설선 이후 서울에서 두 번째로 개통하는 경전철로, 여의도의 샛강역에서 시작해 대방역, 보라매역, 신림역, 서울대벤처타운역, 관악산역까지 연결되는 총 7.8km의 노선이다. 정거장

[향후 관악구 일대에 생길 경전철 노선도]

은 11개밖에 되지 않지만 지하철 1호선·2호선·7호선·9호선이라는 네 개의 주요 노선으로 환승할 수 있는 환승역사들이 포진해 있다. 철도망은 노선 자체의 가치도 중요하지만 '얼마나 많은 노선과 환승 되는가'가 더욱 중요한 포인트다. 신림선은 네 개의 노선과 환승이 되며 일자리 접근성을 확장시켜 준다는 점에서 관악구의 가히 '젖줄'이라 할 만하다. 향후 서측의 난곡선, 동쪽의 서부선과 연결되어 관악구의 교통 음영 지역이 세 개의 경전철로 꽉 채워질 전망이다.

신림선이 경유하는 지역 중 단연 눈에 띄는 지역은 신림뉴타운이다. 신림뉴타운은 1구역부터 3구역까지 총 6000여 세대의 신축 아파트로 탈바꿈될 예정이다. 무허가 주택의 성지라고 할 정도로 주거 환경이 열악했던 이곳은 신림3구역을 시작으로 일반분양을 앞두고 있다. 신림뉴타운과 더불어 신속통합기획으로 선정된 신림7구역, 극초기 재개발 구역인 신림4구역, 이웃한 봉천동의 봉천4-1-2구역, 봉천14구역과 이미 입주한 e편한세상서울대입구 등의 신축 아파트가 관악구의 지도를 바꿔놓고 있다.

교통망과 신축 아파트가 만나면 상승 동력이 커진다는 것을 우리는 최근 수년간 부동산 시장을 통해 학습해 왔다. 산자락 달동네가 이제는 모두가 살고 싶어 하는 곳으로 변하고 있다. 낡은 지역은 조금씩 변하며 새살이 돋는다. 바로 이 과정에서 갈아탈 기회를 엿볼 수 있다. 새것을 살 수 있는 자본이 없다면 이런 곳에 투자해 비교적 적은 종잣돈으로 시간에 투자하면 된다. 변화하는 곳에는 언제나 기회가 숨어 있다. 이 기회를 발견하는 사람은 상급지로 갈아탈 골든

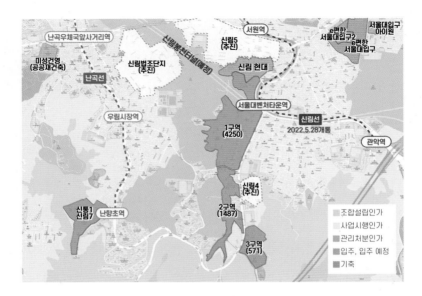

[신림뉴타운 입지 지도]

[봉천역 일대 입지 지도]

티켓을 선물받을 수 있을 것이다.

서울 동북권에 꽃을 더해줄
동북선 경전철

동북선은 상계역부터 왕십리역까지 정거장 16개소, 차량 기지 1개소를 잇는 총 13.4km의 경전철이다. 2020년에 첫 삽을 떴으며 2025년에 개통할 예정이다. 동북선을 이용하면 상계역에서 왕십리역까지 단 25분 만에 주파할 수 있다. 가장 돋보이는 것은 16개의 정거장 중 일곱 개가 환승역이며 총 여덟 개의 노선으로 환승할 수 있다는 것이다. 동북권의 대표 환승역 중 하나인 왕십리역을 거치는 덕분에 수인분당선·경의중앙선으로도 환승이 가능하다. 동북선이 개통되면 노원구, 성북구, 동대문구 일대의 서울 중심부 접근성이 크게 개선될 전망이다.

기존에 서울 동북부 지역에서 강남 권역으로 갈 수 있는 노선은 4호선과 7호선밖에 없다 보니 해당 지역의 주민들은 항상 '지옥철' 수준의 교통 혼잡을 견뎌야 했다. 동북선은 4호선과 7호선의 혼잡을 줄이며 도로교통 체증 또한 해소해 줄 수 있다. 하루 이용객이 약

[동북선 경전철 노선도]

21만 명을 넘길 것으로 예상될 만큼 큰 기대를 받는 노선이다.

　노선 자체의 매력 외에도 동북선이 주목받는 이유는 하나 더 있다. 바로 동북선이 지나가는 지역이 대부분 노후화가 심한 정비사업 구역이라는 점이다. 동북선의 개통과 함께 서울 동북권의 정비사업도 박차를 가할 것으로 예상해 볼 수 있다. 교통망과 정비사업이 만나면 큰 시너지 효과가 발생해 '부동산 트렌드 선도 지역'이 된다. 2022년, 동북선 수혜지를 눈여겨봐야 할 이유다.

장위뉴타운은 2005년 서울 최대 규모의 뉴타운으로 야심차게 시작한 곳이었지만 2008년 말 미국발 금융위기가 닥치며 부동산 시장이 얼어붙어 규모가 절반으로 축소되는 등 여러 풍파를 맞아야 했다. 하지만 이후에도 재개발 사업을 꾸준히 진행하며 현재는 꿈의숲코오롱하늘채(장위2구역), 래미안장위포레카운티(장위1구역), 래미안장위퍼스트하이(장위5구역), 꿈의숲아이파크(장위7구역)가 잇달아 입주를 마쳤다. 4구역·6구역·10구역도 재개발 사업 막바지 단계인 관리처분인가를 마치고 일반분양을 기다리고 있다. 4구역(2840세대)은 GS건설

[장위뉴타운 입지 지도]

이, 6구역(1637세대)과 10구역(1968세대)은 대우건설이 시공을 맡는다.

지금까지 장위뉴타운의 가장 큰 단점은 교통망이었다. 현재는 근처를 지나는 지하철 노선이 장위뉴타운 남쪽으로 지나는 6호선 하나뿐이기 때문이다. 하지만 동북선이 개통되면 교통 여건이 크게 좋아질 예정이다. 왕십리역까지 빠르게 진출함은 물론이고 환승을 이용하면 추후 GTX-C 노선도 이용할 수 있어서 일자리가 확장된다. 현재 계획된 노선안에 따르면 우이천역, 북서울꿈의숲역, 미아사거리역이 장위뉴타운 북쪽으로 지나간다. 남북 양쪽으로 교통망이 촘촘해지는 것이다.

장위뉴타운에는 아직 접근할 수 있는 구역이 남아 있다. 15구역이 2022년 3월 조합설립인가를 받은 상태이며, 8구역과 9구역은 2021년 3월 공공재개발 2차 후보지로 선정돼 사업 절차가 진행 중이다. 공공재개발은 용적률 상향과 인허가 간소화, 분양가 상한제 적용 제외 등 각종 인센티브를 지원받아 사업성이 높아지고 사업 속도도 빠르다는 게 장점이다. 8구역과 9구역에는 각각 2587세대와 2300세대의 아파트가 새로 들어서는 만큼 많은 공급이 있을 예정이다. 현재 막바지 사업이 추진 중인 4구역·6구역·10구역은 84m^2를 배정받는 매물의 경우 총 매매가가 12~13억 원 선이다.

또한 미아사거리역 인근에도 신월곡1구역, 신길음구역, 길음역세권구역, 미아2·3·4촉진구역, 신속통합기획, 도심공공주택복합사업 등 '춘추전국시대'라고 할 만큼 많은 정비사업이 추진되고 있다. 길음시장정비사업 구역은 입지 '최강'이라고 할 만한데도 아직 4억 원대 초기 투자금으로 진입이 가능한 물건이 있다. 진행 단계는 조합설립인가 단계라 조금 느리지만, 입지가 매우 좋으며 시장 물건이기 때문에 주택 수에 포함되지 않아 1주택자가 매수한 후 추후 관리처분인가를 받기 전에 매도할 수도 있는 '투자 상품'이다. 인근인 신월곡1구역의 초기 투자금이 10억 원을 훌쩍 넘는다는 걸 생각하면 가성비 좋은 구역이다.

고려대역 인근의 청량리6구역, 제기6구역, 제기4구역 등 청량리역의 배후 주거지인 청량리동과 제기동 재개발도 사업 속도를 높이며 순항 중이니 동북선 라인에서는 정비사업 구역에서 기회를 찾아보자. 동북선을 따라 성북구, 강북구, 동대문구로 이어지는 정비사업 라인은 서울 동북권에서 가장 드라마틱한 변화가 일어날 주거지다. 만약 정비사업의 투자금이 너무 부담스럽게 느껴지는 실수요자라면 동북선 롯데캐슬역 인근의 번동주공1단지, 월계주공2단지가 10~20평대 6억 원대의 시세를 형성하고 있기 때문에 접근해 볼 만하다.

"부동산 투자를 할 만큼의 종잣돈은 못 모았고, 적금이나 주식 투자 정도만 하고 있어요. 아직 결혼 생각은 없지만 다들 집값이 오른다는 이야기를 하니까 불안해지더라고요. 일단 할 수 있는 게 청약밖에 없어서 청약에만 지원하고 있는데 번번이 낙첨하네요."

처음 J 씨를 만났을 때 그녀가 내게 했던 말이다. 29세 싱글인 그녀는 중소기업에 다니는 직장인으로, 운정신도시에 거주하고 있었다. J 씨의 본가는 인천 남동구였고 직장은 파주시에 위치하고 있어서 부모님 댁과 멀지 않으면서도 직장에 편하게 출퇴근할 수 있는 곳을

주택형	세대수	순위		접수 건수	순위 내 경쟁률	당첨 가점		
						최저	최고	평균
84A	201	1순위	기타 지역	4338	71.03	66	74	68.27
84B	129	1순위	기타 지역	1914	48.22	63	69	65.42
84C	61	1순위	기타 지역	1397	71.63	61	69	62.97

원했다. 그래서 청약에 지원하는 곳도 항상 부평구나 계양구, 검단신도시였다.

　20대에 부양가족도 없고 청약통장을 만든 지 오래되지 않은 J 씨의 가점은 10점 미만으로, 가점제로 청약에 당첨될 확률은 사실상 제로에 가까웠다. 그런데 J 씨가 살고 싶어 하는 곳들은 청약 경쟁률이 높아서 고가점자들이 주로 지원하는 데다가, J 씨는 현재 파주에 주소지를 두고 있었기 때문에 당해 조건도 채우지 못해 불리했다. 추첨제 경쟁률도 물론 높아서 당첨 확률은 극히 희박했지만, J 씨는 추첨제로 85㎡ 이상의 평형에 지원하기에는 당첨되더라도 종잣돈이 적어 부담스러운 탓에 추첨제는 거의 지원하지 않는다고 했다.

종잣돈이 얼마나 있느냐고 묻자 J 씨는 여기저기에 흩어져 있어서 정확히 얼마인지는 모르지만 1억 원이 채 되지 않는다며 머쓱한 듯 웃었다.

"종잣돈이 얼마나 되는지부터 한번 다시 계산해 봐요. 1억 원이 되지 않아도 수도권이라면 살 수 있는 집이 있어요."

적금 통장, CMA 통장, 펀드, 주식 등 여러 곳에 흩어져 있던 J 씨의 종잣돈을 한데 모으자 액수는 8000만 원이 넘었다. 그녀의 연봉은 4000만 원 초반대로, 신용대출을 받으면 약 1억 원이 살짝 넘는 종잣돈을 마련할 수 있을 터였다. 수도권을 둘러보면 이 종잣돈으로 살 수 있는 집은 여전히 꽤 많이 남아 있었다. 그런데도 마냥 청약 당첨만을 기다리고 있다니, 이제는 전략을 다시 짜봐야 할 때였다.

J 씨의 가용 자금으로 실거주를 하려면 3억 원 중반대 이하의 집을 찾아야 했다. 다행히 인천의 구도심으로 눈을 돌려보면 아직 초기 투자금 1억 원 내외로 매수할 수 있는 아파트가 남아 있었다. 그중에서도 미추홀구 학익2구역에 새로 지어진 미추홀트루엘파크는 신축 아파트를 초기 투자금 1억 원 이하, 총 매매가 3억 중반대로 마련할 수 있어 매우 '가성비 좋은' 선택지였다. 미추홀구가 조정대상지역으로 지정되기 전에 분양한 아파트라 무주택자의 경우 중도금 전액 대

출이 가능했고, 주변의 신축 아파트들에 비해 적게는 7000만 원에서 많게는 1억 원이 넘게 분양가가 저렴하다는 장점도 있었다. 2022년 6월이면 입주가 시작되어 빠르게 실거주를 할 수 있다는 점도 큰 메리트였다.

그러나 처음 임장을 가본 J 씨의 반응은 뜨뜻미지근했다.

"동네가 아직 좀 낙후돼 있어서 그런지 길도 좁고, 출퇴근도 한 시간은 걸릴 것 같고…. 비역세권이어서 망설여지기도 해요."

하지만 이 아파트를 제외하면 J 씨의 가용 자금으로 실거주할 수 있는 신축 아파트는 없었다. 게다가 미추홀구 학익동 일대는 지역 곳곳이 재개발되며 천지개벽이 한창 이뤄지는 중이었다. 미추홀트루엘파크는 학익동에서 처음 입주하는 재개발 아파트로, 주변의 신축 아파트들이 모두 들어서는 향후 2~3년 후에는 학익동이 몰라보게 달라져 있을 터였다. 미추홀공원을 끼고 2000세대가 넘는 대단지인 주안파크자이더플래티넘과 이웃해 있어 약간의 갭만 두고 시세를 따라갈 가능성도 있었다.

딱 한 곳만 청약을 더 넣어보겠다던 J 씨는 얼마 후 다시 연락을 해왔다. 시원하게 떨어지고 나자 그제야 '가능성 없는 청약에 매달리지 말고 집을 사자'고 마음먹었다는 그녀는 통화하는 그 시각 미추홀트루엘파크를 매수하러 부동산에 가 있다고 했다. J 씨는 약 3000만 원의 신용대출을 받아 분양권을 매수했다. 초기 투자금을 투입하고 나서도 종잣돈이 남아 다행히 큰 자금 부담 없이 입주를 할 것 같다고 했다. 당시 J 씨가 분양권 거래를 하면서 들였던 투자금을 정리해 보면 다음과 같다.

<분양가 3억 1600만 원>

분양 계약금(분양가의 10%): 3160만 원

확장비 계약금: 150만 원

프리미엄: 4800만 원

→ 총 8110만 원 + 중개 수수료

현재 J 씨는 입주를 앞두고 부지런히 이사 준비를 하고 있다. 그녀는 생각지도 못하게 집을 매수하게 되어 준비할 게 많다고 하면서도 연신 웃었다. 2~3년 후 학익동 일대는 몰라보게 바뀐 모습으로 변해 있을 것이다. 저렴하게 매수한 J 씨의 집도 그에 맞춰 가치가 쑥 올라갈 것이고, 입지 센스를 배운 J 씨는 그때쯤 시세차익으로 갈아타기를 시도하리라.

J 씨는 이제 친구들을 만날 때면 부동산 이야기부터 꺼낸다. "이 돈으로 내가 무슨 부동산이냐" 하며 친구들이 고개를 저으면 "네 종 잣돈이 얼마인지 일단 계산해 보자"라며 계산기부터 꺼낸다고 하니, 그녀는 이제 어엿한 '내 집 마련 전도사'가 다 되었다.

3부

부의 레벨을 높이는
갈아타기 실전 전략

6장

1주택자를 위한
징검다리 전략

- 이사가 아닌 '갈아타기'로 내 자산을 확장하라

- [초보의 갈아타기] 1주택에서 1주택으로 편안하게 갈아타기

- [중수의 갈아타기] 일시적 1세대 2주택으로 똑똑하게 갈아타기

- [고수의 갈아타기] 정비사업으로 시세차익과 비과세를 동시에 챙기는

  비단길 갈아타기

- [초고수의 갈아타기] 3-STEP 전략으로 상급지 급행열차 탑승하기

이사가 아닌 '갈아타기'로
내 자산을 확장하라

2020~2021년은 유례없는 부동산 상승기였지만 '주택의 개수'가 중요했던 시장은 아니었다. 촘촘한 세금과 대출 규제로 주택을 보유하는 것에 대한 부담이 높아지며 오히려 수를 늘리기보다는 가진 주택을 정리해 다이아몬드 같은 똘똘한 한 채만 남기는 움직임이 보였다. 자잘한 돌멩이들을 주머니에 두둑이 넣기보다는 자갈밭 속에서 보석 하나만 찾아내 챙기는 시기였다고나 할까.

2021년 9월 더불어민주당 천준호 의원이 발표한 자료에 의하면, 2020년 3월부터 2021년 7월까지 서울에서 주택을 매수한 사람들 중 30대의 비율은 무려 33%에 달했다. 실제로 2021년은 집값 상승에 대한 우려가 터져나오며 30대는 물론 20대까지도 너 나 할 것 없이 내 집 마련에 뛰어든 해였다. 그런데 그렇게 내 집을 마련한 후에는 어떻게 해야 할까? 30대는 앞으로도 인생에 변화가 많을 시기다. 미혼자들은 결혼을 할 수도 있고, 신혼부부에게는 아이가 생길 수도 있다. 아직 한창 커리어를 쌓을 나이니 직장을 옮길 가능성도 크다. 10년 정도 지나 아이가 학령기가 되면 학군지로 이사를 가거나 평수를 넓히고 싶을 수도 있다. 이번 상승장에서 집을 마련한 30대들은 필연적으로 여러 번 인생의 전환점을 맞이할 것이고, 그에 따라 반드시 집을 옮기게 될 것이다. 그래서 지금 첫 집을 마련한 많은 30대들이 아마 그다음 스텝을 고민하고 있을 것이다.

먼저 갈아타기, 다시 말해 이사를 하려는 목적부터 먼저 짚고 넘어가고자 한다. 조금 더 좋은 환경에서 실거주하기 위해 혹은 자산 증식을 위해 이사하려는 사람도 있을 것이다. 나는 지금 이 시장에서는 '내 자산을 지키기 위해' 갈아타기를 해야 한다고 말하고 싶다. 긴 상승장 이후 보합기가 찾아온 지금의 시기는 공격보다는 수비를 하는 마음으로 좋은 입지에 자산을 옮겨놓아야 할 때다. 앞에서 확인했듯이 좋은 입지의 아파트는 상승기엔 더 빠르게, 더 많이 올라간다. 혹 하락기가 와도 가장 늦게 내려가며, 회복탄력성이 높아서 하락장이 끝나면 시세도 더 빠르게 회복한다. 바로 이것이 지금 우리가 상급지의 똘똘한 한 채로 갈아타야 하는 이유다.

또한 KB부동산의 월간 통계에 따르면 2022년 5월 기준 시세 상위 20% 아파트와 시세 하위 20% 아파트 간의 가격 차이를 나타내는 '매매가 5분위 배율'은 10.1배에 이른다. 문재인 정부 출범 당시에는 4.7배에 불과했으나, 지난 5년간의 상승장 동안 아파트의 양극화가 극히 심화되며 이런 수치까지 이르게 되었다. 쉽게 말해 똘똘한 한 채는 많이 올랐지만, 그렇지 않은 아파트는 적게 오르거나 오르지 않았다는 말이다. 입지만큼 내 자산을 지키고 불리는 데 든든한 도구는 없다는 게 입증된 셈이다.

그렇다면 지금의 시점에서 우리는 어떤 입지 전략을 세워야 할까? 서울 아파트의 평균 매매가가 12억 7000만 원에 달하는 지금도, 6억 원대의 수도권 아파트에서 시작해 강남으로 진입하는 방법은 있다. 예리하고 숙련된 입지 센스로 적절히 갈아타기를 하면 된다. 물론 당장 1~2년 안에 강남에 도달하기는 어렵겠지만, 제대로 된 갈아타기를 한다면 다음 상승장에는 강남에 안착할 수 있을 것이다.

이번 장에서는 내 가용 자금을 모아 주머니에 집어넣은 단 한 개의 다이아몬드 원석을 어떻게 하면 아름다운 보석으로 탈바꿈시킬 수 있을지 그 전략에 대해 이야기하려 한다.

제대로 된 징검다리를 만든 사람과
그렇지 않은 사람의 차이

부의 여정은 1주택을 마련하는 것에서부터 시작된다. 요즘은 일반적으로 LTV 상한 40~50%에 맞춰 종잣돈 2억 원이 있으면 4억 원짜리 아파트를 사고, 3억 원이 있으면 6억 원짜리 아파트를 산다. 이렇듯 첫 집을 마련할 때는 대체로 종잣돈에 맞춰 단순하게 집을 마련하고, 그 이후에야 제대로 된 부동산 공부를 시작한다. 그래서 본격적인 부의 차이는 그 이후, 즉 첫 번째 갈아타기에서 시작된다.

갈아타기는 보유하고 있는 1주택을 활용해 살고 싶은 곳에 닿기 위한 '징검다리'를 만드는 과정이다. 나는 이 징검다리를 '스위트 스폿sweet spot'이라고 부른다. 부의 임계점을 뛰어넘을 수 있는지는 스위트 스폿이 얼마나 제대로 된 곳에 있었는가에 따라 결정된다. 다시 말해 갈아타는 곳에 따라 똑같은 종잣돈을 가진 사람들 사이에도 부의 격차가 크게 벌어질 수 있다는 뜻이다.

"올해 가을에 ○○로 이사 가기로 했어."

얼마 전 친한 동생이 내게 한 말이다. 지하철역 도보 역세권인 아파트에서 비역세권 아파트로 이사를 갈 예정이라며 대수롭지 않게 이야기했다. 지금 사는 곳보다 더 신축인데 대형 평수로 집을 넓힐

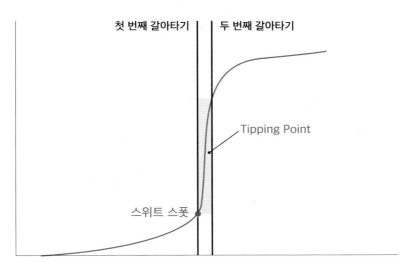

첫 번째 갈아타기 | 두 번째 갈아타기

Tipping Point

스위트 스폿

[자산이 임계점을 넘어 뛰어오르는 지점]

수도 있어서 계약했다고 했다. 그렇게 말하는 동생 앞에서 나는 할 말을 잃었다.

내 지인은 갈아타기를 하면서 오히려 입지를 '낮추는' 선택을 했다. 이사 간 아파트는 지하철역까지 도보로 20분이 넘게 걸리는 비역세권의 평범한 기축 아파트였다. 이제 10년 차가 갓 넘어서 원래 살던 곳보다는 깨끗했으나, 교통망이 좋지 않고 별다른 호재도 없어서 갈아타기에 적합한 집은 아니었다. 오히려 지금 사는 아파트는 역세권이고, 워낙 오래된 탓에 리모델링 이슈도 나오고 있어서 상승 여력이 더 컸다.

냉정하게 바라보면 내 지인은 올바른 스위트 스폿을 고르지 못했다. 그런데 의외로 갈아타기를 할 때 이 지인처럼 의미 없는 '수평 이동'을 하는 사람들이 정말 많다. 집을 그저 거주의 측면에서만 바라보며 말 그대로 그냥 '이사'를 하는 것이다. 바로 이 단계에서 상급지로 갈아타기를 한 사람과, 그저 '이사'를 한 사람 사이에 부의 격차가 크게 벌어진다.

그녀가 현재 사는 아파트는 2년 전에 매수한 일산신도시의 20평대 아파트로, 4억 1000만 원에 매수했으나 지금은 약 7억 원에 거래되고 있다. 그리고 동생에게는 2년 동안 모은 현금도 있어서 총 가용자금은 약 7억 5000만 원 내외였다. 이 아파트는 일산신도시 내에서도 리모델링 추진 속도가 빨라 계속 거주하며 신축 아파트가 되기를 기다려도 시세 상승을 기대할 수 있다. 하지만 지인은 좀 더 쾌적하게 실거주를 하고 싶다며 이사를 결정했다.

동일 지역으로 이사를 하더라도 평형을 넓히거나 신축으로 옮기려면 입지를 낮추는 수밖에 없다. 내 지인 역시 같은 금액으로는 비슷한 입지의 30평대 아파트로 옮길 수 없었기에 비역세권이고, 리모델링이나 재건축 등의 이슈도 없는 평범한 기축 아파트를 선택했던 것이다.

그가 부의 추월차선을 타려면 어떤 선택을 해야 했을까? 나라면 정비사업 구역으로 갈아타기를 했을 것이다. 2022년 7월을 기준으로 은평뉴타운의 대조1구역, 불광5구역, 갈현1구역 등에는 지인의 종잣돈 7억 5000만 원으로 매수할 수 있는 물건이 있다. 일명 '0·0·100'이라 하여 조합원 부담금을 낼 때 계약금과 중도금 없이 잔금 시기에 전액을 치를 수 있는 구역도 종종 발견할 수 있는데, 이런 구역들

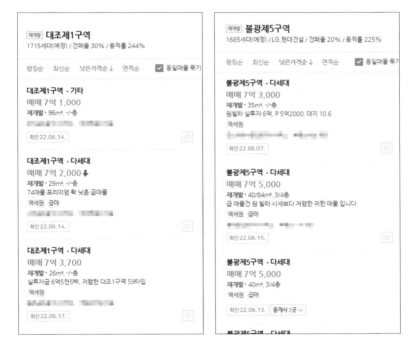

[초기 투자금 5~6억 원대로 접근할 수 있는 은평구의 정비사업 매물
(출처: 네이버 부동산, 2022년 6월 기준)]

은 초기 투자금 부담도 적다.

7년 후 일산신도시 비역세권 30평대 기축 아파트의 가치와 GTX-A 연신내역 역세권 신축 아파트 20평대의 가치 차이는 굳이 설명하지 않아도 될 것이다. 이것이 상급지로 추가 대출 없이 갈아타는 '로우 리스크low risk 갈아타기'다. 나는 서울의 핵심지는 아니지만 핵심지를 향한 갈아타기의 징검다리, 즉 스위트 스폿이 되어주는 은평구 같은 곳을 무척 좋아한다.

물론 갈아타기의 방법이 재개발만 있는 것은 아니니, 자신의 투자 성향과 현금 흐름에 따라 갈아탈 상품을 잘 결정하면 된다. 내 자산의 무기인 집 한 채를 제대로 쓸 수 있는 방법이라면 무엇이든 상관없다. 내가 강조하고 싶은 것은, 나와 함께 돈을 벌어줄 '집'이라는 파트너가 나보다 더 열심히 일해 더 많은 돈을 벌 수 있는 환경을 만들어줘야 한다는 것이다.

보폭을 좁혀서라도 더 상급지로 계속 갈아타기를 시도하라고 권하고 싶다. 내가 지금 뱀의 꼬리에 있는데 어떻게 용의 머리로 직행할 수 있겠는가? 용의 머리까지 가는 게 어렵다면 뱀의 머리로라도 나아가야 한다. 익숙한 지역에서 벗어나 내 자산을 불릴 지역을 찾자. 만약 어떤 이유로 현재의 지역에서 벗어날 수 없다면 적어도 '내 지역의 강남'을 찾아서 옮겨야 한다.

갈아타기 상담을 받는 수강생들이 하나같이 묻는 질문이 있다.

"휠휠 님, 갈아타기를 했는데 옮긴 곳보다 전에 살던 집이 더 많이 오르면 어떡하죠? 사실 몸테크 할 준비는 되어 있는데, 기껏 고생했는데 막상 전에 살던 집이 더 많이 오르거나 오름폭이 비슷할까 봐 걱정돼요."

그러나 진짜 똑똑한 갈아타기를 했다면 그럴 리 없다. 그런 일을 겪은 적이 있다면 그것은 비슷한 입지로 갈아탔기 때문이다. 냉정한 말이지만 입지에는 서열이 있다. 물론 외부적 영향에 따라서 하급지가 상급지보다 더 역동적인 오름폭을 보이거나 투자 수익률이 높은 경우도 자주 있지만, 그렇다고 해서 시세 서열이 완전히 뒤집히는 일은 거의 없다. 그러므로 갈아타기를 통해 확실히 부의 상승을 경험하고 싶고, 상급지로 가고 싶다면 방법은 간단하다. 더 좋은 입지, 즉 내가 현재 사는 곳보다 상급지로 갈아타면 되는 것이다. 아래만 보는 원숭이는 끝까지 나무 위에 무엇이 있는지 알지 못한다. 위를 올려다봐야 저 위로 올라가면 바나나가 있다는 걸, 그래서 조금만 노력한다면 달콤한 과실을 맛볼 수 있다는 걸 알 수 있다. 부동산도 마찬가지다. 위를 올려다보는 사람만이 상급지로 가게 되어 있다.

1주택에서 1주택으로
편안하게 갈아타기

1주택에서 1주택으로 갈아타는 것은 어렵지 않다. 상급지로 이사를 하는 것이 곧 1주택 갈아타기다. 이 장에서 나는 '비과세'를 가장 강조하고 싶다. '비과세'라 하면 1주택만 고수하는 고리타분한 투자라고 생각하는 경우가 많다. 그러나 비과세를 기반으로 부동산 경험치를 쌓고 그와 더불어 자산을 늘린 뒤, 각자의 투자 여력에 맞춰 다주택으로 가는 것이야말로 차근차근 부자로 가는 이상적인 로드맵이다.

나는 첫 책에서도 비과세를 활용하기 위해 6억 원 아파트에서 9억 원 아파트로, 9억 원 아파트에서 12억 원 아파트로 갈아타라고 말한 바 있다. 비과세는 나라에서 해주는 가장 큰 배려다. 많은 이가 세금에 대해 무척 어려워하는데, 세금 역시 사람이 내고 사람이 걷는 것이니 개념만 잘 잡는다면 전혀 복잡하지 않다. 갈아타기의 본질은 기본적으로 '정책'과 '세금'과 '대출'이라는 삼각편대에 '좋은 상품'을 얹는 것이다.

2021년 12월, 소득세법이 개정되면서 1세대 1주택자의 양도세 비과세 기준이 양도 당시 실거래가액 9억 원 이하에서 12억 원 이하로 상향 조정되었다. 만약 조정대상지역에 있는 주택을 7억 원에 매수해 2년 거주한 후 12억 원에 양도했다면, 기존에는 무려 3000만 원이 넘는 양도세를 내야 했지만 법이 바뀌며 양도세를 한 푼도 내지 않게 된 것이다. 만약 일을 해서 그만큼의 소득이 발생했다면 종합소득세는 약 40% 내외의 세율이 적용되므로 엄청난 세금이 나올 것이다. 수억 원의 수익을 내는데도 비과세를 해주는 건 부동산뿐이다. 1주택자라면 비과세를 십분 활용해야 한다.

또한 윤석열 정부가 들어서면서 반가운 소식도 하나 생겼다. 윤석열 정부의 규제 완화 정책에 따라 2022년 5월 10일부터 다주택자에 대한 양도세 중과를 1년간 한시적으로 배제하도록 결정되었고(기존에 서울 등 조정대상지역에서 다주택자가 집을 처분하면 양도차익의 75%를 세금으로 내야 했지만 1년간 최고세율이 45%로 낮아졌다), 1세대 1주택 양도세 비과세 보유·거주 기간을 재기산하는 일명 '최종 1주택 제도'가 폐지되었다. 일시적 1세대 2주택 비과세 요건을 완화하고(조정대상지역 내 종전주택의 양도 시기를 1년에서 2년으로 연장, 신규주택으로 전입 요건을 삭제), 이에 맞춰 취득세 중과 요건도 완화했다(조정대상지역 내 종전주택의 양도 시기를 1년에서 2년으로 연장). 그동안 집을 사고팔고 갈아탈 때 겪어야 했던 불편이 조금은 해소될 것으로 기대된다.

내 집은 비싸게 팔고, 갈아탈 집은 싸게 사는
성공률 100% 타이밍

갈아타기 타이밍을 재는 1주택자들의 최대 고민은 결국 '어떻게 하면 내 집은 비싸게 매도하고, 갈아탈 집은 싸게 매수할 수 있을까?' 일 것이다. 이 타이밍도 결국은 전략이다. 내 집이 비과세 혜택을 받아 수익을 실현할 때가 되었다면, 다음의 전략들을 살펴보며 최대한 영리하게 갈아타보자.

호재가 실현되기 전에 갈아타라

교통망 호재는 집의 시세를 단번에 뛰어오르게 하는 최고의 도구다. 만약 첫 주택에 교통망이 들어선다면 이보다 더 좋은 호재는 없다. 그러나 '교통망 호재'라는 투자 불패 도구에도 '최적의 타이밍'이 존재한다. 그래서 '호재가 실현되기 전에 팔 것인가, 호재가 실현되고 나서 팔 것인가?'는 갈아타기를 준비하는 1주택자들의 영원한 딜레마다. 특히 GTX처럼 영향력이 큰 광역 교통망의 수혜지에 사는 사람들은 더욱 그렇다. 실제로 수강생들과 상담을 하다 보면 갈아타기를 해야 한다는 내 말에 "갈아타기를 하긴 해야 하는데, GTX가 개통하면 더 오를 것 같아서…"라며 얼버무리는 분들이 꽤 많다. GTX가 개통하면 더 오를 것이고, 오른 돈으로 상급지에 진입하고 싶다는 욕심 때문이다. 나는 그런 수강생들에게 이렇게 되묻는다.

"하급지가 오르는데, 상급지는 안 오르고 가만히 있겠어요?"

냉정하게 말하면 호재가 실현된다고 해서 하급지와 상급지의 시세가 역전되거나 완전히 같아지지는 않는다. 시세가 붙더라도 잠깐일 뿐, 금세 기존의 격차를 다시 되찾는다. 만약에 급지가 더 낮은 곳이 GTX 호재 덕분에 시세가 올라갔다면 서열이 높았던 상급지 또한 키를 맞춰 올라갈 것이다.

298페이지의 그래프는 서울시 노원구와 GTX-C 노선 수혜지인

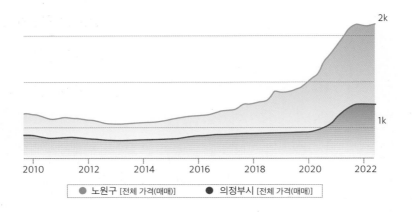

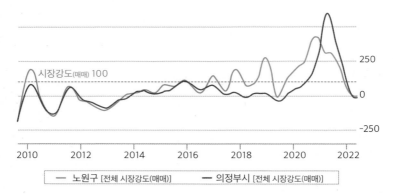

[노원구와 의정부시의 시세 그래프와 시장강도 그래프 (출처: 부동산지인)]

경기도 의정부시를 비교한 것이다. 위는 매매가, 아래는 시장강도를 비교한 그래프인데, 2020~2021년 의정부의 시장강도가 폭등해 노원구의 시장강도를 넘어서는 걸 확인할 수 있다. 그만큼 의정부에 투자자들의 관심이 많았다는 것이다. 이에 맞춰 매매가도 상승하는 모습을 보였다. 그러나 노원구는 의정부보다 훨씬 시장강도가 낮았음에도 불구하고 의정부시 이상의 매매가 상승을 보였다. 이처럼 아무리 큰 호재가 있다고 해도 서열이 완전히 다른 급지 사이에 시세 차이가 확 좁혀지기는 사실상 어렵다.

많은 사람이 자기 지역의 호재 실현에 대한 아쉬움 때문에 매도 타이밍을 놓치고 상급지로 들어오지 못한다. 호재에 대한 기대를 빨리 내려놓는 사람들이 상급지로 진출하게 되어 있다. 아직 호재가 실현되지 않았어도 호재가 곧 실현되리라는 기대가 충만할 때 한 발 앞서 갈아타는 것이 좋다. 호재는 우리 생각보다 더 빠르게 시세에 선반영되기 때문이다. 그래서 갈아타기 타이밍은 어찌 보면 단순하다. 내가 상급지로 갈아탈 여력이 된다면 바로 그때 갈아타면 된다.

시장 분위기를 보고 매수·매도 시기를 결정하라

부동산 시장의 분위기에 따라 선 매수·후 매도를 해야 할 때가 있고, 반대로 선 매도·후 매수를 해야 할 때가 있다. 2022년 상반기처럼 부동산 시장이 보합기거나 매물이 별로 나오지 않을 때는 먼저 내 집을 팔고 갈아탈 집을 매수해야 한다. 갈아탈 집을 이미 사놓았는데 지금의 집이 팔리지 않으면 곤란한 상황이 생긴다. 그리고 보합기에는 시세 상승률 자체가 매우 완만하기 때문에, 매도 후에 종전주택의 시세가 급등하거나 사야 할 주택의 시세가 달아나버리는 일이 거의 없다. 이런 때에는 안전하게 내 집을 미리 팔고 갈아타자. 보합기에는 집을 사려는 사람도, 굳이 팔려는 사람도 적다. 내 집을 싸게 팔고 갈아탈 집도 싸게 산다는 생각으로 접근하자.

반면 상승기에는 선 매수·후 매도가 필수다. 급격한 상승기가 오면 완벽하지 않은 물건, 즉 '못난이 물건'도 시장에 나왔다 하면 금세 팔리곤 한다. 이런 때는 시세 상승이 매우 빨라서 내 집을 먼저 팔아버리면 갈아탈 집을 구하지도 못했는데 종전주택의 시세가 1억 원 이상 올라버리는 억울한 상황이 발생하기도 한다. 게다가 갈아타는 곳은 당연히 종전주택보다 상급지일 테니, 오름폭도 더 크다. 최악의 경우 종전주택이 1억 원 오를 때 갈아탈 곳은 2억 원이 오르는 초유의 사태가 벌어질 수도 있다. 그러므로 갈아타기를 준비할 때는 현재 시장의 분위기가 어떤지 살펴보고 매수·매도 타이밍을 전략적으로 결정하자.

일시적 1세대 2주택으로
똑똑하게 갈아타기

한 세대가 국내에 1주택을 보유하고 있고, 이 주택에서 2년 이상 거주했으며, 매도 시 실거래가가 12억 원 이하인 경우 양도 차익 전액에 대해 비과세 혜택을 받을 수 있다. 실거래가가 12억 원 초과인 고가주택은 12억 원을 넘어가는 초과분에 대해서만 과세된다. 비조정지역일 경우에는 거주 요건 없이 2년을 보유하는 것만으로도 비과세 혜택이 주어진다. 단, 이는 1세대 1주택일 경우에만 해당되며 1세대 2주택인 경우 양도세 비과세가 원칙적으로 불가능하다.

그러나 2주택인데도 양도세 비과세 혜택을 주는 예외의 경우가 있다. '일시적 1세대 2주택자'가 대표적이다. 일시적 1세대 2주택 비과세란, 1주택을 보유한 세대가 그 1주택(종전주택)을 양도하기 전에 신규주택을 취득해 일시적으로 2주택이 된 경우에도 몇 가지 요건을 모두 충족시키면 종전주택의 양도 차익에 대해 비과세 혜택을 주는 제도다. 이사하는 과정에서 종전주택을 매도하기 전에 신규주택을 취득함에 따라 부득이하게 2주택이 된 자를 보호하기 위해 일정 기간 내에 종전주택을 매도하면 양도세 비과세 혜택을 받을 수 있도록 제도가 짜여 있는 것이다.

'123 법칙'으로
비과세 혜택 누리기

[비조정지역이 포함된 일시적 1세대 2주택 비과세 요건]

물론 여기에는 당연히 전제 조건이 붙는다. 일시적 1세대 2주택 비과세를 받기 위해서는 다음의 '123 법칙'을 기억해야 한다.

첫째, 종전주택을 취득한 날로부터 1년 이상 지난 후에 신규주택을 취득할 것.

둘째, 종전주택은 양도일 현재 2년 이상 보유할 것(2017년 8월 3일 이후 매수한 조정대상지역 내의 주택일 경우 2년 이상 거주할 것).

셋째, 종전주택은 신규주택 취득일로부터 3년 이내에 매도할 것.

위의 세 가지가 일시적 1세대 2주택 비과세를 받기 위한 기본적 요건이다. 간단하게 '1취득·2보유·3매도'로 외우면 기억하기 쉽다. 이 종전주택과 신규주택 둘 중 하나라도 비조정지역에 해당된다면 이 '123 법칙'만 지키면 된다. 다만 이때 주의해야 할 점이 있다. 종전주택을 취득했을 당시는 비조정지역이었다고 해도 신규주택을 취득할 때 종전주택이 조정대상지역으로 지정되었다면 이때는 비조정지역으로 인정받을 수 없다. 규제는 언제나 '신규주택 취득 당시'를 기준으로 하기 때문이다.

조정대상지역에서
조정대상지역으로 갈아타기

[조정대상지역에서 조정대상지역으로 갈아타기 시,
종전주택 양도 시기에 따른 일시적 1세대 2주택 비과세 요건]

구 분			비과세 요건
	신규주택 취득시기	종전주택 양도시기	
과거	2018년 9월 13일 이전	~2022년 5월 9일	3년 이내 종전주택 양도
	2018년 9월 14일 ~2019년 12월 16일		2년 이내 종전주택 양도
개정안	2019년 12월 17일 이후	~2022년 5월 9일	1년 이내 종전주택 양도 및 1년 이내 신규주택 전입
		2022년 5월 10일 이후	2년 이내 종전주택 양도 (1년 이내 전입 요건 폐지)

종전주택과 신규주택 모두 조정대상지역에 해당할 때의 요건이다.
위 표를 보면 알 수 있듯이 현재는 요건이 매우 완화된 상태다. 조정
대상지역에서 다시 조정대상지역으로 갈아타기를 할 때에는 종전
주택을 2022년 5월 10일 이후에 양도하는 경우, 종전주택을 신규주
택 취득으로부터 2년 이내에만 매도하면 비과세 혜택을 받을 수 있

다. 또한 이전까지는 신규주택에 1년 이내에 전입해야 했지만 이 의무 역시 2022년 5월 10일 세법이 개정되면서 없어졌다. 다만 종전주택이 2017년 8월 3일 이후에 조정대상지역에서 매수한 주택이라면, 2년 이상 실거주해야 비과세 혜택을 받을 수 있다는 점을 명심해야 한다(8·2대책으로 인해). 종전주택을 일시적 1세대 2주택 비과세로 처분한 후 신규주택도 비과세로 처분하고 싶다면 어떻게 해야 할까? 신규주택이 조정대상지역 지정 후 취득한 주택이라면, 2022년 5월 10일 개정과 상관없이 신규주택에서 2년간 실거주해야 한다. 일시적 1세대 2주택 비과세 요건 중 신규주택으로의 전입 요건이 삭제된 것이지, 양도하는 조정대상지역의 2년 실거주 요건이 폐지된 건 아니기 때문이다.

[일시적 1세대 2주택에 적용되는 취득세율]

종전주택	신규주택	신규주택 취득세율	취득세 중과 배제를 위한 종전주택 처분 기한
비조정지역	비조정지역	1~3%	-
비조정지역	조정대상지역	8%	3년
조정대상지역	비조정지역	1~3%	-
조정대상지역	조정대상지역	8%	1년→2년(2022년 5월 10일변경)

일시적 1세대 2주택의 장점은 양도세 혜택뿐만이 아니다. 한 세대가 2주택을 보유하게 되었을 때 새로 취득한 주택이 조정대상지역이면 취득세가 중과되는데, 일시적 2주택 기간 이내(둘 다 조정이면 2년, 한 곳이라도 비조정이면 3년)에 종전주택을 양도하면 신규주택의 취득세가 중과되지 않는다. 이미 1주택을 소유한 세대가 다른 주택을 추가로 취득한 경우, 종전주택을 정해진 처분 기간 내에만 매도하면 신규주택의 취득세는 1주택 세율(1~3%)이 적용된다. 기존에는 종전주택을 1년 내에 매도했을 경우에만 일시적 1세대 2주택으로 인정했기에 규정이 매우 까다로웠다. 그러나 최근 지방세법 시행령 개정안이 입법 예고되면서 앞으로는 양도세와 마찬가지로 종전주택의 처분 기한이 1년에서 2년으로 완화되었다. 그래서 종전주택을 2년 내에만 처분하면 2022년 5월 10일 이후 양도분부터 일시적 1세대 2주택의 신규주택 취득세 중과가 배제된다. 다만 종전주택을 처분 기간 내에 매도하지 못하고 계속 보유한다면 신규주택의 취득세는 2주택 세율(8%)이 적용되어 추후에 그 차액을 추징당하니 이 부분은 주의해야 한다.

시기에 따라 적용받는 규정이 다르다 보니 매우 복잡하게 느껴질 것이다. 예시로 한번 이해해 보자. 영희는 일시적 1세대 2주택 비과세 제도를 알고 치밀하게 전략을 짰다. 2020년 4월에 비조정지역인 경기도 이천시에 집을 취득했고, 그로부터 1년 1개월이 지난 2021년 5월에 조정대상지역인 수원시에 신규주택을 취득했다. 그리고 또 1년 1개월이 지난 2022년 6월에 이천시의 종전주택을 매도했다. 영희는 종전주택과 신규주택 둘 중 하나가 비조정지역에 해당되므로 '123 법칙'만 지키면 된다. 영희는 종전주택 취득 1년 후에 신규주택을 취득했고, 이천시의 집을 2년 이상 보유했으며, 신규주택 취득 후 3년 이내에 종전주택을 매도해 123 법칙을 모두 지켰다. 영희는 세금을 단 한 푼도 내지 않고 이천시 주택의 시세차익을 모두 챙겼다.

반면 철수는 처분 기간을 놓쳐 비과세 혜택을 챙기지 못했다. 철수는 2019년 1월에 조정대상지역인 경기도 과천시에 집을 취득했고, 1년이 지난 2020년 1월에 마찬가지로 조정대상지역인 송파구에 집을 취득해 일시적 1세대 2주택자가 되었다. 철수는 2019년 12월 17일부터 2022년 5월 9일 사이에 신규주택을 취득했으므로 조건이 매우 까다로웠다. 신규주택 취득 후 1년 내에 과천시의 집을 매도하고 송파구의 집으로 전입을 해야 했다. 그러나 종전주택 매도 기간을 2년으로 잘못 알고 있던 철수는 처분 기간을 놓쳐, 송파구 집을 취득한 지 1년 1개월이 지난 2021년 2월에 과천시의 집을 매도했다. 신규주택 취득 후 1년 내에 종전주택을 매도해야 한다는 조건을 충족시키지 못한 것이다. 결국 철수는 과천시의 집에 대한 양도세를 냈다.

그러나 철수가 바둑이의 사례를 알게 된다면 무척 억울할 것이다. 바둑이도 철수와 똑같이 과천시의 집을 먼저 취득하고, 송파구의 집을 취득했지만 그 시기가 달랐다. 바둑이는 2021년 5월에 과천시에 집을 취득했고 그로부터 1년이 지난 2022년 5월 15일에 송파구의 집을 취득했다. 일시적 1세대 2주택 비과세 요건 중 종전주택 양도 시기가 2022년 5월 10일 이후 양도분부터 신규주택 취득일로부터 2년으로 연장되었으므로, 바둑이는 송파구의 집을 취득하고 2년 이내에 과천시의 집을 양도하면 비과세 혜택을 받을 수 있다. 철수와 똑같이 신규주택 취득 후 1년 1개월이 지난 2023년 6월에 과천시의 집을 매도해도 비과세 혜택을 받을 수 있다.

이처럼 비과세를 노리는 갈아타기 전략은 제도의 개정에 따라 큰 영향을 받는다. 생각지도 못했던 변화에 자산 전략이 방해받을 수 있으니, 일시적 1세대 2주택 비과세 전략을 짜기로 결심했다면 제도가 개정되지는 않는지 언제나 꼼꼼하게 살펴야 한다.

영리하게 시간을 버는
1주택+1분양권 갈아타기

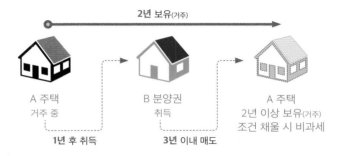

[1주택+1분양권 갈아타기 비과세 요건]

많은 사람이 촉박한 처분 기간 때문에 종전주택 매도에 골머리를 앓는다. 다행히 2022년 5월 10일을 기점으로 종전주택 매도 기간이 2년으로 늘어나며 조건이 완화되었지만, 지금처럼 거래가 정체되어 있는 상태에서는 2년이라는 기간도 결코 넉넉하게 느껴지지 않는다. 이때 신규주택을 '분양권'으로 취득하면 좀 더 영리하게 시간을 벌수 있다. 신규주택을 분양권으로 취득하는 경우에는 비조정지역이든, 조정대상지역이든 상관없이 1년이라는 시간을 더 벌 수 있기 때문이다. 조건은 다음과 같다.

첫째, 첫 번째 주택을 취득한 날로부터 1년 이상 지난 후에 분양권을 취득해야 한다.

둘째, 분양권을 취득한 날로부터 3년 이내에 첫 번째 주택을 매도해야 한다.

셋째, 첫 번째 주택은 2년 이상 보유(조정대상지역이라면 2년 이상 거주) 조건을 충족시켜야 한다.

이 갈아타기 방법은 지역의 규제 여부에 상관없이 3년이라는 처분 기간이 주어진다는 점에서 매우 장점이 크다. 다만 2021년 1월 1일 이후 취득하는 분양권에 대해서만 이 조항이 적용되므로, 만약 현재 1주택+1분양권 상태라면 자신이 분양권을 언제 취득했는지를 확인한 후 비과세 요건에 해당하는지 따져봐야 한다.

예외적 사유를 인정해 주는
일시적 1세대 2주택 사례

세법은 투기꾼을 견제하기 위해 만들어진 것이기도 하지만, 동시에 실수요자들을 보호하는 역할도 한다. 그래서 우리 세법은 부득이하게 1세대 2주택이 되었을 경우에 대해서는 좀 더 너그러이 비과세 혜택을 적용해 준다.

312페이지의 표는 1세대 1주택이 아님에도 이를 1세대 1주택으로 보아 비과세를 적용해 주는 특례 규정들이다. 불가피한 이유로 1세대 2주택이 되었다면 혹시 이 사유들에 해당되는지 살펴보고 비과세 혜택을 받을 수 있는지 알아보자. 여기서는 가장 흔한 경우인 '혼인 합가 특례'와 '동거봉양 합가 특례'에 대해 설명해 보려 한다.

먼저 결혼으로 1세대 2주택이 된 경우다. 결혼 전에는 남편과 아내는 별도의 세대로 보지만, 결혼을 하면 두 사람을 1세대로 보아 양도세 규정을 적용한다. 그래서 남녀가 각각 1주택을 보유한 상태에서 결혼하면 1세대 2주택으로 보아 비과세를 적용받을 수 없게 된다. 그러나 세금에 대한 부담으로 결혼이 무산되면 안 되기에, 일정 요건을 갖추면 비과세 혜택을 받을 수 있는 예외 조항을 마련해 두었다. 매도할 주택을 2년 이상 보유(조정대상지역이라면 2년 거주)했고, 결혼 후 5년 이내에 매도하면 비과세 혜택이 주어진다. 남편의 집이든, 아내의 집이든 어떤 주택을 매도했는지는 상관이 없다. 여기서 '결혼' 시점은 혼인 신고 날짜를 기준으로 따지므로 이 부분도 유의하길 바란다.

그리고 부모와 자식 세대의 합가로 1세대 2주택이 된 경우다. 부

[소득세법 시행령 155조에 따른 1세대 2주택 비과세 특례]

1	일시적 2주택 특례
2	상속받은 주택 특례
3	동거봉양 합가 특례
4	혼인 합가 특례
5	전통주택(문화재보호법에 의한 문화제주택) 특례
6	비수도권 실수요 주택에 대한 특례
7	지방 이전 공공기관 기업의 종업원에 대한 특례
8	장기저당담보주택에 대한 특례
9	장기임대주택사업자(장기어린이집)의 거주용 자가주택 특례
10	농어촌주택(상속, 이농, 귀농) 특례

모 세대가 1주택을 보유 중이고, 자식 세대가 1주택을 보유 중인데 합가를 한다면 원칙적으로는 1세대 2주택이 되기에 비과세 혜택을 받지 못한다. 하지만 이 경우에도 불가피한 이유로 세대 합가를 해야 하는 사람들을 위해 예외 조항을 두고 있다. 다만 결혼보다는 조건이 다소 까다로우니, 내가 다음의 조건에 해당되는지를 꼼꼼히 확인해 보자.

첫째, 부모 중 최소 한 명 이상이 60세 이상이어야 한다. 단, 부모에게 암이나 희귀성 질환 등 중대 질병이 있는 경우 60세 미만이어도 가능하다.

둘째, 부모와 자식 세대가 각각 1주택을 보유해야 한다. 합가 당시 부모와 자식 세대가 모두 1주택을 소유하고 있어야 하지만, 어느 한 세대가 일시적 2주택 상태였다고 해도 특례를 적용받을 수 있다. (단, 일시적 2주택 중 종전주택을 일시적 2주택 기간 내에 처분해야 한다.)

셋째, 합가 후 10년 이내에 1주택을 매도해야 한다.

넷째, 매도할 주택에 대해서 비과세 요건을 갖추어야 한다. 즉, 2년 이상 보유(조정대상지역이라면 2년 거주) 요건을 채워야 비과세를 받을 수 있다.

처음에는 다들 1세대 2주택 갈아타기를 어려워한다. 어려운 용어로 복잡하게 쓰여 있는 세법을 보면 일단 머리부터 지끈지끈 아프다는 것이다. 그러나 찬찬히 뜯어보면 충분히 이해할 수 있고, 더 쉽고 용이하게 갈아타기를 할 수 있는 방법도 찾아낼 수 있다. 세금은 어렵다는 편견을 버리고 어떻게 하면 내 자산을 효과적으로 불릴 수 있을지 세법 이모저모를 살펴보며 자산 포트폴리오를 짜보자.

수익률이 주는
함정에서 벗어나라

갈아타기를 준비하고 있는 이들에게 마지막으로 해주고 싶은 조언이 있다. 어느 정도의 종잣돈이 갖춰졌다면 수익률이 주는 함정에서 벗어나야 한다는 것이다. 이는 수익률이 아예 중요하지 않다는 뜻이 아니다. 앞에서도 말했듯이 외부적 영향에 따라 하급지가 상급지보다 더 역동적인 시세 변동을 보이기도 하고, 때로는 빠르게 자산을 늘리는 도구가 되어주는 건 맞다. 교통망 호재나 정비사업 호재가 기대되는 아파트로 갈아타서 남들보다 미리 높은 수익률을 볼 때의 기분은 말할 것도 없이 짜릿하다. 그러나 어느 정도 종잣돈 규모가 늘어나서 상급지로 진입할 수 있게 되면 이때부터는 수익률이 아니라 '자본 수익의 절대값'을 보고 움직여야 한다.

노도강(노원구·도봉구·강북구), 금관구(금천구·관악구·구로구)와 강남권을 비교해 봤을 때 때론 노도강, 금관구의 수익률이 더 높을 수는 있다. 이미 시세가 안정적으로 형성된 A급지들은 갑자기 시세가 30~50%씩 폭등하는 등 급격한 변화를 보이지는 않기 때문이다. 그러나 노도강, 금관구와 강남권 중 어느 곳이 더 상급지이고 어느 곳이 더 큰 자본 수익을 가져다줄 수 있는지는 너무나 명확하다. 그런데도 수익률이 주는 달콤함에 빠져 하위 급지에서 맴도는 이들이 있다. 소액으로 투자할 수 있는 곳들은 교통망 호재나 규제의 영향을 받아 일종의 '테마 상품'이 되면 단기간에 20~30%의 상승세를 보이기도 한다. 그러다 보니 그 수익률이 주는 재미에 푹 빠지는 것이다. 이런 사람들은 자꾸만 수익률이 높은 곳을 찾아 비조정지역, 저 먼 지방의 소도시까지 찾아다니며 투자금이 적은 상품 위주로 개수 늘리기에 집중한다. 그러나 아무리 소액 투자라고 해도 개수가 자꾸 늘어나다 보면 보유세의 덫을 피할 수 없게 된다. 투자는 점점 복잡해지고 세금 같은 문제가 쌓이며 자꾸만 스텝이 꼬인다. 거래에 들어간 돈을 빼고 순이익을 계산하면 남는 게 거의 없는 경우도 있다.

그러므로 어느 정도 종잣돈 규모가 커졌다면 수익률에서 벗어나 '집이 내게 줄 수 있는 자본 수익이 얼마일지'를 따져야 한다. 내 기준으로 자본 규모가 3억 원을 넘어가면 빨리 더 안쪽으로 들어와 좋은 입지를 선점하라고 권하고 싶다. 자본 수익의 절대값 자체가 커져야지, 수익률만 높아진다고 해서 좋은 투자가 아니다. 단적으로 말해 1억 원대의 아파트 세 채에 투자해 각각 30%씩 올랐을 때의 자본 수익과, 수도권의 6억 원대 똘똘한 아파트 한 채를 마련해 20%가 올랐을 때의 자본 수익을 비교하면 오히려 후자가 더 높다. 세금이 절약되기 때문이다. 몸도, 마음도 더 편함은 물론이다.

　편안한 삶을 원한다면 부동산 투자는 주식과는 달라야 한다. 소액 투자를 하다 보면 사고팔고를 반복하며 주식처럼 투자할 수밖에 없다. 그러나 이렇게 열심히 공부하며 운동화 밑창이 다 닳도록 임장을 다니는 궁극적인 목적은 결국 나와 우리 가족의 편안하고 윤택한 삶을 위해서다. 내가 진짜로 하고 싶은 일을 하며 여유롭게 즐기는 삶 말이다. 소액 투자는 투자가 복잡해질 수밖에 없고, 그러다 보면 내 일상이 투자에 매몰되게 된다. 그래서 투자의 방향성을 '심플함'으로 잡아야 한다. 부자로 가는 길은 좋은 입지에서 나온다. '좋은 입지'라는 변하지 않는 가치에 투자하길 바란다.

정비사업으로 시세차익과 비과세를
동시에 챙기는 비단길 갈아타기

드디어 상급지로의 도전이다. 상급지 갈아타기에도 여러 방법이 있다. 대부분이 중급지 아파트에서 상급지 아파트로 갈아타는 방법, 중하급지 아파트나 비주택 등 여러 곳에 투자해 다주택자가 된 후 이 물건들을 모아 상급지로 향하는 방법을 떠올릴 것이다.

실제로 중하급지에서 상급지로 단번에 갈아타는 것은 매우 고난도의 과제다. 고소득층이어서 현금 자본을 두둑이 마련할 수 있는 사람이 아닌 이상 일대일로 하급지에서 상급지로 갈아타기는 매우 어렵다. 뒤에서 설명할 서브 투자를 이용해 일대다로 갈아타든지, 평수를 줄이거나 낮은 상품을 선택하는 등 일반적으로는 무언가를 포기해야 한다. 그러나 추가 대출 없이, 리스크 없이 편안한 환승 시스템으로 상급지에 다가갈 방법이 있다. 바로 '정비사업'이다. 그래서 나는 무엇보다도 재건축·재개발 정비사업에 투자하는 대체주택 갈아타기를 가장 추천하고 싶다. 이는 나 역시도 현재 활용하고 있는 방법이다.

방법은 정적이나 확장은 역동적인
막강한 전략, 정비사업

정비사업에 투자하면 '일반주택+조합원 입주권 특례', '대체주택 비과세 특례'라는 막강한 혜택을 받을 수 있다. 일반주택을 보유한 상태에서 조합원 입주권을 매수했을 때, 그리고 정비사업 구역의 집을 보유한 상태에서 신규주택을 취득했을 때 모두 일정한 조건을 충족하면 각각 일반주택과 신규주택에 대해 양도세 비과세 혜택을 주는 제도다. 용어는 어렵고 복잡하지만 방법은 매우 간단하다.

이 특례를 이용하면 정적인 갈아타기를 하면서 시세차익을 얻고 세금 부담도 덜 수 있다. 상급지로 갈아타기를 하고 싶지만 각종 세금이 부담된다면 이 특례들을 적극적으로 이용해 보자.

일반적으로 조정대상지역에서 2주택을 소유한 상태에서 일시적 1세대 2주택 비과세 혜택을 누리려면, 종전주택을 신규주택 취득일로부터 2년 이내에 매도해야 한다. 그러나 이 두 가지 특례를 공략하면 장기간 일시적 1세대 2주택을 유지하면서도 두 채 모두 비과세 혜택을 받을 수 있다. 이는 무엇이 좋을까? 만약 그 2주택을 둘 다 '똑똑한 한 채'로 세팅해 놓는다면 그 주택들의 시세차익을 모두 누릴 수 있다는 것이 가장 큰 혜택이다. 게다가 거주 측면에서도 무척 편안하다는 장점이 있다. 일단 내가 거주할 주택과 낡은 정비사업지를 마련해 놓은 후 느긋하게 신축 아파트가 준공되기만을 기다리면 된다. 여러 번 분주히 이사할 필요도 없다. 갈아타기 자체는 정적이면서도 자산의 확장은 매우 역동적이다.

또한 일반적인 주택 두 채를 갖고 가는 것보다 보유세 부담이 적다는 장점도 있다. 멸실되기 전, 즉 이주·철거 이전의 입주권에 대해서는 재산세와 종합부동산세가 모두 부과되지만, 멸실되고 나면 종합부동산세와 주택에 대한 재산세가 배제된다. 멸실 후에는 '토지'에 대한 재산세만 내면 된다. 똑똑한 두 채를 가져가면서 보유세 부담도 적으니 진정한 알짜배기 전략이라고 할 수 있다.

이처럼 정비사업을 활용한 갈아타기는 여러 측면에서 이점이 많은 자산 포트폴리오 전략이다. 용어가 어려워 복잡하게 여겨질 수 있지만, 핵심만 짚어내면 전혀 어렵지 않다. 앞으로 설명할 전략을 통해 그토록 원하던 강남까지 진입하는 초석을 다져보자.

내가 살 집을 먼저,
정비사업을 나중에!

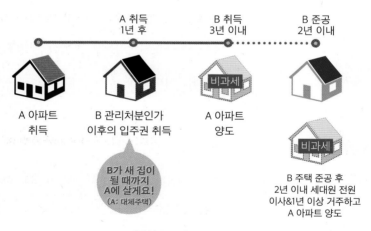

[선 일반주택 취득·후 정비사업 입주권 취득]

조합원 입주권은 주택 수에 포함되므로 1주택과 1개의 조합원 입주권을 소유한 사람이 1주택을 팔게 되면 원래 비과세가 적용되지 않는다. 그러나 몇 가지 요건을 갖추면 양도세 비과세 혜택을 받을 수 있다. 첫째, 1주택 취득 후 1년 이상 경과한 후 입주권을 취득해야 하고, 둘째, 입주권 취득 3년 이내에 일반주택을 양도해야 한다. 단, 이 일반주택은 취득 후 2년 이상 보유, 조정대상지역이라면 2년 이상 거주라는 비과세 요건을 갖춰야 한다. 또한 일반주택이 아니라 분양권이라도 비과세를 받을 수 있다(단, 2021년 1월 1일 이후 취득한 분양권이어야 한다).

조정대상지역인데도 3년이라는 처분 기간이 주어진다는 건 매우 큰 이점이다. 단, 이때 종전주택(일반주택)을 먼저 양도해야 하며, 입주권을 매도하면 과세가 된다는 점에 유의해야 한다. 물론 입주권 취득 3년 이내에도 신규주택이 준공되지 않을 수 있다. 그 이유로 3년 이내에 대체주택을 매도하지 못하면 '패자부활전'처럼 두 번째 비과세 기회가 주어진다. 종전주택에 거주하다가 신규주택이 준공되면 2년 이내에 세대원 전원이 이사·1년 이상 거주하고 신규주택 준공 2년 이내에 종전주택을 양도하면 비과세를 받을 수 있다.

수강생 P 씨도 이 조합원 입주권 특례를 통해 자산 확장을 노리고 있다. 그는 마포구의 대장 아파트인 마포래미안푸르지오를 매수해 2년 동안 실거주한 후, 11억 원에 전세를 놓고 그 전세 보증금에 보유 자금과 신용대출을 더해 관리처분인가를 받은 흑석9구역을 매수했다. 그는 이제 흑석9구역이 멋진 신축 아파트로 다시 태어나기만을 느긋하게 기다리면 된다. 그동안 마포래미안푸르지오 역시 함께 시세가 상승하며 P 씨의 자산을 한층 더 높여줄 것이다.

다만 '취득세'는 양도세 비과세와 또 다른 문제다. 지방세법상 집이 멸실되면 '토지'에 대한 취득세만 내기 때문에 4.6%의 취득세를 내면 되지만 멸실되지 않은 입주권, 즉 이주·철거가 진행되기 전의 정비사업 물건에 대해서는 취득세가 중과되어 8.4%를 내야 한다. P 씨 역시 흑석9구역에 대해서는 8.4%의 취득세를 냈다(다만 멸실 전의 입주권을 취득한 후 일시적 1세대 2주택 기간인 2년 이내에 종전주택을 처분하면 중과를 피할 수 있다). 예산이 빠듯하다면 취득세도 계산한 후 매수해야 한다는 것을 명심하자.

정비사업을 먼저,
내가 살 대체주택을 나중에!

정비사업 구역의 주택을 먼저 취득한 후 대체주택을 취득해도 대체주택 특례 조항이 적용된다. 1주택을 소유한 세대가 주택의 재건축·재개발 사업이 시행될 동안 거주를 목적으로 신규주택을 취득한 경

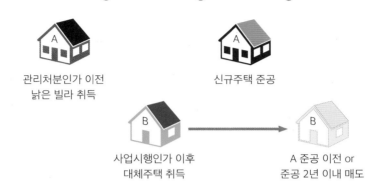

사업시행인가　　　관리처분인가　　준공 후 2년 이내

A
관리처분인가 이전
낡은 빌라 취득

A
신규주택 준공

B
사업시행인가 이후
대체주택 취득

B
A 준공 이전 or
준공 2년 이내 매도

[선 정비사업 구역 주택 취득·후 대체주택 취득]

우, 몇 가지 요건을 모두 갖추면 이 주택을 양도할 때 대체주택으로
인정돼 비과세 혜택을 받을 수 있다. 단, 이때도 비과세 구간인 12억
원의 초과분에 대해서는 과세가 된다. 보통 일시적 1세대 2주택 비
과세 혜택을 받으려면 2년 이상 보유(조정대상지역은 2년 이상 거주) 요
건을 채워야 하지만 대체주택은 조금 다르다. 대체주택의 요건은 다
음과 같다.

첫째, 종전주택은 관리처분인가 이전에 취득해야 한다. 관리처분
인가 이후에 취득하면 대체주택 특례 적용이 불가능하다. 왜냐하면
대체주택 제도는 어디까지나 '실수요자', 즉 실거주하는 이들을 위해

만들어진 것이기 때문이다. 쉽게 말하자면 관리처분인가가 나면 이주·철거 절차가 이루어지면서 집이 물리적으로 '없어진다'. 없어지는 집을 사는 것은 누가 봐도 투자 목적이다. 그렇기 때문에 물리적으로 집이 '존재할 때' 취득해야 대체주택 특례 적용을 받을 수 있다.

둘째, 대체주택은 종전주택의 사업시행인가 이후에 취득해야 한다(관리처분인가 이후여도 상관없다). 현재 가진 집(낡은 빌라)이 언젠가 철거될 것이라는 사실이 확실해진 후에 대체주택을 취득하라는 것이다. 일시적 1세대 2주택과의 차이는 종전주택과 대체주택 취득일에 1년의 기간을 두지 않아도 된다는 점이다. 정비사업 예정인 종전주택을 취득하고 바로 다음 날에 대체주택을 매수해도 상관없다.

단, 재건축·재개발의 경우 관리처분인가 당시, 가로주택·자율주택의 경우 사업시행인가 당시 종전주택에 실거주를 하며 대체주택을 취득했다면 일반 세율인 1~3%의 취득세가 적용되지만 종전주택에 실거주하지 않는 상태에서 대체주택을 취득할 경우 취득세는 8.4%가 적용되니 취득세 부분도 꼼꼼히 따져보면 좋다.

셋째, 종전주택의 사업시행인가일 당시에 1주택이어야 한다. 만약 사업시행인가일에 '일시적' 2주택이라면 비과세 특례가 적용 가능하지만, 이 경우 대체주택을 취득하기 전에 1주택을 매도해야 한다.

넷째, 대체주택을 취득하고 그 주택에서 1년 이상 거주를 해야 특례가 적용된다. 이 역시 대체주택 제도가 실수요자를 위해 나온 것이기 때문이다. 특이한 점이 있다면, 이때 거주는 연속적일 필요가 없으며 통산하여 1년 이상이면 된다는 것이다. 주택을 구입한 것이 아니라 분양권이나 조합원 입주권이 주택으로 전환되어서 1년 이상 거주한 경우라도 대체주택으로 인정된다.

다섯째, 정비사업이 완료되어 신축 아파트가 준공되기 전에 양도하거나 신축 아파트 준공일로부터 2년 이내에 대체주택을 양도해야 한다. 신축 아파트가 준공되면 2년 이내에 세대원 전원이 이사하고 1년 이상 거주해야 한다는 사후 관리 규정도 있다. 다만 취학이나 근무상의 이유, 질병 요양 등의 사유로 세대원 중 일부가 이사하지 못하는 경우라면 전 세대가 이사 온 것으로 인정이 된다.

여기까지가 대체주택 특례의 기본 사항이다. 이 전략을 잘만 활용하면 다양한 포트폴리오를 구성할 수 있다. 관리처분인가가 나면 이주비 대출이 나오므로 이주비 대출을 통해 대체주택을 마련할 수도 있다. 이주비 대출은 지역의 규제 정도에 따라 보통 감정가의 40~60%를 받을 수 있고, 시공사나 조합이 이주비를 지원해 주는 경우 추가로 더 받을 수 있는 구역도 있다. 감정가가 잘 나오는 물건을 고르면 대체주택을 마련하기도 좀 더 쉬워진다.

내 지인 D 씨도 사업시행인가를 받은 단계인 한남3구역을 매수한 후, 감정가 8억 원에 대한 이주비 대출을 받아 분당신도시에 실거주할 대체주택을 마련했다. 한남3구역은 이주비 대출이 감정가의 100%가 나온다는 점도 매수 요인이었다. 그가 마련한 대체주택은 분당구라는 필패의 입지에 위치한 데다가 재건축 이슈까지 있어서 내재적 가치를 높일 가능성도 있는 똘똘한 한 채였다. 대체주택은 이처럼 똘똘한 두 채를 가져가면서 동시에 좋은 입지에서 편안한 실거주를 누릴 수도 있다는 장점이 있다.

신축 아파트가 될 낡은 빌라(A)를 취득한 후 사업시행인가일 이후 대체주택(B)을 취득, 그러고 나서 추가 주택(C)을 매수하는 방법도 있다. 이 경우 B 주택을 먼저 양도하더라도 C 주택에서 1년 이상 거주 요건을 채우면 C 주택도 대체주택으로 인정해 준다. 이 방법을 사용하면 자산을 매우 영리하게 운용할 수 있는데, 도식화하면 327페이지의 그림과 같다.

수강생 O 씨도 이 전략을 활용했다. 대체주택 전략을 위해 종전에 갖고 있던 6억 원대의 집을 매도해 무주택자가 된 O 씨는, 매도해 마련한 자금으로 아직 관리처분인가를 받지 않은 정비사업 구역의 낡은 빌라(A)을 취득했다. 관리처분인가가 나기 전이라 아직 세입자가 있었고, 급매로 나온 물건을 약 3억 원대의 투자금을 투입해 취

득할 수 있었다. 그녀는 곧바로 전세 레버리지를 끼고 B와 C라는 대

체주택을 취득했고, 자신은 경기도 외곽에 있는 부모님의 작은 단독

주택으로 들어갔다. 출퇴근 시간이 무려 두 시간으로 늘어났지만 그

녀는 잠시 동안이라면 참을 수 있다며 대범하게 웃었다.

그로부터 2년 후, O 씨가 두 번째로 취득한 대체주택 B는 약 20%

가 올랐다. O 씨는 B를 매도해 약 2억 원이 조금 안 되는 시세차익

을 얻었고, 이 시세차익에 C 주택을 대상으로 한 세입자퇴거대출을

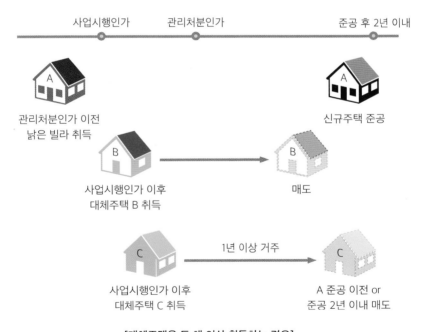

[대체주택을 두 채 이상 취득하는 경우]

약간 받아 C 주택에 실거주로 들어갔다. 그로부터 벌써 1년 넘게 C 주택에 거주한 O 씨는 이미 대체주택 요건은 충족했기 때문에, A 입주권이 신축 아파트로 준공되고 난 후 C 주택을 매도하면 C 주택에 대한 시세차익도 세금 한 푼 없이 모두 손에 넣을 수 있다. 즉, C 씨는 대체주택 특례를 통해 두 주택에 대한 시세차익을 얻은 것이다. 그동안 A 입주권의 시세도 높아지고 있음은 물론이다.

단, 중간에 보유한 B 주택에 대해서는 취득 및 양도 시기, 규제지역 여부 등에 따라 취득세·양도세 중과가 적용될 수 있다. 이는 매우 개별적이므로 상세사항을 고려해야 한다. 하지만 일정 기간이나마 세 채를 동시에 가져가면서 두 채에 대한 시세차익을 비과세로 얻을 수 있다는 것은 이러한 조건들을 고려했을 때도 엄청난 장점이다.

대체주택은 한번 마련하면 옴짝달싹 못 하고 신축 아파트가 완성되기만을 기다려야 하는 것이 아니다. 종전주택이 준공되기 전까지 대체주택을 매도하지 못한다고 아는 사람이 많은데, 그렇지 않다. 다른 주택을 투자용으로 취득하고 매도하더라도 대체주택을 판단할 때는 보유 기간이 재산정되지 않기 때문에 거주와 처분 시기만 잘 활용하면 다양한 비과세 전략을 짤 수 있다.

흔히 대체주택 마련은 큰돈이 있어야 한다고 생각하지만 적은 종잣돈으로도 마련할 수 있는 방법이 있다. O 씨처럼 전세를 끼고 대체주택을 취득한 후 나중에 대체주택 거주 기간 1년을 충족하면 비과세 특례 적용을 받을 수 있다. 다만 조합원 분양 시 1+1 신청을 해서 두 개의 입주권을 받은 경우, 종전주택이 상가인 경우에는 대체주택 비과세 요건이 적용되지 않으니 유의해야 한다.

앞에서도 말했지만 조합원 입주권 특례와 대체주택 특례는 일정 요건이 충족되어 실수요 목적으로 판단되면 비과세를 적용해 주기 위해 생긴 제도다. 그래서 꼼꼼히 들여다보면 꽤나 유연하다. 분양권이나 입주권으로 취득한 주택도 대체주택으로 인정받을 수 있다. 그러나 2021년 이후로는 분양권도 주택에 해당하므로 대체주택 특례를 받으려면 청약 당첨이나 분양권 취득을 종전주택(낡은 빌라)의 사업시행인가일 이후로 조절해야 한다는 점은 기억해 둬야 한다.

대체주택은 절차와 방법에 따라 최대 6~10년이라는 오랜 기간 동안 똘똘한 '두 채'로 1세대 2주택을 유지하면서 두 채 모두 비과세를 챙길 수 있는 절세 포트폴리오다. 마음은 느긋하게 유지하면서 자산을 크게 불려나가는 최고의 전략이다. 사고팔기 바쁘다고 해서 투자 성적이 반드시 좋은 건 아니다. 그보다는 무엇이 내 자산을 더 든든히 지켜줄 다이아몬드 입지인지를 고려해 시장이 급변해도 흔들리지 않는 자산 포트폴리오를 만들어야 한다.

대체주택 제도
더 고단수로 활용하기

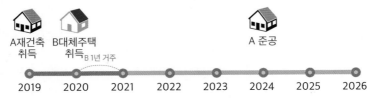

A재건축
취득

B대체주택
취득
B 1년 거주

A 준공

2019   2020   2021   2022   2023   2024   2025   2026

소득세법 시행령 제156조의 2 5항
대체주택 B 1년 거주로부터~A준공 후 2년 내 대체주택 B양도

[시점별 비과세 적용 사례]

많은 사람이 종전주택이 준공되기 전까지는 절대 대체주택을 매도

하지 못한다고 생각해 대체주택 제도가 까다롭다고 말하는데, 이는

잘못된 정보다. 대체주택은 매수하고 1년만 실거주한 후 바로 매도해도 상관없다. 그리고 무엇보다도 상승기에는 1~2년 보유만으로도 시세차익이 생겨 매도할 수 있는 기회가 생긴다. 이 기회를 활용하면 더 똑똑한 포트폴리오 전략을 짤 수 있다. 수익을 남기고 매도한 후, 주택 이외에 신축 아파트가 될 수 있는 재개발 물건(근린생활시설, 상가, 도로 등)을 매수해 정비사업 물건 두 개를 가져가는 것이다.

다만 이때는 재당첨 제한 등에 유의해서 초기 재개발 구역을 매수하는 것이 좋다. 2017년 8월 2일 이후 투기과열지구 내의 정비사업 구역에서 일반분양이나 조합원분양을 받았다면 5년 내에 투기과열지구 내 정비사업 구역에서는 중복으로 입주권을 받을 수 없다는 조항이 생겼다. 다시 말해, ① 투기과열지구 내의 ② 정비사업 구역에서 ③ 일반분양이나 조합원분양에 당첨된 세대가 ④ 5년 내에 투기과열지구 내의 정비사업 구역에서 일반분양이나 조합원분양에 당첨되는 것은 불가능하다.

정비사업 구역에서 조합원분양 당첨이란 '관리처분인가일'을 기준으로 한다. 만약 정비사업 물건을 갖고 있는 A가 관리처분인가 이전에 물건을 매도했고, 이를 B가 매수한 후 관리처분인가를 받았다면 5년 이내 재당첨 제한에 걸리는 것은 B다.

반대로 A가 관리처분인가 이후에 물건을 매도했다면 A는 이 물건을 보유하고 있는 상태가 아니라고 해도 5년 이내 재당첨 제한에 걸리고, 이를 매수한 B에게는 아무런 영향이 없다.

C가 정비사업 물건 X, Y 두 개를 갖고 있다고 해보자. 관리처분인가를 받은 후에 X를 매도했는데, 그로부터 5년 이내에 Y도 관리처분인가를 받았다면 Y에 대해서는 신규주택을 받지 못하고 현금 청산을 당한다. 이 점을 반드시 고려해야 한다.

또한 청약은 원래 정비사업과 별개이지만, 청약 일반분양에서 당첨된 물건이 정비사업 구역이었다면 여기서는 영향을 주고받는다. 앞의 사례와 마찬가지로 5년 이내에는 투기과열지구 내에서 정비사업 조합원 분양분에 당첨될 수 없다. 예를 들어 마포래미안푸르지오(아현3구역)의 일반분양에 당첨되었다면 5년 이내에 갖고 있던 정비사업 구역이 관리처분인가를 받는다 해도 현금 청산을 당한다.

이는 개개인마다 매우 다르게 적용되고 복잡한 사안이다. 보통 조합원분양신청과 관리처분인가일의 간격은 약 90일 내외로 매우 짧기에 5년 재당첨 제한 기간 산정일을 '관리처분인가일'이라고 생각하는데, 사실 조합원분양신청 마감일부터 산정이 시작된다. 또한 관리처분인가 이후의 입주권을 매수했는데 생각지 못하게 조합원들 대상으로 재분양신청을 받으면 이 역시도 5년 재당첨 제한에 걸리는 경우도 아주 드물지만 존재한다. 따라서 자신이 재당첨 제한에 걸리지 않는지는 각자가 정확히 알아봐야 한다.

위의 이미지처럼 '청약홈' 홈페이지에 들어가면 '청약 자격 확인'-'청약제한사항 확인'이라는 메뉴에서 자신이 재당첨 제한에 해당되는지 확인할 수 있다. 대체주택은 탁월한 자산 포트폴리오 전략이니만큼 챙겨야 할 사안도 까다로울 수밖에 없다. 이런 사항들을 꼼꼼히 따져가며 촘촘하고 치밀한 전략을 짜자.

3-STEP 전략으로
상급지 급행열차 탑승하기

현재 살고 있는 집에서 더 좋은 집으로 갈아타기 위해서는 당연히 첫 집을 살 때보다 더 많은 종잣돈이 필요하다. 이 종잣돈을 마련하는 가장 정석적인 방법은 근로소득을 열심히 모으는 것이다. 하지만 애초에 첫 집을 살 때부터 대부분이 대출을 일으키기에 사실상 이 방법은 불가능에 가깝다. 내 생활을 영위해야 하는데 매달 만만치 않은 원리금도 상환해야 하니, 첫 집을 사고 난 후에는 근로소득만으로 종잣돈을 모으는 게 '하늘의 별 따기'만큼 어렵다.

아니면 첫 집만을 종잣돈으로 삼아 갈아타는 방법도 있다. 다만 확실한 상급지로 가기에 이 방법도 쉽지는 않다. 운 좋게 내 집의 시세는 오르고 갈아탈 집의 시세는 정체되어서 때맞게 갈아탄다면 더할 나위 없겠으나 그 타이밍을 잡는 것은 가히 초고수의 영역이다. 내 집에 시세 서열을 뒤집을 만한 역동적인 변화가 발생하지 않는한, 상급지로 갈아타기 위해서는 '다운사이징Downsizing'을 감수해야한다. 원래 대단지 신축 아파트에 살았다면 상급지로 가되 소규모단지의 구축 아파트로 갈아타거나 혹은 더 적은 평수로 옮기는 등무언가를 포기하는 일이 필요한 것이다.

마지막 방법으로는 '서브 투자 활용'이 있다. 앞으로 소개할 '3-STEP 전략'으로 서브 투자를 활용하면 다운사이징 없이도 단번에상급지로 직행할 수도 있다. 하지만 이 방법은 '고수의 갈아타기'인만큼 입지는 물론 각종 투자 종목에 대해 공부도 충분히 선행된 후밟아야 한다. 수익에 대한 확신 없이 큰 리스크를 짊어졌다가 나중에 정말로 큰 위기를 맞게 될 수도 있다. 내 수입으로 얼마만큼의 레버리지를 일으킬 수 있는지, 몇 년 후에 갈아타기를 할 계획인지, 서브 투자할 물건의 시세가 오른다는 확실한 근거가 있는지 꼼꼼히 따져본 후 투자해야 한다.

나의 첫 집을 투자의
베이스캠프로 삼는 3-STEP 전략

나는 서브 투자를 '오이, 고추, 토마토 농사'에 비유한다. 사과나무는 모종을 심어서 첫 과실을 수확하기까지 6~7년이 걸린다고 한다. 그런데 농부가 사과나무 하나만 심고 과실이 열릴 때까지 마냥 기다리기만 한다면 어떻게 밥벌이를 하겠는가. 그래서 사과나무 농사를 짓는 이들은 오이, 고추, 토마토처럼 금방 수확할 수 있는 작물을 심어 추가 수익을 얻는다고 한다.

고수의 부동산 투자도 이와 같다. 나는 첫 집, 즉 메인 주택을 '사과나무'라고 표현한다. 이 집을 마련하고 매도하기까지는 보통 2~4년이 걸리는데, 그동안 우리도 손 놓고 있을 수만은 없다. 내 집만 오르는 게 아니라 다른 집도 함께 오르기 때문에, 2~4년 후 성공적으로 갈아타기 위해서는 따로 종잣돈을 더 불려두는 작업이 필요하다. 그래서 내가 소개하는 3-STEP 전략은 다음과 같다.

1단계, 첫 집을 마련한다. 설사 마음에 쏙 들진 않더라도 일단 내 집을 한 채 마련하는 것이 중요하다. 첫 집은 내 투자의 베이스캠프가 되기 때문이다.

2단계, 첫 집에서 마련한 종잣돈으로 추가 투자를 한다.

3단계, 첫 집과 첫 집을 활용해 얻은 투자 수익으로 상급지로 갈

아탄다.

"이미 첫 집을 마련하는 데 종잣돈을 다 썼는데 무슨 돈으로 투자를 하나요?"

서브 투자를 해야 한다는 내 말에 대부분은 아연실색하며 이렇게 묻는다. 물론 첫 주택을 마련하고 나면 주머니에 정말 쌈짓돈 한 장 남아 있지 않을 수도 있다. 하지만 어느 정도 시간이 흐르면 첫 집의 시세도 올라가고, 그 시세에 따라 LTV 상한도 높아지기 때문에 주택담보대출을 추가적으로 일으킬 수 있다. 시세가 상승하면서 자금 여력도 더 늘어나는 것이다.

이는 내가 계속 첫 집, 즉, '베이스캠프'의 중요성을 강조하는 이유이기도 하다. 베이스캠프가 튼튼해야 계속 그 베이스캠프에 의지할 수 있다. 첫 집으로 입지가 좋지 않은 곳에 저가 아파트를 마련하면 시세 상승도 더딜 것이고 오름폭도 적을 것이다. 추가 자금을 만들어내기가 어렵고, 만약 생긴다 해도 매우 소규모일 확률이 높다. 그러면 또 '이 적은 자금을 갖고 도대체 무얼 하지?'라며 골머리를 앓게 될 게 뻔하다. 그러므로 수도권에 일단 든든한 베이스캠프를 하

나 마련해, 이 집으로 서브 투자의 가지를 뻗어나가기를 권한다.

잘 마련한 똘똘한 한 채로
풍성한 수확을 내는 법

다주택자에 대한 세금 중과가 심한 요즘은 주로 비주택을 오이, 고추, 토마토로 삼는다. 이를테면 지식산업센터, 오피스텔, 생활형 숙박시설, 민간임대, 상가, 토지 등이다. 하지만 이는 각자의 사정에 따른 선택일 뿐, 정해진 정답은 없다. 또한 이런 상품들은 부동산 시장의 영향을 매우 예민하게 받기에 현명하게 투자를 판단해야 한다.

첫 주택을 장기간 보유(거주)할 예정이라면 서브 투자로 비조정지역 주택을 선택해도 좋다. 먼저 조정대상지역의 주택을 매수하고 그다음에 비조정지역의 주택을 매수한 후 비조정지역 주택을 먼저 매도하면 2년만 보유해도 일반 과세이므로 양도세 중과가 되지 않는다. 내 투자의 메인이 되는 첫 번째 주택을 얼마나 보유하고, 또 언제 갈아탈 것이냐에 따라 서브 투자 종목도 조금씩 달라질 수 있다.

빠르게 시세차익을 얻고 싶다면 주택을 매수한 후 재개발 구역의 무허가 주택에 투자하는 포트폴리오도 있다. 사업시행인가 전에 매수해 관리처분인가가 난 후 매도하면 준공될 때까지 기다리지 않아도 시세차익을 금방 얻을 수 있다. 일반 세율로 매도할 수 있으니 세금이 크게 부담스럽지도 않다(단, 투기과열지구 내의 집은 2018년 1월 24일 이전에 사업시행인가 신청을 한 구역이어야 관리처분인가 이후에도 매도가 가능하다).

지금까지는 조정대상지역에 집을 매수한 후 비조정지역에 전세를 끼고 집을 매수하고, 또 비조정지역에 분양권을 두 개 매수하는 식으로 포트폴리오를 짜는 이들도 많았다. 비조정지역의 분양권은 전매도 가능하고 상대적으로 투입되는 투자금도 적기 때문에 그만큼 서브 투자 종목으로 각광받은 것이다. 그러나 비조정지역 분양권은 2021년 하반기 대출 규제에 직격탄을 맞았다.

우선 첫째로 서브 투자를 하는 이들은 보통 신용대출을 이용해 비조정지역의 분양권을 매수해 왔는데 DSR이 도입되면서 신용대출을 이전처럼 자유로이 사용하기가 어려워졌다. 그리고 DSR 탓에 프리미엄까지 붙은 분양권을 매수하려는 수요자 자체가 줄어들었다. 보통 분양권은 프리미엄과 원분양가의 계약금을 합치면 약 1~2억 원의 초기 투자금이 필요하기에 신용대출의 도움을 받는 매수자들이 많았는데, 한 사람이 받을 수 있는 대출 총량 자체가 줄어들며 분양권에 대한 관심도 크게 식은 것이다. 이와 함께 아파트의 대체 상품으로 인식되어 일명 '아파텔'로 불리던 투룸, 쓰리룸 오피스텔도 아파트의 매매가 주춤하자 관망세로 접어들었다.

2022년 7월부터 막혀 있던 신용대출 규제 한도가 풀린다는 점은 고무적이지만, 1억 원 초과 대출 시 적용되는 차주단위 DSR 3단계 규제가 동시에 시행되므로 틈새 상품의 시장 분위기가 급변하기는 어려울 것이다. 서브 투자를 할 때는 시장의 분위기가 어떻게 흘러가고 있는지도 면밀히 살피며 신중하게 종목을 골라야 한다.

결국 서브 투자에서 가장 중요한 것은 '무엇에 투자를 하느냐'가 아니라 '투자를 할 수 있는 의사 결정 능력이 있느냐'다. 대출을 추가적으로 일으켜야 하는 만큼 리스크가 존재하지만 공부가 전제되어 있다면 두려울 이유가 없다. 서울과 수도권 전역의 지도가 저절로 눈앞에 펼쳐질 만큼 공부를 했다면 투자의 적합성을 판단할 의사 결정 능력도 생기기 마련이다. 충분히 공부했고, 그래서 어떤 투자처에 대해 확신이 생겼다면 지체 없이 그 과녁에 화살을 쏘길 바란다.

다주택자와 투자자를 위한
취득·보유·양도 절세 전략

부동산 투자에서 세금은 실제 수익률과 직결된다. 여러 세금이 걸려 있는 만큼 취득·보유·양도 시 세금이 중과되지 않도록 투자해야 수익률을 방어할 수 있다.

조정대상지역인지 비조정지역인지, 어떤 물건을 먼저 매수하고 매도했는지, 물건이 분양권인지 입주권인지, 아니면 일반적인 기축 아파트인지 등에 따라 세금은 천차만별이다. 단지 매수 순서만 바꿔도 세금이 훨씬 절약될 수 있다. 진정한 고수들은 세법을 꿰뚫어보고 최대한 유리한 포트폴리오를 짠다. 세목별 간단 설명과 절세 가능 종목을 확인하며 어떤 전략이 내 상황에 가장 적절할지 생각해 보자.

취득세

조정대상지역 내 주택을 취득한 후에 비조정지역 내 주택을 취득하면 두 물건 모두 중과가 적용되지 않는다. 그러나 비조정지역 내 주택을 취득한 후 조정대상지역 내 주택을 취득하면 나중에 취득한 조정대상지역의 주택은 취득세가 중과된다. 어느 곳을 먼저 살지도 전략적으로 결정하자.

보유세

보유세는 기준이 되는 과세표준구간과 주택 수에 따라 다르게 나온다. 주택공시가격 15억 원의 똘똘한 한 채를 보유한 경우, 세 채를 보유하고 있는데 그 주택공시가격 총합이 15억 원인 경우에는 보유세가 최소 두 배 이상 차이가 난다. 종합부동산세를 계산할 때 1주택자는 11억 원을 공제해 주고 세율도 중과되지 않으며 각종 세액 공제(장기 보유, 노령자)까지 적용되기 때문이다.

양도세

조정대상지역은 1주택 2년 보유·거주 요건이 충족될 경우 12억 원까지 양도세 비과세 혜택을 받을 수 있다. 다주택자인 경우 양도세가 중과되지만 현재 윤석열 정부의 정책으로 한시적 배제가 적용

[다주택자가 투자하기 좋은 절세 가능 종목]

종목	세금	절세 내용
분양권	취득세	등기 전까지 취득세 없음 취득세 중과 없음
	양도세	1년 미만 보유 시 70% 1년 이상 보유 시 60%
공시가격 1억 원 이하 주택	취득세	1.1% 단일 세율
멸실된 입주권	취득세	토지로 취급 4.6% 단일 세율
입주권	양도세	2년 보유 시 일반 과세
비조정지역	양도세	일반 과세
수도권, 광역시, 세종시의 읍·면 지역 기준시가 3억 원 이하 주택	양도세	일반 과세
지방 중소도시 기준시가 3억 원 이하 주택	양도세	일반 과세

되고 있다. 좋은 기회가 아닐 수 없다. 비조정지역은 2년 이상 보유

하면 일반 과세가 적용된다.

7장

무주택자를 위한
내 집 마련 전략

- 청약을 기다려야 할까, 기축을 매매해야 할까?

- '내 집 마련 리트머스'로 내게 맞는 주택 마련 전략 짜기

청약을 기다려야 할까, 기축을 매매해야 할까?

'청약 당첨을 기다려야 할까, 기축을 매매해야 할까?'

아마도 이 질문은 내 집 마련을 계획하는 무주택자들의 영원한 과제일 것이다. 최근 수도권 집값이 주춤하자 수도권 내 청약 당첨 커트라인도 낮아지고 있다. 20점대의 최저 가점도 속속 나오고 있고, 최고 가점이 40점대로 낮아진 곳도 있다. 2021년 수도권 전역에서 청약 가점 인플레이션 현상이 나타난 것과는 대조적인 현상이다. 심지어 2021년에는 84점 만점 통장이 등장하기도 했는데, 84점은 부양가족 6명 이상인 사람이 무주택 기간 15년 이상(32점), 청약통장 가입기간 15년 이상(17점)이라는 조건을 모두 충족시켰을 때 받을 수 있는 점수다. 사실상 거의 불가능의 영역에 있는 점수인데, 그것이 현실로 나타났던 것이다.

이러한 청약 시장이 2022년 들어서 달라지기 시작했다. 대출 규제와 금리 인상으로 자금 마련이 어려워지면서 청약 시장에 나오는 단지들 중 분양가 상한제에 적용을 받아 주변 시세 대비 확실한 안전 마진이 있다고 판단되는 곳에만 사람이 몰렸다. 반면 분양가 상한제의 적용을 받지 않는 지역에서는 청약 열기가 다소 가라앉아 서울 일부 지역에서도 낮은 가점으로 당첨된 사례가 나올 정도였다.

부동산114에 따르면 2022년 1~6월 서울에서 분양한 아파트들의 평균 최저 가점은 45점으로, 지난해의 평균 최저 가점(60점)보다 15점이나 낮아졌다. 평균 최고 가점도 66점에서 54점으로 10점 이상 낮아졌다. 2022년 5월에 분양한 도봉구 창동의 창동다우아트리체는 59m^2 B 타입의 당첨 최저 가점은 32점에 지나지 않았다. 이곳의 분양가는 7억 9380만 원~8억 720만 원으로, 인근의 동일 평형 시세와 별 차이가 없었기에 큰 관심을 받지 못한 것이다. 그런가 하면 2022년 3월에 분양한 강북구 미아동의 한화포레나미아 역시 84m^2 기준 약 11억 5000만 원의 분양가로 인근 단지들과 거의 시세 차이가 없어 고분양가 논란에 휩싸이기도 했다. 당첨 최저 가점 역시 34점으로 매우 낮았다.

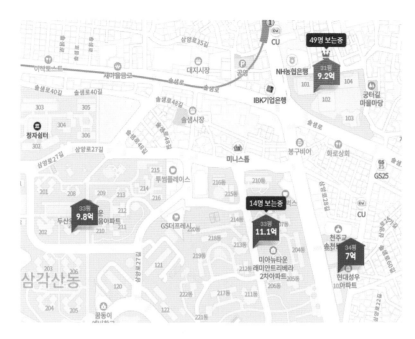

[한화포레나미아 인근 아파트의 동일 평형 시세 (출처: 호갱노노)]

로또 당첨을 기대하지 말고
전략적으로 청약에 도전하라

청약 시장의 열기가 예전만 못해서인지 요즘은 '청약에 당첨되어 고
민'이라는 사람이 자주 보이곤 한다. 경기도와 인천 지역의 청약에
대거 당첨된 30대 저가점 싱글들은 불안한 목소리로 이렇게 묻는다.

"여기 당첨됐는데 괜찮은 거죠? 저 잘한 것 맞죠?"

만약 분양가 상한제가 적용되는 수도권 지역에서 저렴한 분양가로 나온 아파트에 당첨되었다면, 잘한 것이 맞다. 그것이 바로 청약을 영리하게 활용하는 법이다.

나는 수도권 외곽 지역은 싫고, 실상 청약에 당첨되리란 보장도 없는데 서울 핵심 지역만 노리며 무한히 '희망회로'를 돌리는 사람들을 수없이 봐왔다. 하지만 저가점자라면 괜히 서울 핵심 지역만 바라보지 말고, 분양가 상한제가 적용되는 지역에 청약하기를 권한다. 특히 2기 신도시인 운정신도시, 검단신도시, 양주옥정신도시, 평택고덕신도시에 전략적으로 도전하자. 이곳들에서는 하락기가 와도 충분히 버틸 수 있을 만큼 저렴한 분양가의 단지가 종종 나온다. 남들이 손 놓고 있을 때 두드리는 자가 기회를 잡을 수 있다. '선택과 집중'을 통해 내가 진짜 수익을 볼 수 있는 곳에 청약하자.

종잣돈 규모가 얼마인가? 가점은 얼마인가? 앞으로 가점이 많이 오를 가능성이 있는가? 당신이 원하는 지역의 당첨 가점 커트라인은 얼마인가? 만약 당신이 원하는 지역의 가점이 터무니없이 높다면, 조금 더 낮은 급지로 바꿔서라도 청약에 도전하고 싶은 마음이 있는가? 아니면 어떻게든 그 지역에 살아야 하는가?

현실을 냉정하게 파악해야 한다. 그저 '언젠간 되겠지'라고 희망회로만 돌려봤자 변하는 것은 아무것도 없다. 많은 무주택자가 안전마진을 확보하는 차원에서만 청약에 도전하고, 그래서 항상 파격적으로 분양가가 저렴하거나 누가 봐도 크게 오를 지역인 핵심 지역에만 신청자가 몰린다. 그렇게 '로또 당첨'만 바라지 말고 내 상황에 당첨 가능한 지역을 선택해 그곳에 집중해야 한다.

먼저 지금 내 가점이 얼마인지, 그리고 내가 원하는 지역의 가점 커트라인이 대략 얼마인지를 확인하자. 아슬아슬하게 모자라다면 그 지역 내에서 조금 입지가 떨어지는 단지로 눈을 돌리면 되니 다행이다. 갖고 있는 자본금이 많다면 분양가가 조금 높게 나오는 아파트를 노려도 괜찮다. 350페이지의 '청약 체크리스트'로 자가 진단을 해보며 청약에 대해 더 자세히 공부해 보자.

그런데 가점이 터무니없이 모자라다면 이제는 진짜 내려놓을 때다. 당신의 청약통장이 빛을 발할 수 있는 다른 지역으로 눈을 돌리라는 뜻이다. 만약 서울에 살고 있는데 어떻게든 신축 아파트를 마련하고 싶다면 경기도나 인천으로 눈을 돌려보길 바란다. 물론 해당 지역에 거주하며 당해 조건을 채운 사람들이 훨씬 유리하겠지만, 대규모 택지지구는 서울에 주소를 두고 있어도 얼마든지 청약 지원이

[청약 체크리스트]

1	청약통장의 종류를 알고 있다.	☐
2	공공분양과 민간분양의 차이를 알고 있다.	☐
3	내 청약 가점을 정확히 알고 있다.	☐
4	특별공급과 일반공급의 차이를 알고 있다.	☐
5	사전청약과 본청약의 차이를 알고 있다.	☐
6	중도금 대출 한도, 취득세 등 필요 자금을 계산할 수 있다.	☐
7	현재 청약에 관련된 이슈를 정확히 알고 있다.	☐
8	청약 필승 당첨 전략(당해, 타입, 틈새시장 등)을 알고 있다.	☐
9	부적격과 재당첨 제한 등의 규제사항을 알고 있다.	☐
10	주요 청약 예정지의 분양 일정을 알고 있다.	☐

가능하다. 지역을 낮추면 선택지는 훨씬 많아진다.

청약만이
새 아파트를 갖는 법은 아니다

그러나 도저히 '상급지 신축 아파트'를 포기할 수 없다면 청약 외의 방법으로 눈을 돌려야 한다. 신축 아파트를 얻는 방법은 크게 네 가지가 있다. 신축 아파트를 사는 것, 청약 당첨자의 분양권을 사는 것, 정비사업 조합원의 입주권을 사는 것, 그리고 청약에 당첨되는 것이다. 내 지인 L 씨도 청약에만 '올인' 하다가 방향을 선회해 다른 방법으로 신축 아파트를 마련했다. L 씨는 2019년부터 2년 동안 청약에 십수 번을 도전했지만 번번이 낙첨했다. 어쩌면 당연했다. 지원하는 곳이 경기도 내에서도 입지로는 '원톱'인 경기도 과천시였고, L 씨 부부는 자녀가 없는 신혼부부여서 신혼부부 특별공급이든 일반공급이든 가점이 낮아 당첨될 확률이 무척 낮았기 때문이다. 나는 자본금이 충분하니 기축 아파트를 매수하라고 설득했지만, 그들은 이왕 큰돈을 주고 사는 집인데 오래된 아파트에 들어가고 싶지 않다며 청약만을 고집했다.

결국 그들은 2년 동안이나 청약에만 도전했지만 단 한 번의 예비당첨조차 못 한 채, 결국 청약 이외의 방법을 선택했다. 내 오랜 설득 끝에 서울 강동구에 위치한 관리처분인가 이후의 재건축 아파트를 매수한 것이다. 당시 필요한 초기 투자금은 4억 원대였는데, 다행히 L 씨 부부의 예산과 맞아 이 집을 매수할 수 있었다. 그리고 그로부터 약 2년이 지난 지금, 그들이 매수한 아파트는 벌써 착공에 들어가 2년 후면 멋들어진 새 아파트로 재탄생할 예정이다. 현재 이 아파트의 호가는 13억 원대로, 초기 투자금만 해도 9억 원이 넘게 필요하다. L 씨는 이 아파트를 매수하던 당시를 떠올리면 "계속 청약에만 매달렸다간 큰일 날 뻔했다"며 가슴을 쓸어내린다.

어느 정도 종잣돈 규모가 있다면 청약 외의 다른 방법으로 눈을 돌려보길 바란다. 1~2억 원대의 종잣돈이 있다면 수도권 조정대상지역에서 준신축 아파트나 분양권을 매수할 수 있고, 3~4억 원대의 종잣돈이 있다면 정비사업으로 새것이 될 낡은 집을 매수할 수도 있다. 전세를 끼고 레버리지 투자를 하는 방법도 있다. 내 집을 마련하는 방법은 생각보다 매우 다양하고, 그중에는 정말 옥석 같은 '새것이 될 것'도 많다. 앞에서 설명했듯 서울이 아니라도 그 지역의 주민들이 찾는 '지역 내의 강남', 내 자산을 불려줄 '역동적 입지'는 수도권에도 여럿 있다. 무주택자에게는 100점짜리 집이 아니라도 일단 시작해 보는 것이 먼저다.

'내 집 마련 리트머스'로
내게 맞는 주택 마련 전략 짜기

어린 시절 과학 시간에 사용해 본 '리트머스 종이'를 기억하는가? 리트머스 종이는 물질의 pH 농도를 파악할 수 있는 지시약으로, 물질이 산성이면 종이가 붉은색으로 변하고 염기성이면 푸른색으로 변한다. 리트머스 종이에 물질을 떨어뜨려 pH 농도를 알아보듯이, 여기서는 무주택자라면 내가 '어떤 무주택자'인지 확인해 볼 것이다.

무주택자라도 모두 같은 상황은 아니다. 각자 가진 조건마다 도전해야 하는 투자 종목도 조금씩 다르다. 누군가는 청약이 더 유리할 수도 있고, 또 다른 누군가는 기축 아파트를 매매해서 빠르게 갈아타기를 해나가는 게 유리할 수도 있다. 또 같은 청약이라고 할지라도 어떤 무주택자인지에 따라서 선택해야 하는 상품이나 공급 전형이 다를 수 있다. 과거에는 청약이 무주택자들에게 그저 '천국의 문'이 열리는 길이었다면, 지금은 내가 알아서 천국으로 가는 길을 찾아 문을 열어젖혀야 하는 때다.

청약 당첨에 가장 유리한
신혼부부의 내 집 마련 전략

신혼부부는 종잣돈 규모에 따라서 각각 다른 전략으로 접근해야 한다. 3억 원 이상의 가용 자금이 있다면 청약 말고 기축 아파트를 매매하거나 정비사업으로 새것이 될 물건을 살 수 있다. 언제 당첨될지 기약도 없는 데다가 분양가 상한제 적용 지역이 아닌 경우 요즘에는 분양가가 주변 시세 대비 저렴하지도 않기 때문에 3억 원 이상의 종잣돈이 있다면 청약보다 빠르게 내 집을 마련하고 좁은 보폭으로 갈아타기를 계속 해나가는 편이 자산 규모를 키우는 데 더 효과적이다.

그러나 가용 자금이 1억 원 미만이라면 '어서 집을 사야 한다'는 강박에 얽매여 장점 없는 입지의 기축 아파트나 나홀로 아파트를 매수하기보다는 계속 청약에 도전하는 편을 추천한다. 일단 기본적으로 밥 먹듯이, 숨 쉬듯이 청약에 지원해야 한다. 지역이나 상품이 조금 마음에 들지 않더라도 분양가 상한제를 적용받아 분양가가 '가성비 있게' 나온 아파트라면 일단 지원해 보자.

　신혼부부는 전략만 잘 짠다면 청약에서 가장 쉽게 당첨의 기쁨을 맛볼 수 있는 층이다. 만약 현재 서울에 거주하고 있는데 청약을 노리고 있다면 '거주지'부터 다시 생각해 보길 권하고 싶다. 서울은 청약 기회 자체가 적은 데다가, 핵심 입지는 분양가도 비싸서 종잣돈 규모가 작은 신혼부부에게 부담스러울 수 있다. 그리고 서울에 주소를 두고 있으면 수도권 대규모 택지지구에 청약을 넣을 때도 당해 조건을 채우지 못해 불리하다. 일반 청약은 당해 자격을 얻으려면 2년을 거주해야 하지만, 사전청약은 공고 나기 하루 전부터만 거주하고 있어도 당해 자격을 갖출 수 있다는 큰 이점이 있다. 그러니 조금이라도 당첨 확률을 높이고 싶다면 앞으로 예정돼 있는 3기 신도시 사전청약지인 경기도 남양주시, 하남시, 고양시, 인천광역시 중에 거주지를 전략적으로 선택해 보길 바란다. 물론 자신이 가진 스펙에 따라서 어떤 지역을 선택할지도 달라져야 한다. 자녀가 없거나 한 명뿐이어서 신혼부부 특별공급으로 지원한다고 해도 가점이 낮다면 공공분양이 아니라 신혼희망타운을 지원하거나, 선호도가 비교적 떨어지는 지역에 지원하는 식으로 좀 더 많은 것을 내려놓을 필요가 있다.

시장에 기민하게 대응해야 하는
가점 높은 무주택자

"휠휠 님, 무주택으로 산 세월이 이렇게 긴데 아무 단지에나 청
약통장을 쓰기에는 너무 아까워요. 가점이 높은 편인데 서울 핵
심 지역을 노려보기엔 부족할까요?"

무언가 내려놓아야 한다는 나의 말에 자칭 '가점이 높은' 무주택
자들은 자주 이런 질문을 해오곤 한다. 그런데 이 질문에 앞서, 우선
가점이 어느 정도 되어야 높다고 할 수 있는지 그 기준부터 잡아야
한다.

357페이지의 표는 2021년 말부터 2022년까지 새로 분양한 아파트
중 각 지역의 주요 입지에 위치한 단지들이다. 청약 열기가 가라앉
은 지금도 지역 내에서 핵심 입지로 손꼽히는 곳들은 여전히 고가점
자들만 당첨되는 것을 확인할 수 있다. 그리고 2022년 서울에서 분

분양 아파트(타입)	경쟁률	최저 가점	최고 가점	평균 가점
센트레빌아스테리움 영등포(59)	397 : 1	69점	78점	70.65
신영지웰 운정신도시(84A)	37 : 1	58점	70점	60.2
힐스테이트 구리역(84A)	44 : 1	64점	72점	67.36
오산세교2지구 호반써밋그랜빌(84A)	56 : 1	56점	69점	61.8
과천 한양수자인(84A)	42 : 1	69점	76점	70.16

양을 앞둔 곳은 이문1구역, 이문3구역, 아현2구역, 공덕1구역, 반포 한신4지구 등은 모두가 선호하는 핵심 입지다. 지금까지 이와 같은 서울 상급지에서는 60점 후반에서 70점대 수준의 가점이 나와야 당첨이 가능했다. 이 지역들을 노리며 대기하고 있는 고가점자들도 많기에 앞으로 분양할 핵심 입지의 당첨 커트라인은 매우 높을 것으로 예상된다. 물론 가점이 높은 무주택자라면 내 집 마련 전략으로 청약을 생각하는 것이 맞지만, 자신의 가점이 과연 핵심 지역 기준 '고

가점'인지, 지금까지의 당첨 커트라인을 확인하며 객관화하는 작업을 거쳐야 한다.

2022년 6월 분양가 상한제 개편안이 발표되며 지금보다 분양가는 4% 높아질 것으로 예상되고 있다. 윤석열 정부는 이어서 8월에 청약 제도 개편을 발표할 예정인데, 이때 제도가 어떻게 개정되느냐에 따라 청약 시장의 온도도 결정될 것이다. 고가점자라면 더더욱 예민하게 시장의 변화를 감지하고 대응해야 한다. 높은 가점만 믿고 기다리기만 하면 아무것도 얻을 수 없을 것이다.

청약에서 가장 불리한
결혼 예정 없는 가점 낮은 싱글

향후 근시일 내에 결혼 계획이 없는 가점 낮은 싱글은 사실상 청약에서 가장 불리한 층이다. 워낙 당첨 확률이 낮기에, 나는 어느 정도 종잣돈만 있다면 청약보다는 다른 방법을 권하곤 한다. 다행인 것이 있다면 이제부터는 싱글도 추첨제로 생애최초 특별공급에 지원할 수 있다는 것이다. 다만 내 운만을 믿고 핵심 지역의 생애최초 특별공급에만 지원하면서 느긋하게 앉아 있기보다는 비교적 관심이 덜

한 곳에 청약을 넣거나, 자본에 어느 정도 여유가 있다면 추첨제로 당첨될 수 있는 대형 평형에 청약을 넣는 등 틈새시장을 공략해야 한다.

나는 가점도 낮고 종잣돈 규모도 적은 싱글에게는 비조정지역 청약을 추천해 왔다. 비조정지역은 주소지가 당해가 아니라도 만 19세만 넘으면 누구나 지원할 수 있고, 85㎡ 이하의 평형도 50%는 추첨으로 뽑으니 조정대상지역보다 훨씬 경쟁에서 유리하다. 게다가 비조정지역은 보통 계약금도 10%이고, 분양가 자체가 저렴하다 보니 5000만 원 이하의 종잣돈을 갖고도 도전할 수 있다. 6개월이 지나면 분양권 전매도 가능하다. 그러니 적은 종잣돈을 빠르게 불리고 싶거나 실거주를 원한다면 비조정지역에 첫 집을 마련하는 것도 하나의 방법이 될 수 있다. 다만 어디든 오르는 상승장이 아니기 때문에 비조정지역에 청약을 한다면 그 지역 내에서 좋은 입지가 맞는지, 주변의 분양권 프리미엄은 어느 정도에 형성되어 있는지 등 조건을 면밀히 살피고 청약에 지원해야 한다.

K 씨 부부의 시작은 여느 신혼부부들과 다를 바 없었다. 캠퍼스커 플로 시작해 사회초년생 시절도 함께 버텨낸 부부의 종잣돈은 약 1억 7000만 원으로, 레버리지를 끼면 아파트를 매수할 수 있었지만 '일단 살아보고 결정하자'며 전셋집을 구했다. 그렇게 K 씨 부부는 2014년 고양시 덕양구의 별빛마을건영10단지에 신혼살림을 차렸다. 그런데 반년쯤 지났을 무렵 집주인은 갑작스레 "2억 9000만 원에 이 집을 매수하지 않겠냐"라는 제안을 해왔다.

'직장도 가깝고, 주변에 학교도 있고 상권도 있고⋯. 이 정도면 나 중에 아이를 키우기에도 괜찮지 않을까? 2억 9000만 원이면 대출도

1억 원 정도만 끼면 되니까 괜찮을 것 같아.'

K 씨는 전세금에 6개월간 더 모은 저축액을 더해, 자기자본 1억 9000만 원에 대출 1억 원을 끼고 살던 집을 매수했다. 그러나 얼마 후, 이 집에 오래 살겠다던 K 씨 부부의 마음은 180도 바뀌어버렸다. 직장 상사의 집들이에 갔다가 세련된 신축 아파트에 반해버린 것이다. 1996년도에 준공한 구축에 살아온 그들에게 멋드러진 신축 아파트는 완전히 '신세계'였다.

직장 상사의 집은 마포구의 마포래미안푸르지오로, 조합원 입주권을 매수해 들어갔다고 했다. K 씨는 '조합원 입주권'이란 말을 그날 태어나서 처음 들어봤다. 신축 아파트를 분양가보다 더 싸게 살 수 있다니, K 씨는 상사에게 재개발이란 건 대체 무엇인지, 이런 곳이 또 있는지, 재개발 말고도 아파트를 싸게 살 수 있는 방법이 있는지 묻고 또 물었다. K 씨 부부의 본격적인 부동산 공부가 시작된 건 그때부터였다.

그렇게 2년이 지난 후, 갈아타기를 고민하던 K 씨 부부는 특강이 끝난 후 내게 상담을 청해왔다. 그들과의 첫 만남이었다. 당시 별빛마을건영10단지는 3억 원 중반대 이상의 시세를 형성하고 있었는데, 매수했을 때보다 큰 폭으로 오르진 않았지만 얼른 시세차익을 얻어 갈아타고 싶다는 마음이었다.

"직장이 광화문이라 저는 계속 마포구 쪽을 찾아봤었어요. 그래서 마포래미안푸르지오에 살고 싶다고 생각했던 거고요. 그런데 이번에 갑작스럽게 강남에 있는 직장으로 옮기게 되어서 너무 고민이 됩니다. 강남에 집을 사기에는 돈이 턱없이 부족하고, 그렇다고 지금 이 집에 계속 살기는 싫고⋯. 저희가 가진 종잣돈으로 살 수 있을 만한 곳이 어디 없을까요?"

"꼭 실거주를 하셔야 할까요? 가용 현금이 2억 원 중반대 정도 되는 것 같은데, 그 금액이면 마포래미안푸르지오에 전세 레버리지 투자를 하실 수 있어요. 이곳은 신축 아파트가 계속 들어서면서 가치도 지금보다 훨씬 더 높아질 거고요."

K 씨 부부는 처음에 내 이야기에 깜짝 놀랐다. 매수한 집에 실거주하는 것만 생각했지, 매수한 집을 전세로 놓고 자신들도 월세나 전세로 거주하는 건 생각하지도 못한 것이다. 기나긴 고민 끝에 K 씨 부부는 정든 신혼집을 매도하기로 결정했다. 마포래미안푸르지오를 매수해 6억 원에 전세를 놓고 자신들은 강남으로 출퇴근하기 좋은 지역의 빌라에서 월세살이를 하기로 마음먹었다. 이는 내 상담이 준 영향도 있지만, 그들이 꾸준히 부동산 공부를 하며 입지에 눈을 뜬 덕이 컸다.

2017년 3월

별빛마을건영10단지(77㎡) 매도: 3억 6500만 원

시세차익: 7500만 원

순자산: 2억 6500만 원+a(저축액)

마포래미안푸르지오(84㎡) 매수: 8억 5000만 원

전세 세팅: 6억 원

마포래미안푸르지오는 속속 입주하는 아현뉴타운의 신축 주거벨트에 힘입어 나날이 시세가 상승했다. 서울의 중심 업무지역까지 단 10~15분이면 접근할 수 있는 특출한 입지와 신축 아파트라는 상품, 그리고 부동산 상승장까지 많은 요소들이 맞물리며 마포래미안푸르지오는 2년 만에 13억 원대로 시세가 껑충 상승했다. 매수한 지 2년이 된 시점, 그들은 망설이지 않고 더 상급지로 갈아타기를 선택했다. 잠실과 강남 중 고민하던 K 씨 부부는 향후에 아이를 학교에 보낼 것을 고려해 강남구 도곡동을 선택했다.

2019년 4월

마포래미안푸르지오(84㎡) 매도: 13억 5000만 원

시세차익: 5억 원

순자산: 7억 6500만 원+a(저축액)

도곡렉슬(84㎡) 매수: 18억 5000만 원

전세 세팅: 9억 7000만 원

당시는 실거주 요건이 없어 2년을 보유하기만 하면 양도세 비과세 혜택을 받을 수 있었다(2017년 8월 2일 이전에 매수한 경우). K 씨 부부는 마포래미안푸르지오로 얻은 시세차익에 2년 동안의 저축액과 신용대출, 사내대출을 더해 10억 원의 종잣돈을 만들어 도곡렉슬로 갈아탔다. 이때 부부는 둘 다 30대 중반이라는 젊은 나이였다. 그들이 선택한 건 이번에도 레버리지 투자였다. 대신 이번에는 훨씬 더 치밀한 미래 계획이 있었다. 일단 처음에는 전세를 끼고 매수해 초기 투자금을 줄이고, 2~4년 후 도곡렉슬의 시세가 오르면 세입자퇴거대출을 받아 세입자를 내보낼 계획이었다. 아이가 초등학교에 입학하는 2023년까지만 입주하면 된다는 심산이었다.

K 씨 부부의 입지 센스는 보기 좋게 맞아떨어졌다. 도곡렉슬은 2년 만에 28억 원으로 올라, 2년 전세계약이 끝난 후 세입자퇴거대출로 무사히 세입자를 내보낼 수 있었다. 그들은 현재 도곡렉슬에서

편안한 실거주를 즐기고 있다. 직장과도 가깝고, 근처에 학업성취도 높은 학교들이 즐비한 데다 대치동 학원가와도 가까워 그들은 적어도 20년은 이곳에 거주하며 강남의 인프라를 마음껏 누릴 계획이라고 했다. 그들은 사회초년생 회사 후배들을 만날 때마다 귀가 따가울 만큼 '대출을 일으키더라도 내 집을 마련해야 한다'고 말한다. K씨는 결혼을 앞둔 신혼부부들에게 이 말을 꼭 전하고 싶다고 했다.

"제가 만약 신혼부부 시절로 돌아간다면 대출을 더 일으키더라도 더 입지 좋은 곳에 첫 집을 샀을 것입니다. 입지에 눈을 뜨면서 제 인생은 달라지기 시작했습니다. 어떻게든 내 종잣돈을 100% 활용할 기회를 찾고, 공부하고 또 공부하십시오. 몰랐던 기회가 곳곳에 숨어 있고, 그 기회들은 반드시 나를 상급지까지 데려다줄 것입니다!"

4부

훨훨이 짚어주는
라이프사이클별
나만의 강남 찾기 프로젝트

나이에 따라, 가족 구성에 따라 필요한 집은 다르다. 30대 신혼부부라면 부부 둘 다 출퇴근이 가능한 집이, 4050 부부라면 학령기 아이를 키우기 편리한 집이 필요할 것이다. 여기서는 인생의 라이프사이클과 생활권, 니즈에 따른 맞춤형 입지 솔루션을 제공한다. 가족 모두가 만족스럽게 거주할 수 있고 동시에 자산 상승도 노릴 수 있는 나만의 강남을 찾아보자.

- 종잣돈이 적은 20대 사회초년생의 생애최초 주택 마련
- 직주근접이 중요한 30대 신혼부부의 보금자리 마련
- 아이의 교육이 중요한 4050 부부의 갈아타기
- 편안한 노후를 위한 6070의 보금자리 재설정

종잣돈이 적은 20대 사회초년생의
생애최초 주택 마련

20대 후반
~30대 초반 싱글

연봉
3500만 원 이상

종잣돈
1억 원 내외

연봉도 적고 모아놓은 돈도 별로 없는 사회초년생들은 집을 사겠다는 생각조차 잘 하지 못한다. 애초에 자신의 수입은 집을 마련하기에 턱없이 부족하다고 생각하는 것이다. 물론 돈을 벌기 시작한 지 5년도 지나지 않은 20대 청년이 서울 상급지에 집을 사는 것은 특별한 경우가 아닌 이상 불가능하다. 하지만 시야를 수도권으로 넓히면 많은 가능성이 존재한다. 단번에 중위급지 이상의 입지에 집을 사려하지 말고, 보폭을 좁게 하되 남들보다 빠르게 나아가 인생의 시계를 앞으로 당겨놓자.

여기서 소개하는 것은 1억 원 내외의 종잣돈이 있고, 연봉이 약

3500만 원 이상인 사회초년생이라면 누구든 실천할 수 있는 방법이다. 단, 여기서 말하는 종잣돈 1억 원은 '현금' 1억 원이 아니다. 직장인에게는 성실하게 일하며 쌓아온 '신용'이 있다. 보통 1금융권에서는 거의 연봉 수준까지 신용대출이 나온다. 보수적으로 잡아 내 연봉의 80% 정도가 신용대출로 나온다고 생각하고 내 종잣돈이 얼마가 되는지를 다시 한번 확인해 보자. 5년 동안 한 달에 100만 원 이상씩 저축하며 성실하게 일해온 직장인이라면 신용대출을 포함해 1억 원 내외의 종잣돈을 만들 수 있을 것이다.

빠르게 새 아파트를 마련하는
분양권 투자

종잣돈이 적은 20대라면 첫 번째로 분양권 투자를 고려해 볼 수 있다. 지난 수년간 수도권의 분양권 투자는 불패라는 이야기가 나올 정도로 실거주용 내 집 마련 용도로도, 투자 상품으로도 인기가 많았다. 계약금 10%와 프리미엄만으로 신축 아파트가 될 분양권을 소유할 수 있어서 입주 전에 매도할 요량으로 투자한 사람들이 많았다. 하지만 2020년 9월부터 수도권 과밀억제권역·성장관리권역과 지방 광역시에 건설되는 주택의 전매는 소유권 이전 등기 이후에 가능하도록 규정이 바뀌며 아파트 분양권의 전매는 사실상 금지된 상태다. 다만 2020년 9월 이전에 분양을 완료한 일부 단지들은 여전히 거래가 가능하다. 분양권이 '레어템'이 되긴 했으나 기회는 아직 있다. 남아 있는 분양권들의 입지와 프리미엄을 보고 선택해 보자.

양주신도시의 양주옥정역대광로제비앙은 7호선 연장 호재의 수

[급매로 나온 분양권 매물들 (출처: 네이버 부동산, 2022년 6월 기준)]

혜를 받는 단지다. 그런데도 입주가 코앞으로 다가오자 프리미엄을 5000만 원까지 낮춘 급매 물건이 종종 나오고 있다. 입주가 가까운 분양권은 다주택자 규제와 대출 규제가 심해진 탓에 시장에 급매로 나오는 경우가 많다. 입주를 앞두고 등기를 치기 어려운 다주택자가 급하게 매물을 내놓는 것이다. 경강선 역세권에 위치해 판교까지 출퇴근이 가능한 여주역금호어울림베르티스도 2022년 8월 입주를 앞두고 프리미엄이 낮은 물건이 자주 출현하고 있다. 프리미엄이

[입주장에 나오는 급매 매물들 (출처: 네이버 부동산, 2022년 6월 기준)]

5000만 원대로, 84 m^2형의 신축 아파트를 총 매매가 4억 원 이하로 마련할 수 있는 좋은 기회다.

또는 입주 시기에 전세를 놓으려던 다주택자들이 보유세가 부담스럽거나, 인프라가 아직 미흡해 전세가 잘 맞춰지지 않는 등 문제가 생기면 급매 물건을 내놓기도 한다. 보금자리 대출을 활용해 적은 금액으로 내 집을 마련할 수 있는 절호의 기회다. 입주장을 틈타 가성비 있게 신축 아파트를 마련해 보길 바란다.

생애최초 주택 구매자 혜택,
80% 대출로 실거주할 집 찾기

윤석열 정부가 들어서며 생애최초 주택 구매자에게 강력한 혜택이 생겼다. 바로 'LTV 80% 상한'이다. 윤석열 정부는 생애최초 주택 구매자에 한해서 주택의 소재 지역에 상관없이 대출 한도 6억 원 이내에서는 LTV 상한 80%를 적용하겠다고 발표했다. 내게 1억 원이 있다면 이론상 5억 원짜리 집을 살 수 있는 것이다. DSR 규제는 계속 유지되지만 청년의 DSR을 산정할 때는 미래 소득까지 고려하고, 보금자리론의 체증식 상환도 종전의 최대 30년 만기에서 40년 만기로 늘면서 청년층의 대출 부담이 대폭 완화되었다.

소득 대비 과도한 대출은 경계해야 하지만 서울이 아닌 수도권으로 눈을 돌려보면 4억 원대로 살 만한 곳이 여전히 존재한다. 그러니 얼마짜리 아파트를 매수해야 하는지, 그 시세 그룹에 해당하는 아파트 중 어디가 내 종잣돈을 가장 효과적으로 불려줄 수 있을지 확인해보자.

시간을 미리 벌어두는
전세 레버리지 투자

부모님과 함께 거주 중이라 실거주할 필요가 없거나 소득 대비 대출금이 부담스럽다면 전세를 끼고 집을 미리 매수해 놓는 방법도 있다. 매매가와 전세가의 차이가 1억 원 정도인 집을 찾아 전세 레버리지 투자를 하자. '앞으로 오를 입지'를 찾아 그곳에 내 종잣돈을 심어놓고 2년을 기다리는 것이다. 전세 레버리지 투자는 이자를 단 한 푼도 내지 않으면서 레버리지를 활용할 수 있는 절호의 방법이다.

'호갱노노' 앱에는 다양한 필터를 통해 원하는 조건의 아파트를 검색할 수 있는 기능이 있다. 이 기능을 이용해 필터링을 하면 내 가

['호갱노노' 앱에서 적합한 물건을 찾는 방법 (출처: 호갱노노)]

용 자금으로 전세 레버리지 투자가 가능한 단지들을 어느 정도는 추릴 수 있다. 현재 살고 있는 지역을 대상으로 검색해 봐도 좋고, 평소에 관심 있는 지역이 있었다면 그곳을 대상으로 검색해 봐도 좋다. 지역을 넓히면서 내가 투자할 수 있는 단지가 어디인지 찾아보고, 투자할 만한 단지를 추렸다면 그중 어디가 가장 좋은 입지인지 앞에서 읽은 내용을 바탕으로 분석하면 된다.

만약 선택지가 너무 많아 고민된다면 다른 투자자들의 선택을 참고해 보자. '아실' 앱에는 '갭투자 증가 지역'이라는 메뉴가 있다. 이 메뉴에서 기간별로 어느 지역에 갭투자 매매가 증가했는지를 볼 수 있고, 지역마다 붙어 있는 '갭투자 현황'이라는 메뉴를 클릭하면 해당 지역에서 어떤 아파트가 갭투자로 인기이며 매매가, 전세가의 차이는 얼마인지도 확인할 수 있다.

주의해야 할 것은 매매가와 전세가의 갭이 적다고 해서 무조건 좋

['아실' 앱에서 제공하는 갭투자 정보 (출처: 아실)]

은 투자처는 아니라는 점이다. 전세 레버리지 투자의 기본은 수요와 공급이다. 그 지역의 입주 물량이 적을수록, 지역 내의 아파트 전세 매물이 적을수록 좋다. 2년 후 매도하거나 전세를 갱신해야 할 수 있으니 2년 후의 수급까지 함께 확인해야 한다. 전세가를 결정짓는 것은 '실사용 가치'다. 일자리 접근성이 높고 지하철역을 도보로 이용할 수 있으며 초등학교를 품고 있는 등의 실거주 여건이 좋아야 한다. 즉, 수급 조건을 충족하는 곳 중 실거주 만족도가 높은 곳을 선택해 투자하자. 원래 조정대상지역의 경우 집주인이 2년 이상 실거주해야 양도세 비과세를 받을 수 있었으나 윤석열 정부가 '상생임대인 제도'를 도입하며 기준이 완화되었다. 직전 임대차 계약 대비 임대료를 5% 이하로 올릴 경우 양도세 비과세를 받을 수 있으므로 이 제도를 잘 찾아보고 최대한 활용해 보길 바란다.

새 아파트를 가장 싸게 사는 방법,
정비사업 입주권

누구나 서울에 집을 사고 싶어 하지만 돈을 모아서 사기는 여간 어려운 일이 아니다. 모아둔 돈이 적은 20대 사회초년생이라면 더더욱 그렇다. 가장 초기 투자금이 적게 드는 것은 청약이지만, 20대 사회 초년생들은 가점도 낮아 당첨 확률이 현저히 떨어진다. 그렇다면 나중에 신축 아파트로 다시 태어날 재개발 입주권을 사놓고 기다리면 된다. 재개발 입주권은 나중에 다양한 방법으로 이익을 실현할 수 있다는 점도 큰 장점이다. 입주권을 매도해 시세차익을 보거나, 신축 아파트로 완성될 때까지 기다렸다가 입주를 하거나 혹은 전세를 놓는 세 가지의 선택지가 있기 때문이다.

인천은 2025년까지도 입주 물량이 많아 현재 매수세가 상당히 사그라든 상태이고, 그 탓에 신축 아파트 분양권은 물론 재건축·재개발 정비사업에서도 급매 물건이 출현하고 있다. 관리처분인가 이후의 입주권이라면 입주까지 5년 내외만 기다리면 되기에 보통 프리미엄이 높게 형성되고, 긴 기다림이 필요한 초기 구역일수록 프리미엄은 낮다. 그래서 종잣돈이 낮은 사람은 초기 구역을 선택할 수밖에 없는데, 초기~중기 단계의 재개발 입주권은 오랫동안 기다려야 하기에 비교적 리스크가 커서 보통 추천하지 않는 편이다. 하지만 인천에서는 손품을 팔다 보면 이미 이주와 철거 단계까지 진행되어 3년 후면 입주하는데도 프리미엄이 5000만 원 이하인 물건도 심심찮게 찾아볼 수 있다. 다만 프리미엄이 낮다고 해서 무턱대고 사면 안 된다. 입지가 어떤지 확인해야 하는 건 당연하고, 인근 신축 아파트의 시세가 얼마 정도에 형성되어 있는지도 반드시 확인해 안전마진이 얼마일지 계산해 봐야 한다.

　아래의 송림6구역 물건은 총 매매가 1억 9000만 원, 조합원 평균 분양가 2억 2600만 원에 감정평가액이 1억 5000만 원으로, 계산해보면 약 2억 6000만 원에 신축 아파트를 마련하는 것이나 다름없다. 바로 맞은편에 위치한 신축 아파트인 인천LH브리즈힐은 동일 평형이 네이버 부동산 호가 기준 약 3억 7000만 원에 거래되고 있다. 약

[인천 송림6구역 실제 매물 (출처: 네이버 부동산, 2022년 6월 기준)]

1억 원 정도의 안전마진이 있다고 분석할 수 있다. 초기 투자금도 이 주비 대출을 승계받으면 1억 원 내외여서, 부담이 없다.

이처럼 손품을 팔아보면 가벼운 투자금으로 살 수 있는 물건을 찾을 수 있다. 정비사업의 경우 인터넷에는 올라와 있지 않은 물건도 많으니, 관심이 가는 구역이 있다면 부동산에 들러 발품을 팔아보자. 이후 부동산 소장님에게 우량 매물 정보를 꾸준히 메시지로 받아볼 수 있는 것은 덤이다.

직주근접이 중요한 30대 신혼부부의
보금자리 마련

30대
신혼부부

합산 연봉
7000만 원 이상

종잣돈
2~3억 원 이상

결혼은 모든 사람에게 인생의 큰 변곡점이 되는 이벤트다. 부모님 집이 서울·수도권에 있어서 주거에 대해 크게 고민하지 않던 이들도 결혼을 앞두면 '내 집 마련'이라는 거대한 난관에 봉착한다. 과거에는 웬만큼 종잣돈이 많거나 부모님의 지원이 큰 경우가 아니면 보통 전세로 신혼집을 마련했지만, 최근 5년 상승장을 겪으며 많은 신혼부부가 생각을 바꾼 듯하다. "종잣돈이 적은데, 이 정도로도 집을 살 수 있을까요?"라고 묻는 신혼부부가 부쩍 는 걸 보면 말이다.

성향 차이도 작용하겠지만, 보통 신혼부부는 자신은 전·월세로 거주하고 종잣돈을 투자에 쓰기보다는 종잣돈으로 실거주할 수 있는 집을 찾곤 한다. 여기서는 일반적인 니즈를 고려해 실거주가 가능하며 동시에 가치도 오를 수 있는 입지를 소개하려 한다.

　실거주를 전제로 할 때 가장 크게 작용하는 조건은 뭐니 뭐니 해도 일자리 접근성이다. 보통 사람들은 출퇴근에 하루 1~2시간 정도를 투입한다. 편도 40분이 넘어가면 소요되는 에너지가 너무 많아 그 이하의 시간이 걸리는 집을 찾는다. 일자리 접근성은 거리도 고려해야 하지만 목적지까지 앉아서 갈 수 있는지, 환승을 몇 번이나 해야 하는지 등 '얼마나 편안하게 갈 수 있는가'도 중요하게 작용한다. 여기서는 직장의 위치에 따라 생활권을 크게 서북·서남·동북·동남권역으로 구분해 놓았다. 부부 두 명의 직장을 모두 고려했을 때 어느 생활권이 적절한지, 그리고 그 생활권 안에서 어느 지역이 출퇴근하기 더 편안하며 동시에 내 종잣돈을 한 뼘 더 키워줄 수 있는 입지일지 확인해 보길 바란다.

공덕, DMC로 출근 가능한
서북 생활권

공덕역은 네 개의 노선이 경유하는 덕에 주거 배후지의 범위도 넓다. 아현, 왕십리, 수색증산, 노량진, 흑석, 옥수 일대가 모두 공덕역의 일자리 배후 지역이다. 하지만 이 지역들은 다소 가격대가 높아 신혼부부가 접근하기에는 현실적으로 어렵다. 수도권으로 눈을 돌려보면 김포시 고촌역 일대, 고양시 행신역 일대, 인천시 계양역 일대에서도 20~30분이면 출퇴근할 수 있다.

강서구의 방화5단지는 가장 작은 평형인 44㎡의 경우 아직 시세가 6억 원을 넘지 않아서 보금자리론을 이용해 접근할 수 있는 가성

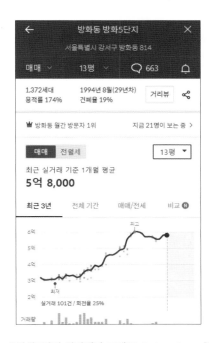

[방화5단지 실거래가 그래프 (출처: 호갱노노)]

비 좋은 아파트다. 마곡, DMC, 여의도, 광화문 등 여러 핵심 입지로의 일자리 접근성이 좋다는 점도 눈에 띈다.

상암DMC는 서북권의 대표적인 일자리 밀집 지역이다. 이 일대에는 6호선, 경의중앙선, 공항철도가 지나고 있으며 강북횡단선과 대장홍대선도 추가로 들어설 전망이다. 직장이 상암이라면 서울에서

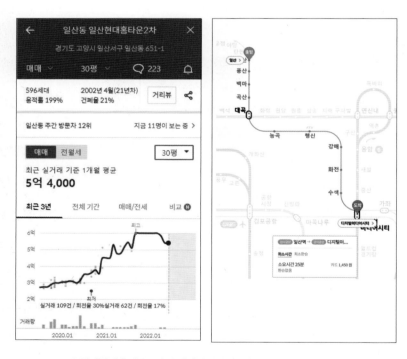

[일산현대홈타운2차의 시세와 DMC까지의 출퇴근 소요 시간
(출처: 호갱노노, 네이버 지하철)]

는 수색증산뉴타운과 가재울뉴타운, 녹번역 일대, 수도권에서는 고양시 원당지구와 일산신도시가 출퇴근하기 용이하다.

그중 일산현대홈타운2차는 경의중앙선 일산역의 초역세권 아파트로 DMC역까지 환승 없이 25분 만에 도착한다. 초등학교를 품고 있어서 자녀 계획이 있는 부부는 오랫동안 실거주할 수 있다는 것도 장점이다. 2023년이면 서해선도 개통해 다양한 곳으로의 환승도 가능하다. 바로 인근에 있는 단지인 e편한세상어반스카이는 일산 구도심 개발의 신호탄을 터뜨린 단지로 현재 11억 원 내외의 시세를 형성하고 있다. 일산 구도심이 차근차근 개발되면서 일산현대홈타운2차 역시 천천히 그 시세를 따라갈 수 있을 것으로 보인다.

일산역을 사이에 두고 일산현대홈타운2차 건너에 있는 후곡마을11단지와 후곡마을12단지도 눈여겨볼 만하다. 이웃 단지인 후곡마을 3, 4, 10, 15단지는 통합 재건축 추진으로 가치가 대폭 상승한 상태다. 이 단지들이 재건축을 진행하면 이웃 단지들도 그에 영향을 받아 정비사업 추진에 박차를 가할 수 있다. 후곡마을11단지와 12단지는 아직 이 네 개의 단지에 비해 시세가 상승하지 않은 상태다. 상승 여력이 여전히 남아 있다고 분석해 볼 수 있다.

마곡, 여의도, G밸리로 출근 가능한
서남 생활권

수도권 서남부 생활권에서는 마곡, 여의도, 구로디지털단지와 가산 디지털단지로 출퇴근할 수 있다. 마곡 일대는 LG, 코오롱, S-OIL, 넥센, 오스템, 제넥신 등 내로라하는 대기업들이 들어서며 '강서의 판교'로 불리는 지역이다. 마곡에 직장을 두고 있다면 김포공항, 부천, 시흥, 고양, 강서구 일대에서 집을 찾아볼 수 있다.

마곡으로 직장을 다닌다면 서해선 소사대곡 구간의 개통으로 순식간에 출퇴근 시간이 단축된 시흥시 일대를 주목하자. 2023년 1월 소사대곡 구간이 개통되면 시흥에서 마곡까지 단 한 번의 환승으로 30분 만에 출퇴근을 할 수 있다. 서해선 시흥대야역 일대의 몇 안 되는 신축 아파트 중 시흥은계어반리더스는 지하철역 초역세권 단지이나 거래량이 없어 현재 시세가 눌려 있는 상황이다. 김포공항역 환승을 이용하면 5호선으로 환승해 여의도 지역까지도 일자리가 확장된다는 장점이 있다. 안락한 실거주를 누릴 수 있는 입주 4년 차의 1200세대 규모 대단지를 가성비 있게 마련할 수 있다.

일명 'G밸리'로 불리는 구로와 가산은 서울디지털산업단지의 확장으로 약 13만 명이 근무하는 스마트 산업단지가 들어서게 되어 그야말로 상전벽해를 이뤘다. 서울교통공사가 제공하는 시간대별 이용 인원 자료에 따르면 2021년 8월 기준, 서울에서 출근 시간대(오전 7시~10시)에 하차하는 승객이 가장 많은 지하철역이 가산디지털단지로 조사되었다. 구로와 가산까지 출퇴근할 수 있는 지역에 대한 수요 또한 그만큼 높다.

경기도 광명시, 부천시, 안양시, 수원시, 산본신도시, 인천시는 G밸리까지 쉽게 출퇴근할 수 있으면서도 신혼부부가 접근할 만한 아파트를 쉽게 찾을 수 있는 곳이다. 그중 독산역 인근에 위치한 광명시 하안주공은 신혼부부가 충분히 접근할 수 있는 시세의 단지다. 20평대도 7억 원을 넘지 않고, 10평대에는 6억 원 이하의 단지도 있다. G밸리로 수월하게 출퇴근할 수 있다는 장점도 크다. 무엇보다도 하안주공은 철산주공과 광명뉴타운 뒤를 이을 재건축 기대주다. 이미 재건축 연한이 지나, 몇몇 단지는 예비안전진단 단계에 돌입했다. 광명우체국사거리에 제2경인선이 신설된다는 점도 상승을 점칠 수 있는 지점이다.

종잣돈이 좀 더 여유롭다면 구일역 인근의 구로주공2차와 현대연예인아파트도 살펴보자. 구로차량기지 이전과 재건축 이슈가 겹쳐서 상승이 기대된다. 구일역 도보 역세권이고, 가산디지털단지까지

[광명시 하안주공 시세 (출처: 호갱노노)]

단 한 정거장이어서 일자리 접근성이 우수하다는 장점도 있다. 신도림 상권을 이용할 수 있어서 실거주하기에도 편리하다.

시청, 광화문, 을지로로 출근 가능한
동북 생활권

서울시청, 광화문, 을지로로 대표되는 CBD에는 지하철 2호선·3호선·4호선이 격자망처럼 촘촘히 밀집돼 있다. CBD는 말 그대로 서울의 중심center인 만큼 인근의 아파트 단지는 엄청난 시세를 자랑한다. 지하철 1호선과 4호선을 타고 출퇴근할 수 있는 서울·수도권 동북권 지역으로 눈을 돌려보면 비교적 적은 돈으로 매수 가능한 단지들이 보인다. 나는 그중 도봉구의 창동 일대를 추천하고 싶다.

창동주공18단지는 1호선 녹천역을 끼고 있는 '역품아'이자 초등학교를 낀 '초품아'다. GTX-C 노선 개통, 창동·상계 신경제중심지 개

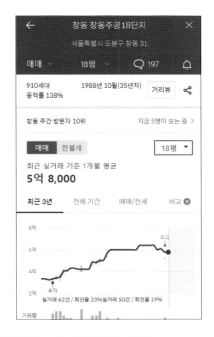

[창동주공18단지 실거래가 그래프 (출처: 호갱노노)]

발 호재와 함께 입지 가치가 점진적으로 높아질 것으로 예측되는 아파트다. 2021년 예비안전진단을 통과해 재건축을 위한 시동을 걸고 있다는 점도 투자 포인트다. 중저층 혼합단지로 용적률은 138%로 낮고 평균대지지분은 13.3평으로 소형 평형 대비 높다. 1호선을 이용해 시청역까지 환승 없이 약 30분 만에 출퇴근할 수 있어 CBD 직장인들의 실거주용으로는 제격이다. 20평대 이하는 아직 6억 원 이하의 시세를 형성하고 있어 보금자리론으로 접근하기 좋다는 점도 신혼부부에게 큰 장점이다.

테헤란로, 양재, 판교로 출근 가능한
동남 생활권

서울 동남 권역의 강남 테헤란로와 양재역 일대, 판교 일대는 고소득 일자리가 포진해 있으며 그만큼 그 주변의 시세는 말 그대로 '금값'이다. 이 지역에 직장을 둔 신혼부부라면 한정된 종잣돈으로 어떻게 신혼집을 마련해야 할지 고민이 많을 것이다. 이 지역들에 직장을 두고 있다면 단순히 '위치상의 거리'만 고려하지 말고, 교통망을 최대한 활용해야 한다는 사실을 염두에 두는 게 좋다.

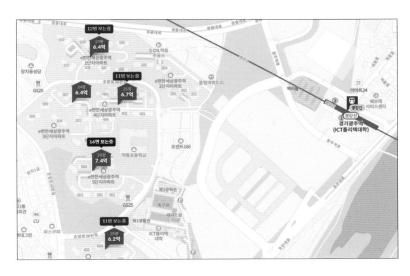

[e편한세상광주역 1~6단지 20평대 시세 (출처: 호갱노노)]

판교 일대에는 현재 신분당선, 경강선이 다니고 있고 앞으로 월곶판교선, 8호선 연장, 성남 트램이라는 신규 노선이 들어올 예정이다. 다만 8호선 판교 연장과 성남 트램, 월곶판교선은 아직 먼 이야기다. 지금은 일단 현재 지나는 노선인 경강선과 환승으로 판교까지 닿을 수 있는 수인분당선 등을 고려해 입지를 찾아보는 게 좋다.

경강선 경기광주역의 역세권 아파트이자 광주시의 대장 단지인 e편한세상광주역은 $59\,m^2$ 기준 6억 원대로, 판교역까지 12분이면 출퇴근할 수 있는 위치에 있다. 생애최초 주택 구매 혜택을 활용해 대출을 일으키면 접근이 가능하다. 단, 부부의 소득 구간을 따져 DSR

규제에 걸리지 않는지 꼼꼼히 확인해야 한다. 현재 이 일대는 별다른 인프라가 조성되지 않은 상태지만 광주 역세권 개발과 맞물려 점점 개선되고 있다. 모두 2016년에 준공된 신축이기 때문에 실거주하기도 좋다.

강남 일대로 출근하는 신혼부부라면 구리시에 주목하자. 8호선 별내선 연장은 2023년 12월에 개통되는데, 이 구간이 개통되고 나면 구리역에서 잠실역까지 18분이 소요될 예정이다. 2호선으로 환승해 구리역에서 강남역까지 단 30분 만에 갈 수 있는 것이다. 강남에 직

[구리 인창주공 일대 입지 지도]

장을 두고 있다면 8호선 연장선을 이용할 수 있는 구리도매시장역과 구리역 인근의 인창주공1단지, 인창주공6단지를 눈여겨보자.

두 아파트 모두 소형 평형에 기회가 있다. 현재 네이버 부동산의 호가 기준으로 각 단지에서 가장 작은 평형은 6억 원 이하로 나온 물건을 찾을 수 있다. 20평대 이상은 아쉽게도 보금자리론이 불가능한 시세지만 생애최초 주택구매 80% 대출이나 서민 실수요자 대출을 이용하면 종잣돈 2~3억 원대 사이인 신혼부부가 충분히 매수할 수

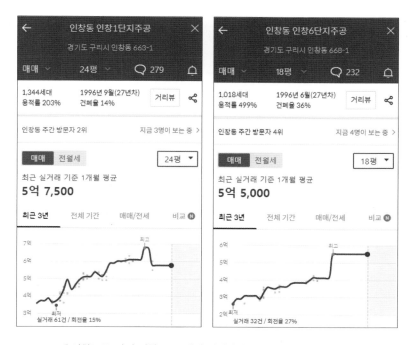

[인창주공1단지·인창주공6단지 실거래가 그래프 (출처: 호갱노노)]

있는 금액대다. 아직 8호선 연장선이 개통하지 않았어도 광역버스를 이용해 잠실까지 30~40분이면 갈 수 있다는 것도 장점이다.

또한 평촌신도시 범계역을 걸어서 갈 수 있는 목련2단지, 목련5단지도 좋은 선택지다. 4호선을 이용해 한 번만 환승하면 강남까지 40분 안에 갈 수 있다. 1기 신도시로서 오랫동안 발전해 온 평촌신도시의 인프라를 모두 누릴 수 있고, 학군지로 유명한 만큼 아이를 키우기에도 좋다. 평촌신도시 전체에 재건축과 리모델링에 대한 기대감이 잔잔히 흐르고 있다는 것도 상승을 노릴 수 있는 포인트다.

종잣돈 3~5억 원을 가진
부부을 위한 플러스알파 투자

종잣돈 2~3억 원대의 신혼부부는 경기도와 인천 위주로 집을 선택해야 했지만, 종잣돈이 3~5억 원대라면 서울 진입도 가능하다. 생애 최초 주택 구매자라면 DSR 40% 이내에서 LTV 80%까지 대출을 받을 수 있으므로 생각보다 더 좋은 입지에서 실거주를 할 수 있다.

만약 너무 큰 대출금이 부담스럽다면 이 종잣돈을 좀 더 똘똘하게 활용하는 방법을 생각해 봐도 좋다. 실거주할 집을 마련한다면 아무래도 투자금이 많이 들어갈 수밖에 없다. 하지만 전세 레버리지 투자를 선택하면 비교적 적은 종잣돈으로 상급지에 집을 마련할 수 있다. 가진 종잣돈을 나누어 수도권에 5~6억 원대의 집을 마련하고, 남은 종잣돈으로는 전세 레버리지 투자를 하는 방법도 있다. 이 전략을 선택한다면 추후 입주를 할지 아니면 일반 과세로 매도할지를 미리 생각해 두자.

3~5억 원대의 종잣돈이 있다면 정비사업에도 접근할 수 있는데, 정비사업은 종잣돈 내에서 가장 상급지를 선점하는 방법이다. 재개발 입주권은 일반분양 청약과 달리 자격 제한이 없다. 서울 거주자가 아니어도, 청약통장이 없어도, 무주택자가 아니어도 상관없다. 치

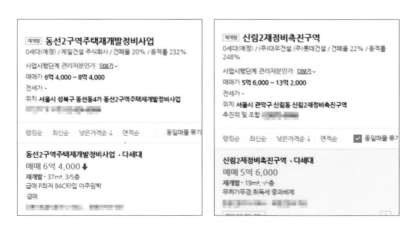

[종잣돈 5억 원 내외로 투자 가능한 정비사업 매물
(출처: 네이버 부동산, 2022년 6월 기준)]

열한 경쟁을 뛰어넘고 미리 새 아파트에 당첨되는 것과 같은 효과가 있다. 다만 긴 시간이 필요하다는 단점은 있다. 내 집에서 실거주하며 정적인 투자를 할지, 조금 오랫동안 전·월세를 살더라도 정비사업에 투자해 역동적인 상승을 노릴지는 부부가 결정해야 할 문제다.

395페이지의 매물은 종잣돈 5억 원 내외로 투자 가능한 정비사업 구역이다. 동선2구역과 신림2구역 모두 관리처분인가를 받은 단지로, 짧게는 3년에서 길게는 5년 이상 정도 기다려야 하지만 시간이 지나고 나면 가장 드라마틱하게 자산을 늘려줄 것이다.

상생임대인 제도를 활용한
똑똑한 전세 레버리지 투자로 자산 레벨업 하기

윤석열 정부가 전·월세 시장 안정과 부동산 시장 정상화 방안을 담은 6·21 부동산 대책을 발표하면서 종잣돈을 다양하게 활용할 방법이 더 생겼다. 이는 임대차 3법이 불러올 수 있는 8월의 전세가 폭등을 미연에 방지하기 위한 방책으로 보인다. 6·21 대책으로 발표된 '상생임대인 제도' 덕분에 조정대상지역의 주택에 실거주하지 않고도 양도세 비과세 혜택을 받을 수 있는 길이 열렸다. 상생임대인 제

[상생임대인 제도 확대 방안]

구분		현행	개선
상생임대인 개념		직전 계약 대비 임대료를 5% 이내로 인상한 신규(갱신) 계약 체결 임대인	
상생임대주택 인정 요건		임대 개시 시점 1세대 1주택 자인 임대인이 보유한 기준 시가 9억 원 이하 주택	폐지(임대 개시 시점에 다주택자이나 향후 1주택자 전환 계획이 있는 임대인에 게도 혜택 적용)
혜택	양도세 비과세	조정대상지역 1세대 1주택의 2년 거주 요건 중 1년 인정	조정대상지역 1세대 1주택의 2년 거주 요건 면제
	장기보유 특별공제	없음	1세대 1주택 장기보유 특별공제 적용 위한 2년 거주 요건 면제
적용 기한		2022년 12월 31일	2024년 12월 31일

도란 상생임대차 계약을 할 때 직전 계약 대비 5% 이하 인상을 준수하고, 추후에 이 상생임대주택을 양도할 때 1주택자라면 실거주하지 않아도 양도세 비과세 혜택을 적용해 주는 제도다. 2021년 12월 20일부터 2024년 12월 31일까지의 기간 중 임대차 계약을 체결하면 '상생임대주택'으로 인정받을 수 있다.

임대차 계약을 새롭게 체결하는 경우는 물론이고, 임대차 3법 때문에 원래 5% 내에서만 차임 증액이 가능하던 기존의 임차인이 계약갱신청구권을 사용했을 때도 이 제도가 적용된다. 임대인이 임대사업자여도 똑같이 적용된다. 다만 이미 세입자가 있어서, 그 전세를 안고 집을 매수하는 경우는 제외된다.

그렇다면 이 방법을 어떻게 활용할 수 있을까? 첫째로 수도권 분양권을 매수해 입주 시 전세를 맞추고 총 4년 동안 임대한 후 매도하는 방법이 있다. 이렇게 하면 내 생활권과 다른 지역이라도 부담 없이 전세 레버리지 투자를 할 수 있다. 임대 계약을 갱신하거나 2년 후 새 세입자를 들일 때 전세금을 5% 이내로만 높이면 추후에 매도할 때 시세차익 전부를 비과세로 손에 넣을 수 있으니 적은 종잣돈을 불리기에 매우 좋은 방법이다. 분양권뿐 아니라 기축 아파트를 매수하는 경우에도 물론 똑같은 전략을 쓸 수 있다.

분양권을 매수한 후 남은 금액으로는 재개발 입주권을 매수하고 추후에 일반 세율로 매도하는 등 이 전략을 쓰면 종잣돈을 보다 다양한 방법으로 활용할 수 있다. 아무래도 실거주 니즈를 내려놓으면 종잣돈을 활용할 방안이 더 다양하게 생긴다. 다만 그럴 경우 우리 가족은 전·월세로 거주해야 하기 때문에 주거의 안정성이 떨어진다는 단점은 어쩔 수 없이 감내해야 한다. 내 안정적인 실거주를 챙기며 보폭을 좁게 투자할지, 주거의 안정성보다는 시세차익에 비중을 크게 둘지는 부부의 개별적인 선택이다.

아이의 교육이 중요한
4050 부부의 갈아타기

40대·50대
부부

합산 연봉
1억 원 이상

종잣돈
5~12억 원

아이가 학교에 갈 나이가 되면 부부의 직장 외에도 고려해야 할 사항이 더 생긴다. 학령기 아이가 있는 집은 주변에 학원가가 있는지, 학업성취도 높은 학교가 있는지, 아파트 단지에서 안전하게 통학할 수 있는지 같은 요소들을 따지게 된다.

아이를 키우기 편리해 '학군지'로 불리는 지역들이 수도권 여러 곳에 다양하게 포진해 있다. 이 학군지 중 부부의 직장을 고려했을 때 어느 곳이 적절한지, 그리고 그 학군지 내에서도 어느 지역이 가족 구성원 모두가 만족스럽게 거주하며 동시에 자산도 불려줄 수 있는지 따져보자.

서북권 유일의 학군지,
일산신도시 후곡·백마 학원가

공덕, 상암 등 서울 서북권에 직장을 둔 사람이라면 일산신도시의 후
곡·백마 학원가 일대를 추천하고 싶다. 이곳은 일산신도시를 대표하
는 양대 학원가로 후곡 학원가는 중학생을 대상으로 한 학원이, 백마
학원가는 고등학생을 대상으로 한 학원이 밀집해 있다. 이 부근은 언
제나 학생들로 붐비며 오랫동안 살면서 아이를 키우고 싶어 하는 학
부모가 많아 일산신도시에서는 꾸준히 수요가 많은 지역이다.

[후곡마을LG롯데9단지 입지 지도]

그중에서도 후곡마을9단지LG롯데는 장점을 두루 갖춘 아파트다. 일산신도시의 대표적인 학군인 '오마학군'을 끼고 있다는 것만으로도 지역민들에게는 매력이 크다. 오마초등학교, 오마중학교가 바로 앞에 있으며 후곡 학원가를 끼고 있어 오랫동안 아이를 키우기에 더할 나위 없이 좋다. 경의중앙선 일산역, 3호선 주엽역을 이용할 수 있고 주변에는 백화점과 대형 쇼핑시설, 공원이 곳곳에 있어 아빠, 엄마, 아이 모두 만족스러운 실거주를 할 수 있다. 85㎡ 기준 8억 원대로, 종잣돈이 4억 원대 이상이라면 매수 가능한 시세다. 윤석열 정부가 들어선 이후 1기 신도시 재건축·리모델링 정비사업에 대한 관심이 높아지며 일산신도시가 각광받고 있다는 점도 긍정적이다.

수도권 남부의 대표 학군지, 평촌신도시 평촌 학원가

안양시 평촌신도시에 조성된 평촌 학원가는 평촌대로를 끼고 밀집해 있다. 440m의 거리에 빼곡하게 학원이 들어차 있으며, 당연히 학원가를 걸어서 다닐 수 있는 인접 아파트들이 시세를 이끌고 있다.

그중에서도 단연 튀는 곳은 평촌초등학교와 평촌중학교를 나란히

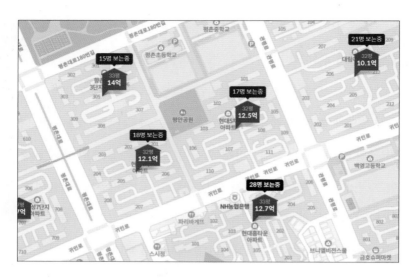

[향촌마을3·4·5단지 시세 (출처: 호갱노노)]

끼고 있는 향촌마을3단지롯데, 향촌마을4단지현대, 향촌마을5단지

현대 세 아파트다. 아름답게 조성된 약 12만㎡의 드넓은 중앙공원이

바로 앞에 있다는 점도 돋보인다. 평촌초등학교와 평촌중학교를 두

고 'ㄴ'자 형태로 들어선 3단지, 4단지, 5단지는 12~14억 원대의 시

세를 형성하고 있어 종잣돈 6억 원대 이상인 부부라면 고려해 볼 만

한 선택지다. 자동차를 이용하면 판교까지 30분이면 출퇴근할 수 있

고, 지하철 4호선을 이용하면 강남권으로의 출퇴근도 가능하다.

수도권 동남권 학생이 집결하는
분당신도시 수내 학원가

분당신도시에서 '학원가'라고 하면 단연 수내 학원가를 꼽는다. 판교나 분당 일대는 고소득 일자리가 많고 소비력도 있는 도시이기 때문에 교육에 대한 투자를 아끼지 않는다. 이 일대는 학업성취도 수준도 강남 못지않게 높다. 자녀 교육을 위해 분당구로 오는 경우도 많아서, 판교의 수요층들이 꾸준히 수내 학원가 일대로 유입된다.

전체적으로 학업성취도가 매우 높은 분당신도시의 학교들 중에서도 수내중학교와 내정중학교는 지역 학부모들이 매우 선호하는 학교다. 학군을 위해 분당신도시를 찾는 학부모들은 선호 중학교에 배정받을 수 있으면서 학원가에 가까운 아파트를 주로 찾는데, 나는 그중에서도 양지마을과 파크타운의 재건축 추진 아파트를 추천하고 싶다. 현재 양지마을5단지한양, 양지마을1단지금호, 양지마을3단지금호, 양지마을2단지청구가 통합 재건축을 추진하는 중이다. 이곳의 재건축이 빠르게 진행된다면 준공 연도가 비슷한 다른 주변의 아파트들도 연이어 정비사업에 박차를 가할 것이다.

학군지 수요자들은 보통 아이가 대학에 갈 때까지 오랫동안 거주할 수 있는 곳을 원한다. 양지마을과 파크타운 재건축 단지는 아이에게 양질의 교육을 제공하며 동시에 재건축으로 급격한 자산 상승도 노릴 수 있는 최적의 선택지다. 수인분당선을 도보로 이용 가능한 역세권이기에 서울·수도권 동남 권역에 직장을 두고 있다면 편하게 출퇴근할 수 있다. 이곳의 단지는 평형이 다양한 편인데 대부분이 30평대 이상의 대형 평형이다. 다만 최고의 입지인 만큼 시세는 매우 높다. 15억 원 이상의 시세를 형성하고 있기에 어느 정도 종잣돈 규모가 커야 매수 가능하다. 그럼에도 분당신도시는 수도권 내

[수내 학원가 일대 입지 지도]

에서 독보적인 입지로 계속 가치가 가파르게 상승하는 곳이기에, 투입되는 종잣돈 이상의 가치 상승을 기대해도 좋다.

새롭게 떠오르는 서울 중심의 학군지, 대흥 학원가

마포구의 대흥역 인근은 서울에서 새로이 떠오르고 있는 학군지로 대치동의 대형 학원이 이곳에 속속 들어오고 있다. 아현뉴타운에 신축 아파트가 대거 입주하며 교육비를 아끼지 않는 젊은 부모들과 대형 학원의 니즈가 맞아떨어진 것이다.

나는 그중 공덕역과 대흥역에 모두 인접해 있는 마포태영아파트에 주목하고 있다. 이곳은 다중 역세권인 공덕역을 도보로 이용할 수 있는 역세권으로, 수많은 노선을 이용해 어디로든 일자리 확장이 쉽다는 게 큰 장점이다. 학군지에서 아이를 키우며 부모도 편안히 출퇴근할 수 있는 것이다. 2022년 6월 기준 리모델링 동의율도 60%를 돌파해 향후 정비사업이 이뤄질 가능성도 높다. 다만 30평대부터는 KB시세가 15억 원대를 초과해 대출이 불가능한 구간이다. 현재 17억 원대 이상의 시세를 형성하고 있기에 30평대는 종잣돈 규모가 큰 부부만이 접근 가능하다. 하지만 20평대는 아직 시세가 12억 원대에 머무르기 때문에 레버리지의 힘을 빌릴 수 있다. 7~8억 원대의 종잣돈이 있다면 실거주가 가능하다.

강북의 독보적인 교육 메카, 중계 학원가

중계동은 강북 일대에서 가히 독보적이라고 말할 수 있는 교육의 메카다. 대치동, 목동과 더불어 '3대 학원가'로 불리는 중계 학원가 일대는 CBD 지역 출근자들이 선택할 수 있는 학군지다. 중계 학원가는 은행사거리 인근으로 학원가가 펼쳐져 있고, 이 학원가를 걸어서 이용할 수 있는 아파트들이 실수요자에게 많은 관심을 받고 있다. 지역 학부모들이 선호하는 중학교는 을지중학교, 상명중학교다.

지금 노원구 일대의 교통망은 학원가와 다소 거리가 있어 학원가 일대의 아파트 단지는 대중교통을 이용하기 불편하다는 단점이 있지만 향후 경전철 동북선이 개통되며 이 유일한 단점도 사라질 전망이다. 동북선은 서울 동북부 교통망의 메카 왕십리역과 연결되며 중계동 학원가 일대 주민들의 교통 불편을 해소해 줄 것이다.

[중계동 학원가 일대 입지 지도]

또한 중계 학원가의 가장 큰 장점은 뭐니 뭐니 해도 '가성비'다. 서울의 대표 학군지 중 30평대 시세가 15억 원 이하인 곳은 중계 학원가뿐이다. 범위를 조금 넓히면 10억 원대인 단지도 있다. 게다가 대부분이 입주한 지 매우 오래되어 재건축을 바라보는 단지이기에 정비사업과 함께 시세가 치고 올라갈 가능성도 높다. 교육, 투자 두 마리 토끼를 한번에 잡을 수 있는 곳이다. 은행사거리를 끼고 있는 대장 단지 위주로 찾아보며 내 가용 자금을 최대한 활용해 보자. 중계청구3차는 을지초등학교를 품은 '초품아'이며 그 옆에 을지중학교

또한 나란히 있어 노원구의 최고 선호학교인 을지중학교에 배정될 수 있다는 장점이 있다. 학원가도 편리하게 도보로 이용할 수 있어 중계 학원가 일대에서는 언제나 대장 아파트로 손꼽힌다. 30평대가 13억 원대의 시세를 형성하고 있어 다자녀 가구도 충분히 쾌적한 실거주를 할 수 있다. 대치동과 목동 학원가가 모두 토지거래허가구역으로 지정된 가운데, 서울의 3대 학원가 중 유일하게 전세 레버리지를 활용해 미리 투자해 놓을 수 있는 지역이기도 하다.

전통적 학군 절대 강자, 목동 학원가

목동은 전통적인 학군의 3대 강자로 자리매김한 지역이다. 학군을 논할 때 대치동과 함께 빼놓지 않고 언급되는 게 바로 목동이다. 아파트 단지 내 상가마다 학원으로 빼곡하고, 방학이면 양질의 강의를 들으려는 학생들이 학원 앞에 기나긴 줄을 선다. 지역민들이 선호하는 중학교로는 목운중학교, 월촌중학교, 신목중학교가 있으며 이 학교들은 신시가지아파트 1단지부터 7단지까지 곳곳에 위치하고 있다.

목동에 단점이 있다면 시세가 매우 높아 웬만한 종잣돈으로는 접

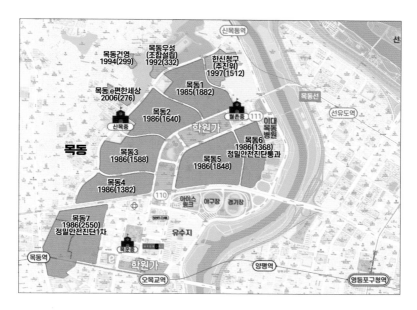

[목동 학원가 일대 입지 지도]

근하기 힘들다는 것이다. 레버리지를 얼마나 일으킬 수 있는지는 개개인의 격차가 크기 때문에 어느 정도의 종잣돈이 있으면 된다고 딱잘라 말하기 어렵지만, 토지거래허가구역으로 지정된 목동은 레버리지를 일으키기 무척 까다로운 지역이라는 건 확실하다. 또한 대형평형은 대부분이 20억 원이 넘기 때문에 웬만큼 종잣돈이 큰 부부가아니라면 접근하기 어렵다. 자녀의 교육이 가장 중요하다면 목동의주력 평형인 20~27평형에 관심을 가져도 좋다.

단지	준공일	세대수	용적률	전용면적별 대지지분	
				전용면적	대지지분
1	1985년	1882	123.5%	66.0㎡	67.0㎡
2	1986년	1640	124.4%	66.0㎡	60.1㎡
3		1588	122.1%	65.0㎡	63.0㎡
4		1382	124.7%	67.3㎡	63.7㎡
5		1848	116.7%	65.0㎡	63.0㎡
6		1368	139.1%	65.0㎡	58.7㎡
7		2550	125.4%	66.7㎡	63.4㎡
8	1987년	1352	154.9%	71.6㎡	54.8㎡
9		2030	133.4%	71.3㎡	59.1㎡
10		2160	123.5%	70.0㎡	64.4㎡
11	1988년	1595	120.8%	66.0㎡	70.6㎡
12		1860	119.9%	71.6㎡	67.3㎡
13	1987년	2280	159.6%	70.6㎡	52.8㎡
14		3100	145.2%	73.9㎡	59.4㎡

목동 학원가 일대는 학군지라는 불변의 강점에 정비사업이라는 강점이 만났기에 시세가 높을 수밖에 없다. 학군지에 전세로 장기간 거주하면 사교육비가 내 주머니에서 나가지만, 자가로 장기간 거주하면 사교육비는 집이 내주는 것이나 다름없다.

그중에서도 신시가지6단지는 유일하게 정밀안전진단을 통과한 단지로, 향후 재건축이 거의 확실시되고 있는 신시가지아파트 단지들 중에서도 진행 속도가 단연 돋보인다. 월촌중학교, 양정중학교라는 최고 선호 학군을 끼고 있다는 장점도 있어 눈여겨볼 만하다.

재건축을 염두에 두고 투자한다면 기존에 실거주 아파트를 고르던 것과는 다른 기준으로 접근해야 한다. 재건축 아파트는 일반 아파트와는 완전히 다른 상품이다. 인테리어, 동, 향, 층보다는 평균 대지지분, 용적률, 용도 지역이 중요해진다. 목동 신시가지아파트는 대지지분이 전용면적보다도 큰 곳이 있을 정도여서 재건축 투자자들 사이에 '면적 깡패'로 불린다. 이는 곧 재건축이 되면 추가분담금 부담 없이 더 큰 평수의 집을 받을 수 있다는 뜻이다. 게다가 용적률도 120% 전후여서 일반분양 물량도 많을 것으로 예상된다. 이처럼 목동 신시가지아파트는 학군지 이상으로 재건축 아파트로서 매력도도 크다.

그동안 재건축의 발목을 잡던 재건축 안전진단, 분양가 상한제, 재건축초과이익환수제 3대 규제가 완화되면 목동 집값은 '오늘이 저점'이란 말이 나올 만큼 상승할 것이다. 재건축이 되면 세대수도 현재의 두 배가량인 5만 3375가구로 늘어나며 인구도 덩달아 현재보다 3만여 명이 늘게 된다. 목동이라는 학군 프리미엄 지역이 신축 아파트로 탈바꿈하면서 더 많은 인구를 품게 되면 목동은 바야흐로 서울 서부 지역의 학군 수요를 모두 빨아들이는 블랙홀이 될 것이다. 목동 신시가지아파트는 어느 단지든 재건축 사업성이 매우 좋다. 각자의 요건에 적합한 단지를 선택하면 된다.

대한민국 학군의 1인자, 대치동 학원가

대치동 학원가는 은마사거리를 중심으로 다섯 개의 구역으로 혼재해 있다. 이곳은 '우리나라 최고의 학군지'라는 아성이 무너진 적 없는 최고의 학원가로, 여기에 모이는 학생들은 그야말로 전국구다. 3호선, 수인분당선, SRT를 타고 수많은 학생들이 모여들어 방학 때는 단기 임대도 성행한다. 셔틀버스를 운영하지 않는 배짱 때문에 학원가 근처의 도로는 늘 붐비고, 그래서인지 걸어서 학원을 다닐 수 있는 인근 아파트의 수요는 항상 넘쳐난다. 아파트, 빌라, 단독주택, 상가 모두 공실을 찾을 수 없고 전세조차 귀해서 '부동산 유토피아'라고 할 만하다. 이 주변의 아파트는 대부분 노후도가 심각해 신축 아파트가 더욱 귀하게 여겨진다. 2015년에 준공된 래미안대치팰리스는 독보적인 신축 아파트로 평당 1억 원을 넘는다. 대치동이 토지거래허가구역으로 묶이며 대치동 학원가에 대한 수요는 풍선 효과가 나타나듯 역삼동, 도곡동까지도 퍼지고 있다. 이곳은 학령기 자녀를 둔 대한민국 모든 가정이 '잠재 수요자'라고도 할 수 있다. 아이가 있는 나 역시 수년 내에 대치동을 선택하지 않을까 싶을 정도다. 대치동에서는 집의 연식이나 동·향·층, 집의 컨디션이나 브랜드 같은 건 중요하지 않다. 정해진 입지 서열에 따라 그저 예산을 끼워 맞추는 선택권이 주어질 뿐이다. 대치동은 대한민국의 모든 '맹모'들이 모이는, 모든 부수적인 외부 요인을 뛰어넘는 넘버원 학군지다.

대치현대는 대치동 학원가의 가장 중심부에 위치하는 단지로 2008년 부동산 하락기에도 꿋꿋이 시세를 유지한 황금입지다. 전세

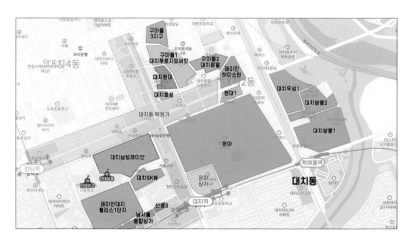

[대치동 학원가 일대 입지 지도]

는 늘 수요가 넘치는 데다 인근 구마을 1·2·3지구의 입주가 시작되면 주변이 정리되어 보다 쾌적한 환경을 누리게 될 예정이다. 또한 리모델링 추진 단지로, 최근 GS자이라는 1군 브랜드가 시공사로 선정되어 기대감을 높이고 있다. 대치동에서 가성비로는 최고의 단지다.

이 장에서는 아이를 최우선으로 고려해 학군지와 가장 인접한 지역을 선정했다. 그러나 위에서 언급한 학군지가 아니어도 좋다. 서울 학원가 지역의 치열한 경쟁을 피하고 싶거나 대학 입시를 위해 전략적인 선택을 하고 싶다면 위 지역을 살짝 비켜간 잠실, 광장동, 고덕 등의 명문 학군지를 선택할 수도 있다. 어떤 선택이든 자녀의 특성과 가족의 특수성에 맞게 장기 투자의 관점으로 접근한다면 자녀 교육과 투자라는 두 마리 토끼를 한 번에 잡을 수 있을 것이다.

학군지가 아니라도 4050의 선택지는 다양하다. 2022년 6월을 기준으로 대한민국에서 10억 원 이상의 자본을 보유하고 있으면 서울 상위 급지까지도 도달할 수 있다. 실거주, 전세 레버리지 투자, 정비 사업 등 상품을 달리하거나 장기 보유와 단기 보유, 1주택 비과세 전략 등 다양한 포트폴리오를 구상해도 좋다. 4050은 가장 자본 규모가 큰 연령층으로, 입지 센스를 갖고 주택 운용 전략을 어떻게 짜느냐에 따라 향후 자본의 크기가 완전히 달라질 수 있다.

편안한 노후를 위한
6070의 보금자리 재설정

60대·70대
부부

합산 연금
200만 원

종잣돈
1억 원 이상

오래전 부모님이 살 집을 알아보다가 강남 임대주택 공고가 올라올 것이라는 정보를 찾은 덕에, 부모님이 당해 자격을 얻도록 전략을 짜 당첨의 기쁨을 맛본 적이 있다. 평생 비닐하우스에 살던 부모님께 드디어 편안한 아파트 생활을 선물해 드릴 수 있다는 생각에 얼마나 기뻤는지 모른다. 하지만 부모님은 월 20만 원의 임대료와 10만 원의 관리비가 부담되어 결국 다시 예전의 비닐하우스로 돌아오셔야 했다. 지금은 부모님이 거주하실 집을 마련한 상태지만 나는 여전히 강남의 그 임대주택을 지날 때면 가슴이 먹먹해진다.

부동산을 공부하기 시작하면 가족이 보인다. 그래서인지 상담을 요청해 오는 수강생들 중에는 부모님의 갈아타기를 묻는 분들도 많다. 그러나 부모님의 갈아타기는 젊은 층과 다르게 접근해야 한다. 부모님에게 필요한 한 달 생활비를 충분히 계산하지 못해 나처럼 부모님께 더욱 송구해지는 일이 벌어질 수도 있다.

사실 60대, 70대가 넘어가면 자산을 역동적으로 키우기보다는 편안하고 윤택한 실거주가 훨씬 중요해진다. 하지만 부모님들은 내가 잘 아는 지역에 살고 싶다는 욕구가 강하기에 자식들의 간청에도 이사를 거부하는 경우가 많다. 이들은 갈아타기 저항이 매우 심한 연령층이다. 그래서 수강생들은 이런 고민을 자주 호소하곤 한다.

"부모님이 이제 관절도 안 좋으신데 계단을 오르락내리락해야 하는 구축 아파트에 사시는 게 너무 마음이 쓰여요. 산책도 다니시면 좋은데 단지 안에는 차가 많이 돌아다니고, 공원은 멀고요. 그런데도 이사할 곳을 알아보자고 하면 이 나이에 어떻게 돈을 더 써서 이사를 가고, 또 모르는 동네에 가서 어떻게 사냐고 역정을 내십니다. 종잣돈 규모를 늘리지 않고 좀 더 살기 좋은 신축 아파트로 모실 방법이 없을까요?"

6070의 내 집 마련과 갈아타기는 대부분 자녀의 관심과 역량에 따라 좌우된다. 연세가 있는 부모님들은 적극적으로 집을 마련하거나 이동하려 하지 않는다. 그러나 지금은 바야흐로 백세 시대다. 쾌적한 환경과 편안한 공간은 건강과도 직결되는 문제다. 고생하신 부모님이 보다 질 좋은 노후를 즐기실 수 있도록 관심을 가져보자.

보다 안정적인 주거를 위한
6070 무주택자 맞춤 솔루션

"집주인이 나가라고 하지도 않는데 뭐 하러 집을 사니?"

종종 부모님이 이런 말씀을 한다고 고민 상담을 해오는 수강생들이 있다. 그런 분들 중에는 무주택 상태가 자연스럽다고 생각이 뿌리박힌 경우도 있고, 자본이 부족한 경우도 있다. 부모님의 마음을 돌리기란 여간 어려운 일이 아니지만 그럼에도 상황에 맞게 주거의 안정화를 꾀할 필요가 있다. 향후 전세 시장이 월세화되거나 전세금이 급격히 오르는 등 변수가 발생할 확률은 높다. 부모님이 연로한 상태에서 갑자기 큰 자본금이 필요해지는 것만큼 난감한 상황이 없다. '안정적인 주거지'로서의 집에 방점을 찍고 찾아보자.

어느 정도 규모의 종잣돈이 있는 부모님이라면, 일단 그 종잣돈(전세 보증금)으로 마련할 수 있는 아파트가 있는지 1차 필터링을 하고 입품, 손품, 발품을 팔아 실제 물건을 놓고 금액대별로 꼼꼼히 선택해 보길 바란다.

만약 종잣돈이 부족해 내 집 마련이 어렵다면 자본을 더 들이기보다는 조금 다른 방법으로 안정적인 주거지를 마련하는 편이 좋다. 수입이 늘어날 수 있는 나이가 아니기에 부모님이 노후를 풍족하게 준비해 놓지 않으셨다면 주거비에 너무 많은 돈이 투입되어선 안 된다. 매달 들어가야 할 필수 생활비를 고려해 주거비의 비중이 높아지지 않도록 하자.

부모님이 기초생활수급자나 차상위계층, 장애인 등 특별한 복지대상자에 해당한다면 국민임대, 영구임대, 행복주택 등 통합공공임대주택에 꼭 문을 두드려보자. 이런 통합공공임대주택은 특별한 결격 사유가 생기지 않는 한 계약을 갱신하면 최소 30년에서 최대 50년 동안 거주할 수 있다. 주거 복지의 정수라고 할 수 있다.

입주 자격은 세대의 월평균 소득이 기준 중위소득 150% 이하이고, 총 자산이 소득 3분위(5분위 기준), 순 자산 평균값(2021년 기준 2억 9200만 원) 이하인 무주택 가구 구성원이다. 1~2인 가구인 경우에는 소득 기준을 완화해 1인 가구는 20%, 2인 가구는 10%를 상향해 적

구분/공급 비율		자격 요건 주요 내용
철거민 등	1%	주택 건설·재개발·도시·군계획시설사업 등으로 철거하는 주택의 소유자 또는 세입자
국가유공자 등	5%	국가유공자, 보훈보상대상자, 5·18민주유공자, 특수임무유공자·참전유공자
장기복무 제대군인, 북한이탈주민 등	3%	장기복무 제대군인, 북한이탈주민, 남북피해자, 중기근로자, 비정규직 근로자, 가정폭력 피해자 등
다자녀가구 등	4%	2명 이상의 자녀를 둔 사람, 노부모 부양자 등
장애인	5%	장애인등록증이 교부된 사람
비주택 거주자 등	5%	쪽방, 고시원, 반지하 등에서 3개월 이상 거주, 최저주거기준 미달 환경에서 미성년 자녀와 거주
급여 수급자	9%	생계·주거·의료급여 수급자 또는 수급권자
청년	11%	18~39세 청년 또는 보호 종료 아동
신혼부부	7%	혼인 7년 이내, 6세 이하 자녀를 둔 사람, 예비 신혼부부
고령자	10%	65세 이상인 사람

용하고 맞벌이 부부라면 월평균 소득이 기준 중위소득 180% 이하일 때 입주 가능하다.

통합공공임대주택은 과천, 남양주 별내, 성남 고등, 시흥 은계 등 택지지구 내의 신축 아파트로 공급되기에 새 아파트에서 내 집처럼 장기간 거주할 수 있다는 장점이 있다. 물론 수도권뿐 아니라 서울 핵심지에도 통합공공임대주택이 있기에, 공가주택이 나면 대기자 모집에 지원할 수 있다. 게다가 대부분 임대료가 주변 시세보다 50~70%까지 낮아 새 아파트에 살면서 주거비 부담은 오히려 경감된다. 정보를 아는 사람이 적기 때문에 마음먹고 정보를 수집해 보면 입주할 수 있는 전략은 많다. 부모님의 집은 자산보다도 보금자리의 의미로 접근해야 한다는 걸 잊지 말자. 안정적인 거주로 부모님의 집은 언제나 따뜻했으면 좋겠다.

아파트에 친숙한 6070,
텃밭보다 슬세권

부모님이 구축 아파트에 거주하고 있는 경우라면 이 집을 이용해 좀 더 적극적인 갈아타기에 도전해 보자. 이때 알아둬야 할 것은 지금의

6070은 흔히 생각하는 노년들과는 조금 성향이 다르다는 점이다. 이들은 1970년대 아파트 개발 붐이 일 때 결혼을 해, 아파트에서 자녀를 낳고 기른 세대다. 즉, 이들에게는 아파트가 가장 편리하고 익숙한 주거 형태다. 예전에는 나이가 들면 시골 전원주택에서 맑은 공기를 마시고 텃밭을 가꾸며 평화로이 소일거리를 하는 것이 '노년의 로망'이라고 여겨졌지만 이제는 세상이 바뀌었다. 요즘 6070은 정말 젊다. 전원주택에 살기로 했더라도 언제든 돌아오실 수 있도록 서울의 집은 남겨놓아야 한다.

또한 나이가 들수록 아파트처럼 살기 좋은 주거 형태가 없다. 안전하고 쾌적하며 관리도 신경 쓸 필요가 없다. 주변에는 인프라가 풍부하고, 아파트 내에 커뮤니티가 있어 친구를 사귀기도 좋으며 단지 내 조경은 수목원에 온 듯 아름답다. 비닐하우스에서 30년을 넘게 산 우리 어머니도 과천 신축 아파트 청약에 당첨되자 "그 돈 내려면 너도 힘들 텐데, 뭘 우리가 들어가서 사니. 우리는 여기 계속 살아도 되니까 전세 놓아도 된다"라고 말씀하셨지만 그러면서도 아파트가 얼마나 지어졌는지 자주 가서 둘러보시곤 한다.

1주택자라면 가장 간단하게는 현재 거주하고 있는 집 근처에서 컨디션이 조금이라도 더 나은 집으로 이동하는 방법이 있다. 주거 만족도를 높이는 것도 삶에 있어서 투자다.

하지만 단순한 수평 이동을 원하지 않고 부모님에게도 '부모님만의 강남'을 찾아드리고 싶다면 다음 네 가지의 포트폴리오를 생각해볼 수 있다.

첫째, 모아둔 자본을 보태 더 좋은 아파트로 갈아탄다.

둘째, 30평대 구축 아파트에서 20평대 신축 아파트로 갈아탄다.

셋째, 전세로 거주하면서 5년 내에 신축 아파트가 될 수 있는 입주권을 매수한다.

넷째, 1+1 입주권을 매수해 신축 아파트 한 채에는 거주하고, 한 채는 월세로 세팅한다.

셋째, 넷째 방법은 단순한 이사보다는 좀 더 난이도가 높아 보인다. 그러나 뜯어보면 의외로 간단하다. 셋째 방법에서는 관리처분인가가 난 재개발 구역을 매수한 후 전세자금 대출을 받아 그동안 실거주할 집을 찾으면 된다. 입주권을 보유하고 있더라도 전세자금 대출은 제약 없이 받을 수 있다.

넷째 방법은 이보다 좀 더 투자금이 많이 투입되는 재개발 투자다. 부모님이 신축 아파트에 거주하고 싶다는 의지가 강하고 자본의 여유도 갖춰져 있다면 이 방법이 가장 좋다. 윤택한 주거는 물론 투자까지 챙길 수 있다. 사실 신축 아파트에 살면 주택담보대출이나 관리비 등 투입되는 현금이 많아져서 부담스러울 수 있다. 하지만 넷째 방법은 월세 세팅을 통해 현금흐름을 만듦으로써 주거비 부담을 훨씬 가볍게 덜 수 있다.

고령층으로 갈수록 종잣돈의 규모는 천차만별이다. 그간의 내공이 쌓여 자산 포트폴리오를 잘 구성해 둔 다주택자 부모님도 분명 있을 것이다. 이런 분들의 경우 매도나 증여로 '자산 리모델링'을 해서 보유세를 낮춰드리는 것도 좋다. 나이가 들면 현금흐름이 많으나 적으나 주머니에서 돈이 나가는 것 자체가 부담스럽다. 부동산 공부를 어느 정도 했다면 부모님의 포트폴리오에 적극적으로 관여해 보다 편안한 노후를 즐기실 수 있도록 노력해 보자.

처음 만난 날 Y 씨의 걱정스러운 표정이 아직도 생생하다. 그는 어머니의 갈아타기 때문에 상담을 받으러 왔다고 했다.

"부모님이 지금 구리의 빌라에 살고 계신데, 어머니의 지병이 심해지셔서 저희 집에 모시면서 1년 정도 통원 치료를 해야 하는 상황입니다. 치료비도 만만치 않고, 집도 비워두기가 뭐해서 이참에 집을 팔려고 하는데 어머니 반대가 완강하시네요. 게다가 어머니가 지금 3층에 살고 계신데 빌라가 계단식이라 안 그래도 얼른 옮기셨으면 했거든요. 어떻게 하면 좋을까요?"

냉정하게 볼 때 Y 씨의 부모님이 거주 중인 빌라는 재개발 구역에 해당되지 않아서 향후에도 투자로서의 가치는 없었다. 투자를 생각하든, 어머니의 건강을 생각하든 거처를 옮기는 게 옳은 결정으로 보였다. 그러나 빌라의 시세는 잘 가늠도 되지 않는 데다가 주변 빌라의 호가를 고려할 때 2억 원을 채 넘기지 못할 것 같아서 이를 매도해도 아파트를 사기에는 턱없이 부족한 상황이었다. 부모님의 경제적 여유도 빠듯하고 Y 씨 역시 자금이 넉넉한 상황이 아니라 대출을 받아 집을 사기도 어려웠다.

즉, Y 씨는 1억 원 내외의 투자금으로 엘리베이터가 있고 지금 집보다 거주하기 편안한 아파트를 마련해야 하는 상황이었다. 고민하던 나는 그에게 구리더샵그린포레2단지에 전세 레버리지 투자를 제안했다. 당시 구리더샵그린포레2단지는 $75m^2$ 기준 매매가는 4억 원 중후반대였고, 전세가는 3억 원 중반대여서 갭이 약 1억 원 내외밖에 되지 않았다. 화색이 돈 Y 씨는 당장 어머니를 설득해 보겠다며 기쁜 얼굴로 강의실을 나섰다.

처음에 어머니는 완강하게 반대하셨다. 이 나이에 어떻게 집을 옮기느냐며, 나는 살던 데서 사는 게 제일 좋다고 고집하셨지만 자식들이 "오빠의 병원비 부담을 조금이라도 줄여주자"라며 간곡히 청하자 어머니도 결국에는 마음을 바꾸셨다.

"처음에는 그토록 반대하시더니 나중엔 허락을 하시더라고요. 그러면서 나중에 내가 입원이라도 하게 되면 너희들이 집에 들어가서 살아도 되겠다고 생각하셨다면서, 당신이 해주실 수 있는 마지막 선물이 되면 좋겠다고 하시더군요. 그 얘기를 들으니 어찌나 코끝이 찡해지던지요."

결국 아직 무주택자인 아들 부부를 고려한 결정이었다. Y 씨는 어머니의 허락을 받자마자 빌라를 내놓아, 1억 6000만 원에 매도했다. 그리고 그 돈으로 구리더샵그린포레를 4억 6000만 원에 매수, 3억 5000만 원에 전세를 주었다. 단돈 1억 2000만 원으로 준공 5년 차의 신축 아파트를 마련한 것이다. 집 컨디션이 너무 좋다며 Y 씨는 연신 싱글벙글이었다. 게다가 그곳은 원래 부모님이 살던 빌라와도 가까워서, 복지관과 친구들 등 생활 기반을 그대로 유지할 수 있었다.

Y 씨는 어머니가 퇴원하실 때쯤 세입자퇴거대출을 받아 직접 입주할 예정이었지만 '상생임대인 제도'라는 새로운 제도가 생기며 전세 계약을 한 차례 더 연장하기로 마음을 바꿨다. 구리더샵그린포레 일대는 앞으로 8호선 별내선 구간이 개통하고 정비사업이 진행되는 등 더 좋은 입지로 변모해 갈 것으로 보인다. Y 씨는 2년 후에 매도하면 시세차익이 더 커질 것 같다며, 그때 소형 평형의 아파트로 갈

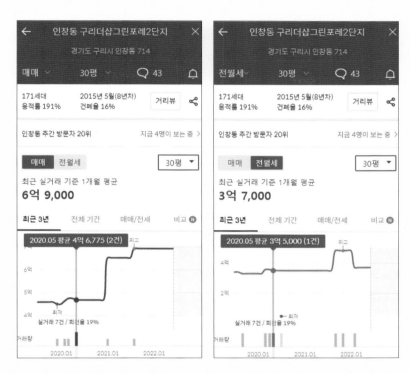

[구리더샵그린포레2단지의 매매가·전세가 그래프 (출처: 호갱노노)]

아타 부모님을 모실 계획이라고 했다. 다행히 그의 어머니는 지병이 많이 나아져서 이제 자유로이 산책도 다니고, 친구들도 만나며 평소의 생활을 회복하셨다고 한다. 얼마 전 만난 Y 씨는 어서 부모님을 엘리베이터가 있는 아담한 아파트로 모시고 싶다며 밝게 웃었다.

입지 센스

초판 1쇄 발행 2022년 7월 11일
초판 11쇄 발행 2024년 7월 25일

지은이 훨훨(박성혜)
펴낸이 김선식

콘텐츠사업본부장 임보윤
기획편집 문주연 디자인 윤유정 책임마케터 이고은
콘텐츠사업1팀장 성기병 콘텐츠사업1팀 윤유정, 정서린, 문주연, 조은서
마케팅본부장 권장규 마케팅2팀 이고은, 배한진, 양지환 채널2팀 권오권
미디어홍보본부장 정명찬 브랜드관리팀 안지혜, 오수미, 김은지, 이소영
뉴미디어팀 김민정, 이지은, 홍수경, 서가을
크리에이티브팀 임유나, 변승주, 김화정, 장세진, 박장미, 박주현
지식교양팀 이수인, 염아라, 석찬미, 김혜원, 백지은
편집관리팀 조세현, 김호주, 백설희 저작권팀 한승빈, 이슬, 윤제희
재무관리팀 하미선, 윤이경, 김재경, 임혜정, 이슬기
인사총무팀 강미숙, 지석배, 김혜진, 황종원
제작관리팀 이소현, 김소영, 김진경, 최완규, 이지우, 박예찬
물류관리팀 김형기, 김선민, 주정훈, 김선진, 한유현, 전태연, 양문현, 이민운

펴낸곳 다산북스 출판등록 2005년 12월 23일 제313-2005-00277호
주소 경기도 파주시 회동길 490
전화 02-702-1724 팩스 02-703-2219 이메일 dasanbooks@dasanbooks.com
홈페이지 www.dasan.group 블로그 blog.naver.com/dasan_books
종이 IPP 인쇄 민언프린텍 제본 다온바인텍 후가공 제이오엘앤피

ISBN 979-11-306-9207-4 (03320)